도시로 떠난 독일 역사 문화 산책

도시로 떠난 독일 역사 문화 산책

초판 1쇄 발행 2020년 11월 5일
초판 2쇄 발행 2021년 10월 29일

지은이　　　손선홍

펴낸이　　　김선기
펴낸곳　　　(주)푸른길
출판등록　　1996년 4월 12일 제16-1292호
주소　　　　(08377) 서울시 구로구 디지털로 33길 48 대륭포스트타워 7차 1008호
전화　　　　02-523-2907, 6942-9570~2
팩스　　　　02-523-2951
이메일　　　purungilbook@naver.com
홈페이지　　www.purungil.co.kr

ISBN　　　　978-89-6291-880-9　03920

도시로 떠난
독일 역사 문화 산책

푸른길

차례

머리말

독일은 역사와 문화가 다양한 나라다. 신성로마제국 안에 왕국, 선제후국, 공국, 주교국, 자유시 등 300개가 넘는 나라가 수백 년 동안 독자적인 역사와 문화를 형성해 왔다. 신성로마제국은 선제후選帝侯가 황제를 선출하는 체제였다. 7명의 선제후 중에는 보헤미아 왕, 팔츠, 작센, 브란덴부르크의 세속 선제후 이외에 마인츠, 쾰른, 트리어의 3명의 종교 선제후도 있었다. 그 정도로 종교의 영향력이 강한 체제이기도 했다. 제국 안에서도 바이에른, 작센, 브란덴부르크(프로이센), 합스부르크는 강력한 국가였다. 그런가 하면 귀족이 없고 오직 시민이 주인이었던 함부르크와 같은 자유시도 있었다.

1871년 프로이센이 독일을 통일하고 수립한 독일제국도 4개 왕국, 18개 공국, 3개의 자유시로 구성되었다. 통일국가였지만 연방 체제였다. 독일은 언어만 같았을 뿐 2000년 가까이 역사와 문화가 지역마다 다르게 형성되고 발전되어 온 것이다. 독일의 역사와 문화는 일찍부터 단일 왕조 아래 중앙집권 체제를 유지해 온 프랑스나 영국과는 전혀 다르게 발전해 왔다. 독일의 역사와 문화를 이해하기 쉽지 않다고 하는 이유가 여기에 있는 것이다.

또 다른 면에서 독일처럼 굴곡지고 참혹한 역사를 겪은 나라도 드물다. 독일은 인구의 1/3을 잃은 30년 전쟁, 제1차 세계대전 이전 전투로는 가장 처참했던 1813년의 라이프치히 전투, 두 차례의 세계대전 등 대규모 전쟁을 네 번이나 겪었다. 나치가 저지른 600만 명의 유대인을 포함한 수많은 민간인 학살과 강제노동 동원 등 온갖 인권유린 행위는 인류에게 불행한 역사였다. 독일에게 는 수치스러운 역사다.

전쟁에 패한 독일은 혹독한 대가를 치렀다. '포츠담 협정'으로 오데르-나이 세강 선의 동부 독일 지역과 동프로이센을 폴란드와 소련에게 넘겨주며 영토 의 1/4을 잃었다. 동프로이센과 체코 등지에 거주하던 1400만~1450만 명의 독일인들이 독일 지역으로 피난하는 과정에서 200만~250만 명이 추위, 병, 굶 주림으로 숨졌다.

4년 동안 미국, 영국, 프랑스, 소련의 점령 통치를 받은 독일은 1949년에 동·서독으로 분단됐다. 1989년 가을 동독 주민들의 평화혁명으로 베를린 장벽이 붕괴됐고 1990년에 통일을 이룩했다. 전승 4개국의 동의가 필요했고 동독이 반대하여 가까운 장래에 통일이 어려울 것으로 생각했던 독일인들에게는 큰 축복이었다.

수백 개의 나라로 나뉘어져 문화가 다양했던 만큼 독일은 문화와 예술이 발 달했다. 바흐, 베토벤, 슈만, 브람스, 멘델스존, 파헬벨, 바그너, 베버 등 음악가 들은 주옥같은 작품을 남겼다. 독일 르네상스 시기 최고의 화가 알브레히트 뒤러, 19세기 초기 낭만주의 화가 카스파르 다비트 프리드리히, 21세기 대표 화가 게르하르트 리히터도 있다. 독일 문학을 세계문학의 반열에 올려놓은 괴테와 프리드리히 실러를 비롯하여 토마스 만, 헤르만 헤세, 하인리히 뵐, 귄터 그라스 등 노벨 문학상을 수상한 문인들도 다수 배출했다.

독일은 기술도 발달한 나라다. 유럽에서 최초로 금속활자는 물론 도자기도 발명했다. 독일 자동차는 세계인의 사랑을 받고 있다. 독일은 전 세계 히든 챔피언 기업(일반에는 잘 알려져 있지 않지만 전 세계 시장점유율이 1~3위이며 매출액 50억 유로 미만인 기업)의 약 48%를 차지할 정도로 강소强小기업의 강국이다. 독일 기술은 세계가 인정하는 '메이드 인 저머니Made in Germany'를 낳았다. 이는 독일 기술의 상징이다.

오늘날 독일의 정치제도는 내각책임제와 연방제에 토대를 두고 있다. 연방하원 이외에 주의 이익을 대변하는 연방상원도 있다. 연방제는 신성로마제국 이래 1000년 이상 내려온 제도다. 오늘날 독일의 정치, 경제, 사회, 문화는 오랜 역사와 다양한 문화에 뿌리를 두고 있다.

역사가 오래되고 문화가 다양한 독일을 이해하기 쉽게 책으로 담아내고 싶었다. 역사 하나도 정리하기에 벅찬 일인데 음악과 미술 등 문화까지 함께 다루기에는 너무나 방대한 작업이라 마음속에서만 있었다.

35년의 외교관 생활을 끝내고 충남대학교 특임교수와 국립외교원 명예교수로 활동했다. 2016년 10월 초 베를린 프리드리히 에베르트 재단에서 열린 한 세미나에 참석할 기회가 있었다. 도착 다음날이 일요일인데다 날씨가 좋았다. 함께 간 참가자들과 포츠담 광장을 시작으로 분단의 상징이었던 베를린 장벽 잔해, 찰리 검문소, 제국의회 의사당 등 몇몇 곳을 둘러보았다. 베를린 대사관 공사公使로 근무할 때 가 보았던 곳인데 새롭게 다가왔다.

둘러보면서 운터 덴 린덴 대로大路에 있는 '노이에 바헤Neue Wache'가 국가추모관이 된 유래와 베를린 훔볼트 대학교 정문 앞 보도에 있는 '돌출 돌Stolperstein'의 의미도 알게 됐다. 박물관 섬Museumsinsel의 '알테스 무제움(옛 박물관)', '베를린 돔', '독일 역사박물관'도 눈에 들어왔으나 시간이 없어 발길을 돌려야 했다. 준비를 제대로 해서 베를린뿐만 아니라 역사와 문화적으로 의미 있는 도시들을 여유 있게 돌아봐야겠다고 마음먹었다.

다음 해에 준비를 시작했다. 역사와 문화에 중점을 두고 지역적 분포도 고려하여 16개 도시를 선정했다. 라인강과 중부 지역에서 프랑크푸르트(괴테, 신성로마제국 황제 선출과 대관식 장소, 입헌군주제 헌법 제정), 마인츠(마인츠 대성당, 금속활자를 발명한 구텐베르크의 도시), 보름스(성 베드로 대성당, 루터의 종교개혁 도시), 하이델베르크(팔츠 선제후국의 수도, 고성, 대학), 본(베토벤, 서독의 수도, 콘라트 아데나워 하우스), 라인강과 로렐라이(독일의 젖줄 라인강, 토이토부르크 숲 전투, 로렐라이 상과 제주 돌하르방) 등 6개 도시다.

남부 바이에른 지역에서는 뮌헨(바이에른 공국, 왕국의 수도, 프라우엔 교회, 왕궁, 개선문, 다하우 강제수용소 기념관)과 뉘른베르크(신성로마제국의 도시, 화가 뒤러, 전범 재판소) 2개 도시. 자유와 한자동맹의 북부 지역에서는 함부르크(자유시, 엘프필 하모니, 브람스, 헬무트 슈미트), 뤼베크(한자동맹 여왕의 도시, 3명의 노벨상 수상자), 브레멘(자유와 한자동맹의 도시, 브레멘 도시 음악대) 등 3개 도시다.

동부 작센 지역에서 드레스덴(작센 선제후국, 작센 왕국, 프라우엔 교회, 츠빙거, 왕궁), 라이프치히(니콜라이 교회, 토마스 교회, 바흐, 1989년 가을 평화혁명의 발상지, 라이프치히 전투기념비), 바이마르(괴테와 실러, 바우하우스 박물관, 바이마르 헌법과 바이마르 공화국) 등 3개 도시. 그리고 프로이센과 통일 독일의 도시에서는 베를린(브란덴부르크 선제후국, 프로이센 왕국, 독일제국의 수도, 브란덴부르크 문, 베를린 장벽,

박물관 섬, 연방하원 건물)과 포츠담(상수시 궁전, 프리드리히 대왕, 체칠리엔호프 성, 포츠담 회담)을 선정했다.

16개 도시의 역사와 문화 유적에 관해 자료를 모으며 메모를 했다. 자료가 많아지면서 1권이면 충분할 것으로 생각했던 메모 노트는 3권으로 늘어났다. 독일에 관심이 있는 이들에게 도움이 될 수도 있겠다는 생각이 들어 책 출판을 결심했다. 오래전 마음속에 있던 계획을 실현에 옮기게 된 것이다. 자료를 준비하면서 메모를 토대로 출판을 위한 원고 작업도 함께 했다.

3권의 메모 노트를 가지고 2019년 5월 하순에 한 달간의 일정으로 독일로 답사 겸 여행을 떠났다. 역사 유적과 박물관 등을 직접 보고, 미리 약속한 몇몇 독일인과 대화도 나누었다. 사진도 많이 찍었다. 답사를 준비하면서 들었던 의문이 많이 해소되었다. "백문이 불여일견이다."라는 말을 새삼 실감했다. 답사 내용을 보완하고 사진도 추가했다. 내용이 충실해졌고 생동감이 더해졌다.

이 책을 쓰면서 다음과 같은 점에 중점을 두었다.

첫째, 독일의 역사와 문화를 주요 16개 도시를 발로 뛰면서 풀어 갔다. 독일의 다양한 역사와 문화의 특징을 살리고, 역사와 문화와 관련 있는 장소를 찾아 서술함으로써 좀 더 실감나고 이해하기 쉬운 점도 고려했다.

둘째, 2000년에 걸친 독일의 주요 역사를 담았다. 독일 역사의 시작으로 알려진 토이토부르크 숲 전투, 신성로마제국의 건국과 멸망, 루터의 종교개혁, 30년 전쟁, 라이프치히 전투, 프로이센 왕국, 바이에른 왕국, 작센 왕국, 독일 통일과 독일제국의 성립과 멸망, 바이마르 공화국, 나치의 만행, 동·서독 분단과 통일의 역사를 포함했다.

셋째, 음악과 미술 등 문화와 예술 내용도 포함했다. 음악과 미술은 시대를 반영하는 것으로 역사와 관련이 있다. 통치의 중심지요 보물과 예술품의 보고

였던 궁전 7곳(하이델베르크 성, 뮌헨 궁전, 님펜부르크 궁전, 황제성, 드레스덴 왕궁, 상수시 궁전, 체칠리엔호프 성), 주요 박물관 13곳(괴테 박물관 2곳, 구텐베르크 박물관, 독일 현대사박물관, 뒤러 하우스, 게르만 민족박물관, 브람스 박물관, 유럽 한자 박물관, 라이프치히 현대사박물관, 실러 박물관, 바우하우스 박물관, 독일 역사박물관, 노이에스 무제움)과 미술관 5곳(슈테델 박물관, 알테 피나코테크, 게맬데갈러리 알테 마이스터, 알베르티눔 현대박물관, 알테 나치오날갤러리)을 찾아 담아냈다.

넷째, 주요 통치자와 정치인들의 생애를 다루며 이들이 독일을 어떻게 발전시켜 왔는가를 알아보았다. 프리드리히 대왕, 콘라트 아데나워, 빌리 브란트, 헬무트 슈미트 독일연방공화국의 전 총리 등 정치인뿐만 아니라 역사와 문화에 큰 발자취를 남긴 이들의 생애도 다뤘다. 문인(괴테, 실러, 하이네, 토마스 만, 그라스), 음악가(바흐, 베토벤, 브람스, 슈만, 멘델스존, 클라라, 파헬벨), 종교인(성 보니파티우스, 성 제발트, 루터), 화가와 조각가(뒤러, 콜비츠), 과학자(구텐베르크, 뵈트거)를 비롯하여 트로이 유물을 발굴한 하인리히 슐리만과 나치에 저항한 숄 남매의 용기 있는 행동도 포함했다.

다섯째, 종교의 역사도 담았다. 기독교는 중세 역사에서 큰 부분을 차지하고 있다. 교황과 신성로마제국 황제는 서로 협력하면서 대립하기도 했다. 루터의 종교개혁 이외에 서임권 논쟁, 슈말칼덴 전쟁과 아우크스부르크 종교화의, 신성로마제국 황제 선출과 대관식이 열렸던 프랑크푸르트 대성당 등 15곳의 교회를 통해 종교 역사와 문화를 들여다보았다.

여섯째, 독일 역사의 이해를 돕기 위해 부록으로 신성로마제국에서 현 독일연방공화국에 이르기까지 주요 황제, 선제후, 국왕, 대통령과 연방총리를 정리했다.

이 책을 쓰는 데에는 하이델베르크 대학교에서의 수학과 독일에 세 차례 근무하면서 체험한 독일의 역사와 문화에 대한 이해가 큰 힘이 됐다. 그동안 펴낸 독일 현대사와 독일 통일 등 독일에 관한 저서도 도움이 됐다. 틈틈이 찍어 두었던 베를린 장벽 관련 사진 등 다수의 사진도 활용할 수 있었다. 1989년에 독일 관련 책을 처음 낸 이후 역사와 문화와 관련된 책을 내는 데에 31년이 걸렸다.

모쪼록 이 책이 독일의 역사와 문화뿐만 아니라 오늘날 정치, 경제, 사회, 문화를 이해하는 데 도움이 됐으면 한다. 독일로 여행을 떠나는 이들에게도 좋은 동반자가 될 것으로 믿는다.

이 책이 나오기까지 여러 분의 도움이 있었다. 독일 역사와 문화에 관해 대화를 나눈 프랑크푸르트 역사연구소의 피카르트Tobias Picard 연구원과 콘라트 아데나워 하우스 재단의 슈타이들레 박사Dr. Sabine Steidle에게 감사드린다. 몇몇 사진의 저작권을 구입했으나 사진을 제공해 준 이들도 있다. 라이프치히시 박물관 중앙문서소장 슈테판Michael Steffan, 프랑크푸르트 시청의 마우어Stefan Mauer, 하이델베르크시 문서실장 베르거Günther Berger와 리페Lippe주 협회에 감사드린다.

아내의 도움도 컸다. 한 달간 16개 도시를 도는 빡빡한 일정의 답사를 함께 했다. 두툼한 원고를 여러 차례 읽으며 독자의 입장에서 쉽게 쓰라고 조언하고 교정 작업도 했다.

지난번 『독일 통일 한국 통일』에 이어 이번 책도 흔쾌히 출간에 동의해 주신 (주)푸른길의 김선기 사장님께 감사드린다. 편집에 힘써 주신 김다슬 씨를 비롯한 편집자들에게도 고마운 인사를 전한다.

2020년 10월 서울에서
손선홍

제1부

라인강 유역과 중부 독일의 도시

프랑크푸르트, 마인츠, 보름스, 하이델베르크,
본, 독일의 젖줄 라인강과 로렐라이

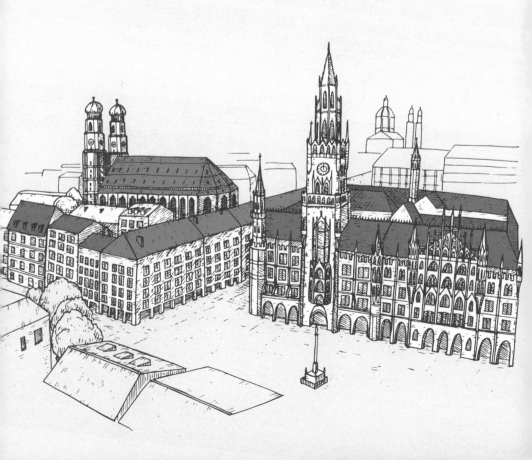

본

라인강과 로렐라이

마인츠

보름스

프랑크푸르트

하이델베르크

제1장

프랑크푸르트

독일의 관문, 메세(박람회), 뢰머, 신성로마제국
황제 선출과 대관식, 요한 볼프강 폰 괴테, 독일
민주주의의 요람 바울 교회, 슈테델 박물관

프랑크푸르트는

라인강Der Rhein은 예로부터 독일의 젖줄로 불릴 정도로 독일에게는 소중한
강이다. 라인강 유역은 독일 역사가 시작되었고, 독일 역사의 중심에 있었던
곳이다. 독일연방공화국의 수도였던 본도 이 지역에 있다. 라인강 유역 중부
독일에서는 돌아볼 도시들이 많다. 부득이 역사적 의미가 있는 **프랑크푸르트**,
마인츠(마인츠 선제후국의 수도, 대성당, 구텐베르크), **보름스**(대성당, 서임권, 루터의 종
교개혁), **하이델베르크**(팔츠 선제후국의 수도, 고성, 대학), **본**(쾰른 선제후국의 수도, 뮌
스터 성당, 베토벤, 서독의 수도, 아데나워), **라인강과 로렐라이**(라인강, 로렐라이) 등 6
개 도시를 선정했다.

맨 먼저 돌아볼 도시는 독일의 관문인 프랑크푸르트Frankfurt다. 프랑크푸르트에는 마인강Der Main이 흐른다. 길이 527km인 마인강은 뷔르츠부르크와 프랑크푸르트를 흐르다 마인츠에서 라인강과 합류한다. 마인강 변에 있어서 프랑크푸르트 암 마인Frankfurt am Main으로 불린다. 폴란드와의 국경인 오데르강Die Oder 변에 있는 프랑크푸르트(프랑크푸르트 안 데어 오데르Frankfurt an der Oder)와 구별한다.

B.C.51년 카이사르가 갈리아 지방(오늘날 프랑스, 벨기에, 스위스 서부와 라인강 서쪽 독일을 포함하는 지역)을 정복하면서 라인강 서쪽 지역은 로마제국의 영토가 되었다. 로마제국은 B.C.13~B.C.12년 라인강과 도나우강 유역에 군사기지를 세우며 이 두 강을 연결한 선을 국경선이자 방어선으로 삼았다. 그러면서 라인강 건너 동쪽 게르마니아 지역을 정복하여 국경선을 엘베강까지 넓히고자 했다.

로마제국은 라인강 지류인 마인강 유역에도 군사기지를 세웠다. 프랑크푸르트 지역에 주둔했던 로마군은 게르만족이 밀려 들어오자 3세기 후반에 라인강 건너 서쪽으로 물러가 계속 주둔했다. 프랑크푸르트는 794년에 프랑코노푸르트franconofurd('프랑크족의 개울'이라는 뜻)라는 이름으로 문헌상 처음 나타났다. 프랑크 왕국의 왕 카를Karl(재위: 768~814, 황제: 800~814, 카를 대제, 라틴어로는 카롤루스 대제, 프랑스어로는 샤를마뉴로 불림)이 프랑크푸르트에서 종교회의와 제국의회를 소집하며 부른 이름이다.

1356년 신성로마제국 황제 카를 4세Karl IV(재위: 1355~1378)가 공표한 〈금인칙서Die Goldene Bulle〉로 프랑크푸르트는 신성로마제국의 황제를 선출하는 장소가 됐다. 전부터 프랑크푸르트에서 왕이나 황제가 선출되곤 했는데 금인칙서에서 이를 명문화한 것이다. 855년부터 1792년까지 937년 동안 프랑크푸르트에서 36명의 왕 또는 황제가 선출됐다. 1372년에 프랑크푸르트는 제국시

Reichsstadt(황제와 제국 직속의 도시로 다른 제후나 영주에 속하지 않는 자유시)가 되어 독자적으로 행정권과 사법권을 행사했다.

황제 대관식은 카를 대제가 숨진 아헨Aachen에서 열리다가 1562년부터 프랑크푸르트에서 열렸다. 황제 선출과 대관식이 한곳에서 열리면서 프랑크푸르트는 더욱 중요해졌다.

16세기 중엽 프랑크푸르트가 종교의 자유를 허용하자 네덜란드와 영국의 개신교도들이 박해를 피해 대규모로 이주해 왔다. 17세기 말에는 위그노(프랑스 개신교도)들도 들어왔다. 이 개신교도들은 프랑크푸르트 경제 발전에 크게 기여했다. 1749년에 대문호 요한 볼프강 폰 괴테가 태어났다.

1792년 프랑크푸르트는 마인츠와 함께 프랑스군에 점령됐다. 이후 1796년과 1800년, 이어 1806년에도 점령됐다. 1806년에 프랑크푸르트는 나폴레옹의 강요로 라인동맹Rheinbund(1806~1813)에 가입하고 1810년에 대공국이 됐다. 1813년 나폴레옹이 전투에서 패하면서 라인동맹이 해체되고 오스트리아가 주도하는 독일연방Deutscher Bund(1815~1866)이 출범했다. 프랑크푸르트는 다시

1680년경 프랑크푸르트 시청인 뢰머와 뢰머 광장의 모습

고층빌딩이 즐비하여 마인해튼으로 불리는 마인강 변의 프랑크푸르트

자유시가 됐고 연방의회Die Bundesversammlung도 소재했다.

　1848년 프랑스혁명의 영향으로 독일에서도 민주화와 공화정 수립을 요구하는 혁명이 일어났다. 이러한 요구가 받아들여져 5월 18일 프랑크푸르트 바울교회에서 독일 최초의 민주적 의회인 국민의회Nationalversammlung가 열렸다. 1849년 3월 국민의회는 통일된 독일 국가 수립을 위한 헌법을 제정했다. 그러나 프로이센, 바이에른, 작센 왕국과 여러 제후들의 반대로 입헌 민주국가를 수립하려는 시도는 좌절됐다. 1866년 프랑크푸르트는 프로이센에 병합되면서 자유시 지위를 상실했다.

　프랑크푸르트는 제2차 세계대전 중에 폭격으로 잿더미가 되었다. 전후 신생 독일의 수도 후보지로 부상했으나 본Bonn에 밀렸다. 오늘날 고층빌딩이 늘어나며 마인해튼(마인강 변의 맨해튼)으로도 불리는 프랑크푸르트는 교통, 경제, 금융 중심도시로 꾸준히 성장하고 있다.

경제와 금융 중심도시

중세 시대 황제 선출과 대관식이 열리면서 프랑크푸르트에는 많은 사람들이 왕래했다. 자연히 물품 교류가 빈번해지고 상업이 발달했다. 교회의 메세 Messe(가톨릭에서 하느님께 바치는 영성체가 있는 종교의식을 독일어로 메세라고 함. 라틴어로는 미사Missa)가 끝난 후 시장市場이 열렸다. 메세가 끝난 후 열린 시장을 메세로 불렀고, 박람회도 메세로 불렀다. 1150년에 프랑크푸르트에서 박람회 (메세)가 열린 기록이 있다. 박람회는 규모가 점점 커져 1330년에는 봄에도 열리며 1년에 두 번 열렸다.

박람회는 오늘날 독일 경제를 떠받치는 주요 산업이다. 세계적으로 규모가 큰 박람회 100개 중에서 60여 개가 독일에서 열릴 정도로 독일은 박람회 강국이다. 프랑크푸르트 외에도 베를린, 함부르크, 뒤셀도르프, 쾰른, 뮌헨, 하노버, 뉘른베르크, 라이프치히 등 여러 도시에서 일 년 내내 열린다.

중세 이래 무역과 산업에서 은행이 중요한 역할을 했다. 1402년에 프랑크푸르트에 환전소가 생겨났고, 1546년부터 동전을 주조했다. 1585년 박람회 기간 중 동전의 가치를 보장하기 위해 박람회 참가 상인들이 화폐 시세와 교환 시세를 게시했다. 이후 프랑크푸르트 증권이 탄생했다.

프랑크푸르트가 금융도시로 발전하는 데 크게 기여한 이가 있다. 유대인 마이어 암셸 로트실트Mayer Amschel Rothschild(1744~1812)다. 로트실트는 '붉은 방패'라는 뜻으로, 붉은 방패는 로트실트 가문의 상징이다. 1760년대에 그는 독일 내 수백 개의 나라들이 서로 다른 화폐를 사용하는 점에 착안하여 환전소를 설립해서 크게 성공했다. 그의 다섯 아들은 프랑크푸르트 이외에 런던, 파리, 빈, 나폴리에 지점을 개설하며 은행업을 확대했다. 다국적 금융기업이 탄생한 것이다.

로트실트는 나폴레옹으로부터 독일 제후의 재산을 안전하게 지키며 은행가

프랑크푸르트가 유럽 금융 중심지임을 나타내는 유로화 기
호와 유럽연합의 상징인 12개의 별

로서의 명성을 쌓았다. 1806년 나폴레옹이 헤센-카셀 공국을 점령하자 공작 빌헬름 9세는 덴마크로 피신했다. 그는 피신하며 300만 탈러라는 거금의 관리를 로트실트에게 맡겼다. 나폴레옹은 빌헬름 9세의 재산을 몰수하려고 백방으로 노력했으나 로트실트와 그 아들은 안전하게 지켜 내어 은행으로서의 신뢰를 쌓았다. 로트실트 가문은 또한 나폴레옹 전쟁 시 독일군의 급료를 상당 부문 지급하며 은행가로서의 지위를 굳혔다.

이후 프랑크푸르트에 은행들이 더 많이 생겨났다. 1820년에 프랑크푸르트 증권은 처음으로 주식을 거래하면서 증권거래소(독일의 증권지수는 DAX)로 발전했다.

연합국의 점령 통치 시기에 프랑크푸르트에 설립된 독일랜더방크Bank Deutsche Länder는 1957년에 중앙은행인 독일 연방은행Die Deutsche Bundesbank이 됐다. 독일 연방은행은 통화 안정과 물가 안정이라는 두 마리 토끼를 잡아 전후 독일의 경제성장에 기여했다. "하느님은 안 믿어도 연방은행은 믿는다."라고 할 정도로 국민들의 신뢰가 강했다.

1998년 프랑크푸르트는 유럽중앙은행European Central Bank을 유치하여 국제 금융도시로의 입지를 굳혔다. 유럽연합(EU)의 공식 통화는 유로Euro다. 유로화는 독일, 프랑스, 이탈리아, 스페인 등 19개국이 사용하며 이런 나라들을 유로존이라고 한다. 발칸반도의 몬테네그로는 유럽연합 회원국이 아니지만 유로화를 사용한다. 덴마크, 스웨덴, 폴란드, 헝가리 등 8개국은 유로화를 사용하지 않는다.

뢰머와 뢰머베르크

독일어로 시청을 라트하우스Rathaus라고 한다. '상담, 조언Rat'과 '집Haus'이 결합된 단어로 '시민들이 애로사항을 상담하고 조언을 구하는 집'이라는 뜻이다. 시청이 시민을 위한 집이라는 의미가 제대로 살아나는 단어다. 프랑크푸르트 시청은 라트하우스보다는 뢰머Römer로 더 알려졌다. 뢰머는 건물 이름에서 유래했다.

프랑크푸르트시는 1372년에 행정권과 사법권을 독자적으로 행사하는 자유시가 되면서 더 큰 청사가 필요했다. 1405년 3월 11일 뢰머 가족으로부터 마인강 가의 '뢰머Haus zum Römer'와 '황금백조Haus zum Goldenen Schwan'라는 건물 두 채를 구입하여 시청사로 개조했다. 600년도 더 된 시청이다.

뢰머는 독특한 형태를 띠고 있다. 지붕이 계단식으로 경사가 급하게 되어 있다. 주로 눈이 많이 오는 지방에서 눈이 쌓이지 않도록 지붕의 경사를 급하게 하는데, 뢰머는 건축의 아름다움도 살렸다. 비슷한 3개의 건물 중에서 가운데

프랑크푸르트의 상징인 뢰머(가운데 건물)와 유스티티아 여신상이 있는 정의의 분수대

뢰머의 카이저잘(황제실)에 걸려 있는 신성로마제국 황제들의 전신화

건물이 뢰머다. 뢰머 좌우로 들어선 비대칭 건물은 나중에 지은 것이다.

1356년에 프랑크푸르트가 황제를 선출하는 장소로 지정되고, 축하 연회도 열리면서 뢰머의 기능이 중요해졌다. 뢰머에서는 카이저잘Kaisersaal(황제실)이 잘 알려져 있다. 황제실에는 768~1806년 동안 독일을 지배했던 황제들의 전신화가 걸려 있다. 카를 대제Karl der Große 이후 프란츠 2세Franz II까지 52명의 황제들이다. 콘라트 4세Conrad IV와 황제가 없었던 대공위시대(1254~1273)의 왕 3명은 제외됐다. 이들 황제의 전신화가 걸리면서 황제실로 불렸다.

모든 황제들이 서 있는데 유독 카를 대제만이 앉아 있다. 카를 대제는 대부분의 서유럽을 정복하여 정치적으로나 종교적으로 유럽을 통합시킨 이다. 오늘날의 유럽이 있게 한 그를 '유럽의 아버지'로 부른다. 프랑스에서는 샤를마뉴 Charlemagne로 부르며 공경한다. 카를 대제를 앉아 있게 한 것은 대제에 대한 후대가 보내는 존경의 표시다.

정의의 분수대

뢰머 앞에는 뢰머베르크Römerberg라는 광장이 있다. 9세기 이래 시장과 메세(박람회)가 열렸고 운동경기와 축제도 열렸던 광장이다. 신성로마제국에서 가장 아름다운 광장의 하나였다.

광장 중앙에 정의의 분수대가 있다. 분수대 위에는 정의와 법을 상징하는 유스티티아Justitia 여신상이 있다. 왼손으로 천칭을 높이 들고, 오른손에는 검을 들었다. 천칭은 공정함을, 검은 사법의 권위와 권력을 상징한다. 권력을 바탕으로 법을 공정하게 집행해야 함을 말해 주고 있다. 일반적으로 정의의 여신상은 보이는 것에 현혹되지 말라고 눈을 가리고 있는데, 유스티티아 여신은 눈을 가리지 않은 모습이다. 시청 관리들이 업무를 공정하게 처리하고 있는지 뢰머를 응시하고 있다.

뢰머 광장의 정의의 분수대. 유스티티아 여신은 공정함과 사법의 권위를 상징하는 천칭과 검을 들고 있다.

 분수대는 1543년에 처음 세워졌다. 지금의 유스티티아 여신상은 1887년에 프랑크푸르트의 한 포도주 상인이 기증한 것이다. 여신상 아래에는 '정의', '절제', '희망', '사랑'을 뜻하는 조각이 새겨져 있다. 분수대는 오늘날 만남의 장소로 이용되고 있다.

 뢰머베르크의 동쪽 부분 잠스탁스베르크에는 전통 목조가옥인 파흐베르크하우스Fachwerkhaus들이 줄지어 있다. 15세기에 프랑크푸르트를 중심으로 상업 활동을 했던 쾰른 비단 상인들이 지은 가옥들이다. 전쟁 중에 파괴되었으나 역사적 고증을 거쳐 1986년에 복구했다.

신성로마제국과 금인칙서

　신성로마제국의 황제 선출과 대관식이 열렸던 카이저 대성당으로 가기 전에 '신성로마제국Das Heilige Römische Reich'에 관해 알아본다. 신성로마제국의 출범 시기를 왕 카를이 황제로 즉위한 800년으로 보기도 하나, 일반적으로 작센 출신의 독일 왕 오토 1세Otto I(재위: 936~973)가 황제로 즉위한 962년으로 본다. 10세기 중엽 교황 요하네스 12세(재위: 955~ 964)는 로마 귀족들로부터 시달림을 받았다. 그는 오토 1세에게 황제의 관을 씌워 주겠다며 보호를 요청했다. 오토 1세는 알프스를 넘어 로마 귀족들을 토벌하며 교황의 권위를 되찾아 주었다. 교황은 962년 2월 로마에서 오토 1세에게 황제의 관을 씌워 주었다. 이는 교황이 독일 왕을 카를 대제의 후계자로 공인한 것이며, 이후 독일 왕들을 로마 황제의 후계자로 여겼다.

　15세기 말에 '독일 민족Deutsche Nation'이 추가되어 '독일 민족의 신성로마제국Das Heilige Römische Reich Deutscher Nation'으로 불렸다. 제국은 1806년 나폴레옹에 의해 멸망하기까지 844년 동안 존속했다.

　신성로마제국의 구성 요소는 3가지다. 첫째, '신성神聖, Heilig'이다. '신성'이라는 용어는 황제 프리드리히 1세 바르바로사Friedrich I Barbarossa(재위: 1155~1190) 때부터 사용했다. 신성로마제국이 교황에 종속되지 않고, 황제국의 왕권신수설을 강조하고자 했다. 둘째, '로마적Römisches'이라는 것이다. 800년에 있었던 카를 대제의 대관식이 서로마제국과 연결되어 있고, 962년 오토 1세의 대관식은 카를 대제의 제국과 직접 연결되어 있다는 것이다. '로마적'이라는 것은 독일 왕 또는 로마 왕이 다스리는 제국을 뜻한다. 셋째, '제국Reich'이라는 것이다. 제국에는 왕국, 제후국, 공국, 대주교국, 주교국, 제국시(자유시) 등 300여 개가 넘는 개별 국가가 있었다.

신성로마제국은 중앙집권제가 아닌 연방제였다. 황제는 한 가문에서 세습되지 않고 여러 가문에서 선출되었다. 황제는 드넓은 제국 이곳저곳을 돌아다니며 다스렸다. 따라서 고정된 수도가 없었고, 황제가 체류하는 곳이 바로 수도였다. 아헨, 고슬라, 프랑크푸르트, 아우크스부르크, 뮌헨, 뉘른베르크, 빈 등이 수도였다.

신성로마제국에는 헌법도 있었다. 오늘날과 같은 단일 헌법이 아니라 세월이 흐르면서 여러 협약과 조약이 헌법으로 추가됐다(독일 역사학자 하르트만Peter C. Hartmann). 제1의 헌법은 1356년 1월 뉘른베르크 제국의회에서 황제 카를 4세Karl IV(재위: 1347~1378)가 공표한 〈금인칙서Die Goldene Bulle〉였다. 이외에 〈독일 종교협약Die Deutsche Konkordate〉(1447), 〈항구적인 국내 평화협약Ewige Landfriede〉(1495), 〈아우크스부르크 종교화의〉(1555), 〈베스트팔렌 조약〉(1648) 도 헌법이었다.

1237년에 힘 있는 7명의 제후와 대주교들이 콘라트 4세를 독일 왕(재위: 1237~1254)으로 선출하고 다른 제후들이 동의했다. 이들은 보헤미아 국왕, 팔츠 백작, 작센 공작, 브란덴부르크 변경백, 마인츠 대주교, 트리어 대주교, 쾰른 대주교였다.

콘라트 4세의 아버지인 황제 프리드리히 2세는 교황과 대립하고 갈등을 빚다가 파문당한 뒤 1250년에 숨졌다. 콘라트 4세도 파문당해 황제로 즉위하지 못하고 4년 후 후손이 없이 죽었다. 호엔슈타우펜 가문이 끊어지면서 한동안 황제를 선출하지 않았다. 황제가 없었던 19년(1254~1273)을 대공위시대大空位時代라고 한다.

교황은 황제가 없는 상황을 즐겼다. 황제가 없자 일부 지방에서 반란이 일어나고 교회를 약탈하는 등 제국은 혼란스러워졌다. 황제가 있어야 한다는 요구로 1273년에 7명의 제후와 대주교는 힘없는 스위스 합스부르크 가문의 백작 루돌프 4세를 황제로 선출했다. 그는 루돌프 1세로 즉위했다. 이후 황제는 주로 합스부르크 가문에서 나왔다.

〈금인칙서〉는 황제를 선출하는 자로 7명의 대주교와 제후를 지정했다. 종교계 3명(마인츠, 트리어, 쾰른 대주교)과 세속 제후 4명(보헤미아 국왕, 팔츠 백작, 작센 공작, 브란덴부르크 변경백)이다. 황제를 선출하는 제후라고 하여 이들을 선제후選帝侯, Kurfürst라고 불렀다. 선제후 지위는 세습됐다. 황제 선출 시 투표 순서는 트리어 대주교를 시작으로 지위가 가장 높았던 마인츠 대주교가 맨 나중에 했다. 그에게 결정권을 주기 위해서였다. 공개투표에 의해 다수결로 선출했다.

〈금인칙서〉는 종교계를 제외한 4명의 세속 선제후 중에서 보헤미아(현 체코) 국왕이 세속 권력의 제1인자임을 명문화했다. 또한 왕王이라는 명칭을 보헤미아 왕 이외에는 누구도 사용할 수 없도록 했다. 보헤미아 왕국 출신인 카를 4세가 보헤미아의 지위를 강화하고자 한 조치다. 3명이나 되는 종교계 선제후는 종교의 영향력이 강했음을 보여 준다. 선제후는 지배 영역 내에서 재판권, 광산채굴권, 화폐주조권, 관세징수권을 가질 정도로 방대한 특권이 있었다. 선제후의 이러한 권한은 황제도 간섭하기 어려울 정도로 배타적인 특권이었다.

〈금인칙서〉는 황제를 선출하는 장소로 프랑크푸르트를 지정했다. 프랑크푸르트에서 이미 7~8차례 독일 왕 또는 황제가 선출된 전례가 있었기 때문이다. 아헨에서 하던 대관식은 1562년부터 주로 프랑크푸르트에서 열렸다. 오토(또는 작센) 왕조에서 시작한 황제는 프랑크 왕조, 호엔슈타우펜 왕조, 룩셈부르크 왕조, 비텔스바흐 왕조를 거쳐 후반에는 합스부르크 왕조에서 배출했다.

그러면 카를 4세는 왜 〈금인칙서〉를 공표했을까? 황제의 영향력을 강화하고, 교황의 권력을 약화시키고자 했기 때문이다. 또한 다른 가문에 비해 강했던 합스부르크 가문과 비텔스바흐 가문을 견제하기 위해서였다. 따라서 비텔스바흐 가문의 바이에른 공작과 합스부르크 가문은 선제후 지위를 얻지 못했다. 바이에른 공작은 1623년에서야 팔츠 선제후를 대신하여 선제후가 됐다. 30년 전쟁이 끝난 1648년에 팔츠 백작에게 다시 선제후 지위가 부여되어 선제후는 8명이 됐다. 1692년에 브라운슈바이크(후에 하노버) 공작도 선제후가 됐다. 제국 말기인 1803년에는 10명이나 됐으나 의미가 없었다.

황제Kaiser는 3가지 기능이 있었다. 신성로마제국 내 최고의 대표자요, 최고의 판사였으며 최고의 영주였다. 다만 제국과 관련된 모든 주요 문제를 제국의회 의원들과 함께 결정해야 했기 때문에 황제의 권한은 프랑스 왕과 비교하여 크게 제한됐다. 또한 황제는 아들이 황제로 선출될 수 있도록 선제후들과 큰 논쟁 없이 잘 지내야 했다.

제국의회Der Reichstag는 선제후, 제후, 주교들로 구성된 협의체다. 제국의회에는 3개의 위원회가 있었다. 7명의 선제후로 구성된 선제후위원회, 여타 제후들로 구성된 제후위원회, 제국도시들로 구성된 제국도시위원회다. 제국의회는 1663년을 기준으로 두 시기로 나뉜다. 전반기 제국의회는 보름스, 슈파이어, 프랑크푸르트, 뉘른베르크, 아우크스부르크, 레겐스부르크 등 여러 제국시를 옮겨 가며 황제 또는 대리가 참석하여 여러 달 동안 열렸으며, 총 50회 열렸다. 군사나 재정 문제 등과 관련된 내용은 만장일치제였다. 제국의회의 결정에 황제도 구속됐다. 1663년에 제국의회는 레겐스부르크로 옮기며 상시 열렸다. 상시 열리면서 황제가 참석하는 경우는 크게 줄었으며, 주요 문제 협의 이외에 정보 교환 기능도 했다.

제국 최고법원으로 제국 대법원Der Reichskammergericht과 제국 궁정법원Der Reichshofrat이 있었다. 1495년 보름스 제국의회의 결의로 대법원을 프랑크푸르트에 설립했다. 1527년에 슈파이어Speyer로 이전했고, 팔츠 계승전쟁으로 슈파이어가 프랑스군에 의해 파괴되면서 1693년에 베츨라Wetzlar로 옮겼다. 궁정법원은 1527년에 설립했으며 황제가 있는 곳(빈)에 소재했다.

신성로마제국의 공식 언어는 독일어와 라틴어였다. 황제실, 제국의회와 법원에서는 두 언어 중 하나로 말해야 했다. 1784년에 황제 요제프 2세가 독일어(합스부르크 가문이 지배하는 지역에서 사용하는 독일어)만 공식 언어로 지정했다.

황제 선출과 대관식이 열린 카이저 대성당

신성로마제국 권력의 중심에는 황제만 있었던 것이 아니었다. 다른 한편에 교황이 있었다. 유희수 고려대학교 교수는 "황제와 교황이 국가와 교회의 자율적 수장이 아니라 기독교 공동체라는 하나의 몸통에 달려 있는 두 머리였으며, 중세는 쌍두마차 사회였다."라고 했다. 중세의 교회는 단순한 교회 이상의 의미가 있었다. 종교와 관련된 역사적 사건도 많다. 또한 교회는 음악과 미술 등 예술 발전에도 크게 기여했다. 따라서 종교는 중세 유럽 역사에 큰 부분을 차지한다. 종교와 정치권력과의 관계를 알아 두면 유럽의 역사와 문화를 이해하는 데 도움이 된다.

신성로마제국의 황제 선출과 대관식, 서임권敍任權 문제(고위 성직자 임명권을 황제와 교황 중에 누가 행사하느냐 하는 문제), 선제후 지위, 슈말칼덴Schmalkalden 동맹과 전쟁(루터의 종교개혁을 지지하는 제후와 도시들이 동맹을 맺고 황제와 가톨릭교 세력과 싸운 전쟁), 루터의 종교개혁, 아우크스부르크 종교화의, 30년 전쟁 등은 종교와 관련된 중요한 역사적 사건들이다. 이러한 역사적 사건과 관련 있는 도시와 교회들을 찾아 다룰 것이다.

신성로마제국에서 가장 중요한 행사는 황제 선출과 대관식이었다. 이 두 행사가 열린 곳이 성 바르톨로메오 카이저 대성당Kaiserdom St. Bartholomäus이다. 황제를 선출하고 대관식이 열리면서 16세기부터 이 이름으로 불렸다.

성 바르톨로메오 카이서 대성당은 고딕 양식에 붉은 갈색을 띠고 있다. 대성당이 오늘날의 모습을 갖추는 데에는 다섯 번의 증축과 보수 공사를 거쳤다. 680년경 메로빙거 왕조 공주의 무덤 위에 돌로 된 교회가 세워졌다. 이 교회는 계속 확장됐고, 794년에는 왕 카를이 주재한 종교회의가 열렸다.

1239년 교황이 성 바르톨로메오(예수 12제자 중의 한 사람)의 해골을 성물로 보내면서 1260년부터 성당 증축 공사를 시작하여 1415년에 완공했다. 이때 성당이 오늘날의 크기로 확장됐다. 카롤링거 왕조(6~9세기)와 오토 왕조(10~11세기) 시기의 작은 교회에서 성 바로톨로메오와 카를 대제를 위한 대성당이 된 것이다. 그리고 이 대성당에서 신성로마제국의 중요한 두 가지 행사가 열렸다.

첫째, 12세기부터 독일 왕과 황제 선출이 있었다. 대제단 오른편에 선제후들이 모여 황제를 선출했던 선거실Wahlkapelle이 있다. 성 베드로와 교황 마르첼리노를 위한 소예배당이었고, 도서관으로 사용하던 곳을 선거 시 사용했다.

둘째, 황제가 관을 쓰는 예식인 대관식이 열렸다. 대관식은 로마에서 열린 2명의 황제 대관식으로 중요해졌다. 그 하나는 800년에 있었던 카를 대제의 대관식이다. 교황 레오 3세는 반대파에 시달리던 자신을 보호해 줄 세력이 필요했다. 프랑크 왕 카를이 도와주자 교황은 카를을 서로마 황제로 지정하고 성탄절 미사에서 관을 씌워 주었다. 대관식은 카를이 유럽의 지배자임을 공인한 것이다. 카를은 사후에 대제大帝로 추대되어 카를 대제(라틴어로는 카롤루스 대제)로 불린다.

또 하나는 962년 황제 오토 1세의 대관식이다. 오토 1세는 로마 귀족들로부터 시달림을 받던 교황 요하네스 12세를 지원해 주고 황제로 즉위했다. 이후 대관식은 1531년까지 주로 아헨Aachen에서 열렸다. 아헨은 카를 대제가 숨진 곳으로 이곳에서 936년에 오토 1세가 독일 왕으로 즉위했었다. 대관식은 1562년 황제 막시밀리안 2세부터 주로 프랑크푸르트 대성당에서 열렸다.

1658년 대관식에 참석하기 위해 뢰머에서 대성당으로 이동하는 레오폴트 1세의 행렬

예외적으로 레겐스부르크 돔(2회, 1575년 루돌프 2세와 1636년 페르디난트 3세)과 아우크스부르크 돔(1690년 요제프 1세)에서도 열렸다. 대관식이 프랑크푸르트에서 열리면서 380여 km 떨어진 아헨으로 이동해야 하는 불편을 덜었다.

대관식 행사와 관련하여 프랑크푸르트 역사박물관의 피카르트Tobias Picard 연구원은 이렇게 설명했다(34쪽 그림 참조).

"독일 왕에게 종교적인 권위를 부여하는 대관식은 신성로마제국의 영속성을 나타내는 중요한 의식이었습니다. 대관식과 성유 의식은 마인츠, 쾰른, 트리어 3명의 종교계 선제후들이 주관했습니다. 종교계 선제후들이 로마 교황을 대리한다는 의미가 있기 때문입니다. 세속 선제후들이 황제에게 관을 씌워 주는 것은 의전상으로도 맞지 않았습니다. 황제는 일반적으로 황제관을 대관식 날만 썼습니다."

1619년 황제 페르디난트 2세의 대관식 장면. 대관식은 3명의 종교계 선제후가 집전했다.

　대성당은 1867년 대화재로 크게 파손되었으나 신고딕 양식으로 복구했다. 그 후 제2차 세계대전 중에 폭격으로 크게 파괴되어 다시 복구했다. 성당 입구 왼편에는 성 바르톨로메오의 해골을 보관하고 있는 안치소가 있다. 종교 관련 장비 등 보물을 전시하는 박물관도 있다. 324개의 계단을 따라 올라가면 95m 높이의 전망대에 이르게 된다. 이곳에서 마인강과 프랑크푸르트 시내를 볼 수 있다.

괴테 하우스와 괴테

　과학, 종교와 문학 분야에서 인류에 큰 영향을 끼친 3인의 독일인이 있다. 유럽에서 최초로 금속활자 인쇄술을 발명한 요하네스 구텐베르크Johannes Gutenberg, 종교개혁 운동을 하고 성서聖書를 독일어로 번역한 마르틴 루터

Martin Luther, 독일 문학을 세계문학의 반열에 올려놓은 요한 볼프강 폰 괴테 Johann Wolfgang von Goethe다. 괴테를 시작으로 이들 3인에 관해 다룰 것이다.

괴테는 실러와 함께 독일 고전주의 문학을 대표하는 대문호다. 『젊은 베르테르의 슬픔』과 『파우스트』는 모르는 사람이 없을 정도로 그의 대표작이다. 시詩도 많이 썼다. 프란츠 슈베르트(1797~1828) 등 여러 음악가의 작곡으로 〈마왕〉 Op.1, D.328, 〈실 잣는 그레첸〉 Op.2, D.118, 〈들장미〉 Op.57, D.257 등이 잘 알려져 있다(Op.는 Opus Number의 약자로 음악 작품을 출판된 순서로 정리한 작품번호이며, D. 번호는 슈베르트의 작품을 작곡 순으로 정리한 것이다).

괴테는 소설가요 시인이었으며 음악가, 화가, 법률가, 행정가, 연출가, 건축가, 해부학자였다. 그 정도로 다방면에 재능이 있었다. 괴테는 1749년 8월 28일 프랑크푸르트에서 태어났다. 아버지는 법학박사이자 황실 고문인 요한 카스파 괴테Johann Kaspar Goethe였고, 어머니는 시청 고위 관리의 딸이었다.

17세기에 지어진 괴테 생가는 1944년 3월 폭격으로 완전히 파괴됐다. 다행히도 책, 가구, 그림 등 괴테와 가족의 소장품은 다른 곳에 옮겨 보관했기 때문에 피해를 입지 않았다. 1946~1951년 사이에 생가를 원형에 가깝게 복구하여 오늘날 '괴테 하우스Goethehaus'와 '괴테 박물관Goethe Museum'이 있다.

괴테 하우스는 4층으로 되어 있다. 부엌, 거실과 서재 등을 옛 상태대로 재현해 놓아 그 당시의 생활상을 엿볼 수 있다. 1층에는 괴테 어머니가 사용했던 부엌과 주방도구가 있다. 3층에는 괴테가 태어났던 방을 비롯하여 시인의 방(서재), 인형극장, 그림방들이 있다. 괴테는 "네 살 때 선물로 받은 인형극장이 끊임없는 상상력과 독창력을 준 영감의 원천이었다."라고 회고했다.

괴테는 '시인의 방'에서 첫 소설 『젊은 베르테르의 슬픔Die Leiden des jungen Werthers』을 비롯해 희곡 『초고 파우스트Urfaust』, 『괴츠 폰 베를리힝겐Götz von Berlichingen』과 여러 편의 시를 썼다.

괴테가 태어난 집으로 괴테 하우스와 괴테 박물관이 있다.

　괴테는 법학자였던 아버지의 권유로 라이프치히(1765~1768)와 스트라스부르(1770~1771)에서 법학을 공부했다. 1771년 8월에 법학박사 학위를 받고 프랑크푸르트에서 변호사 개업을 했다. 그러나 그의 관심은 다른 곳에 있었다. 25세 때인 1774년 가을에 자전적 서간체 소설 『젊은 베르테르의 슬픔』을 발표했다. 이 소설은 괴테를 전 유럽의 유명인사로 만들었다. 나폴레옹도 꼼꼼하게 읽었다고 한다.

　소설은 1771년 5월 4일 친구 빌헬름에게 쓰는 편지로 시작한다. 주인공 베르테르는 영주 주무관의 딸 로테를 사랑했다. 로테는 어머니를 잃은 후 8명의 동생들을 돌보고 있었다. 알베르트라는 약혼자도 있었다. 베르테르는 로테를 단념하고 다른 곳으로 갔으나 잊지 못하고 그녀가 있는 곳으로 돌아온다. 그사이 결혼한 로테와도 만나지만 베르테르는 로테에 대한 사랑이 이루어질 수 없음

괴테 초상화(괴테 하우스)

을 알고 괴로워하다 자살한다는 내용이다. 이 소설은 괴테의 경험에서 나왔다.

실제로 괴테는 1772년 5월에 프랑크푸르트 근교 베츨라에 있는 대법원(1495년 보름스 제국의회의 결의로 설립한 신성로마제국의 최고법원)에서 근무하며 법관의 딸 샤를로테 부프Charlotte Buff(당시 19세)를 사랑했다. 그러나 그녀에게는 이미 약혼자 케스트너가 있었다. 사랑이 이루어질 수 없자 괴테는 괴로운 마음으로 1772년 9월에 프랑크푸르트로 돌아왔다. 우연히도 그해 10월 30일 예루살렘 Jerusalem이라는 청년이 이루지 못한 사랑에 실망하여 권총으로 자살한 사건이 발생했다. 그는 괴테가 라이프치히에서 알게 된 자다. 괴테는 자신의 이루지 못한 사랑과 예루살렘의 권총 자살 사건을 결합하여 『젊은 베르테르의 슬픔』을 썼다.

많은 그림이 걸려 있는 '그림방'(위)과 『젊은 베르테르의 슬픔』 등의 작품을 쓴 '시인의 방'(아래)

1774년 말 25세의 괴테는 인생에 큰 전환을 가져온 사람을 만났다. 작센-바이마르-아이제나흐 공국(이하 바이마르 공국)의 공작 카를 아우구스트Karl August (1757~1828)다. 『젊은 베르테르의 슬픔』에 매료된 17세의 공작은 바이마르 공국의 교육과 예술을 증진시키려고 괴테를 초청했다. 괴테 초청에 아우구스트 공작의 어머니 안나 아말리아Anna Amalia가 더 적극적이었다. 괴테는 26세 때인 1775년 11월에 바이마르로 이사했다.

여유 있는 집안에서 성장했고 또 베스트셀러 소설까지 써 프랑크푸르트에서 작품 활동에 전념할 수 있었던 괴테는 왜 바이마르로 갔을까? 소설과 시만 쓰기에는 괴테의 재능이 너무 많았기 때문이다. 28세부터 바이마르 공국의 국사에 종사했으며 30세에는 추밀고문관이 됐다.

괴테는 33세 때인 1782년 황제 요제프 2세가 발급한 귀족 증서를 받아 이름에 '폰von'을 사용했다. 그는 필생의 역작인 『파우스트』에서 "인간은 노력하는 한 방황한다Es irrt der Mensch, solange er strebt."라며 노력을 강조했다. 괴테는 83세에 숨졌다.

괴테는 떠났지만 오늘날에도 살아 있다. 1914년에 설립된 프랑크푸르트 대학교는 1932년에 '요한 볼프강 폰 괴테 대학교'로 바꾸었다. 또한 독일 정부는 독일어와 독일 문화를 알리고 문화교류를 위해 전 세계에 그의 이름을 딴 '괴테 인스티튜트Goethe Institut'를 운영하고 있다. 괴테는 여전히 독일인들은 물론 전 세계인들로부터 사랑을 받고 있다(제14장 바이마르 - '괴테와 괴테 박물관' 참조).

독일 민주주의의 요람 바울 교회

시간을 건너뛰어 19세기 독일의 정치 상황을 다룬다. 독일 민주주의 요람인 바울 교회Paulskirche가 있기 때문이다. 1813년 나폴레옹을 몰아낸 후 빈 회의

(1814. 9.~1815. 6.)가 열렸다. 오스트리아 외무장관 메테르니히Klemens Wenzel von Metternich(1773~1859)가 주도한 빈 회의의 목표는 유럽의 질서를 나폴레옹 전쟁 이전의 상태로 돌리는 것이었다. 빈 회의 후 1815년에 오스트리아가 주도하는 독일연방Deutscher Bund(4개 왕국, 대공국, 공국, 4개의 자유시 등 39개 국가로 구성)이 출범했다. 회원국들은 자유주의와 민족주의 세력에 대항하여 싸우고, 구질서를 유지하고 복원할 의무가 있었다.

구체제로 돌아가려는 분위기가 강했지만 저항도 있었다. 독일 남부 지역에서 자유주의와 민족주의 운동이 확산됐다. 1832년 5월 27일 팔츠 지역의 함바흐Hambach 성 축제에 참가했던 2만~3만여 명이 공화정과 민주주의 국가 수립을 요구했다.

1848년 유럽에 새로운 정치체제를 요구하는 혁명의 물결이 휘몰아쳤다. 2월 혁명으로 프랑스는 다시 공화정이 됐다. 3월에는 독일에서도 새로운 민주 체제를 열망하는 열의가 시위와 함께 혁명으로 발전했다. 국민들은 전제군주제를 종식시키고 민주공화제가 수립되기를 희망했다. 베를린에서 사상자가 발생하는 유혈충돌이 있자 프로이센 왕 프리드리히 빌헬름 4세Friedrich Wilhelm IV는 헌법 제정에 동의했다.

1848년 3월 31일~4월 3일 동안 바울 교회에서 예비의회가 열렸다. 예비의회 결정에 따라 4~5월에 보통·평등 선거로 800여 명의 의원이 선출됐다. 의원들은 주로 교수, 법률가, 행정가들이었다. 5월 18일 587명의 의원들이 바울 교회에서 열린 국민의회Die Nationalversammlung에 참석했다. 국민의회는 독일 최초의 민주적인 의회였다.

10개월 후인 1849년 3월 28일 국민의회는 통일 독일제국의 법적 토대가 될 헌법안을 마련했다. 국가형태는 황제를 국가원수로 하는 연방제 국가에, 정부형태는 의원내각제다. 보통·평등·직접·비밀 선거로 선출하는 의원으로 구성

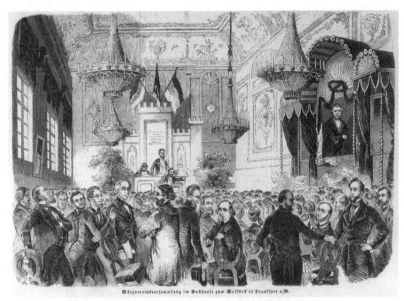

전 독일 국가의 의원 회의(1849년 5월 5일, 프랑크푸르트 춤 볼프제크 호텔)

되는 하원 이외에 상원도 두도록 했다. 프리드리히 빌헬름 4세가 수락할 것이라는 믿음에서 그를 황제로 선출했다.

　그러나 빌헬름 4세는 황제 추대를 거부했다. 왕의 주권은 신으로부터 부여받은 것으로 국민에 의해 구속받거나 권한이 제한되어서는 안 된다는 것이다. 또한 독일연방 내 강대국인 프로이센, 바이에른, 작센 왕국도 거부했다. 어렵게 제정된 헌법안은 결국 발효되지 않았다. 1850년에 국민의회가 붕괴되면서 민주적 통일국가를 수립하려는 시도는 실패했다. 새로운 시대를 열어 나가고자 하는 자유주의자들의 힘이 왕과 구질서를 유지하려는 세력을 꺾을 만큼 강하지 못했기 때문이다. 그럼에도 민주주의를 실행하고자 하는 세력이 형성된 것은 큰 의미가 있었다. 이때 만들어진 헌법안은 바이마르 헌법에 반영되었고, 100년 후 독일연방공화국의 헌법인 기본법에도 반영되었다.

이러한 역사를 간직하고 있는 바울 교회는 처음에는 고딕 양식의 중세 수도사 교회였다. 이 교회를 허물고 1790~1833년에 걸쳐 붉은 사암으로 새로 세웠다. 전면에 높은 탑이 있고, 비스듬하게 타원형으로 된 개신교회다. 1944년에 폭격으로 파괴됐으나 신생 독일연방공화국의 의회의사당으로 사용할 목적으로 서둘러 1948년 5월에 복구했다. 본Bonn이 수도가 되면서 의사당으로는 사용하지 못했다.

오늘날 바울 교회는 "바울 교회: 민주주의의 자유와 국가 통일의 상징"이란 상설 전시회를 열고 있다. 또한 괴테상賞 수여, 프랑크푸르트 도서전시회가 주

입헌 민주헌법이 제정되었던 바울 교회. 입구에 교회의 역사적 의의에 관한 동판이 있다.

관하는 평화상 수여, 특별 전시회, 민주주의 관련 주요 공공 행사 장소로 이용하고 있다.

슈테델 박물관

박물관과 미술관은 문화적 안목을 넓혀 주고 정서를 심어 주는 곳이다. 독일에는 세계적인 미술관이 많이 있다. 프랑크푸르트(샤우마인카이Schaumainkai 63)에 있는 슈테델 무제움Städel Museum(슈테델 박물관)도 그중 하나다. 마인 강 변에는 이외에도 응용예술박물관, 수공예박물관, 민족학박물관, 영화박물관, 우편박물관 등이 있다. 여러 박물관이 있어 이 지역을 '무제움스우퍼 Museumsufer(박물관이 들어선 강변)'라고 부른다.

마인강 위의 보행자 전용도로인 홀바인슈텍을 건너자마자 슈테델 박물관이 나타난다. 은행가이자 사업가였던 요한 프리드리히 슈테델Johann Friedrich Städel(1728~1816)이 1815년에 자신의 이름을 딴 '슈테델 예술연구소Das Städel-sches Kunstinstitut'를 설립하며 만든 박물관이다. 그는 이 재단에 수집한 예술품, 도서와 집 등 전 재산을 기부했다. 입구에 미술관이나 박물관이라는 이름은 없고 '슈테델 예술연구소'란 이름만 있다. 미술품을 전시하는 것만이 아니라 예술에 관한 연구도 함께 하는 곳이라는 의미가 담겨 있다.

실제로 슈테델 박물관은 예술품을 수집·보존하고, 전시하는 일 이외에 보유 작품의 학문적 연구와 전시회 작업도 하고 있다. 입구 왼쪽에는 1815년에 재단을 세웠고, 오른쪽에는 1877년에 건물을 새로 세웠다는 표시가 있다.

미술관 안으로 들어서면 독일이 자랑하는 인물의 대형 그림이 눈에 들어온다. 요한 하인리히 빌헬름 티슈바인Johann Heinrich Wilhelm Tischbein(1751~1829)이 1787년에 그린 〈캄파냐(로마 평원)에서의 괴테〉 그림이다. 여행용 망토

마인강 변의 슈테델 박물관

〈캄파냐에서의 괴테〉(1787, 요한 티슈바인 작, 슈테델 박물관)

를 입고, 모자를 비스듬히 쓴 괴테가 쓰러진 오벨리스크 위에 앉아서 폐허가 된 로마의 평원을 바라보고 있다. 유명 금융가 로트실트의 아들 잘로몬 드 로트실트Salomon de Rothschild 남작의 부인이 1878년에 기증한 것이다. 그녀의 집안이 1840년대 이탈리아 여행 중에 구입하여 소장하고 있던 그림이다.

미술관의 전시 공간은 소장 미술품에 비해 크게 부족했다. 이런 문제점을 해결하기 위해 2002년 본관 지하에 약 2만 9000m²의 전시실을 추가로 마련했다. 채광 시설을 만들어 햇빛이 안으로 들어오도록 하여 지하실의 어두운 면을 해결했다.

미술관은 14세기 초부터 후기 고딕, 르네상스, 바로크, 고전적 모더니즘과 현대 예술에 이르기까지 700년에 걸친 유럽의 주요 예술품을 소장하고 있다. 3100점의 회화, 660점의 조각품, 4600점의 사진, 10만 점의 스케치와 그래픽 이외에 약 10만 권의 도서도 있다. 도이체 방크(은행)와 DZ 은행 등 기업과 개인이 기증한 작품도 있다. 도이체 방크는 600여 점이나 기증했다.

눈여겨보아야 할 작품으로 〈여인의 이상적인 초상화〉(보티첼리, 1480년경), 〈비너스〉(크라나흐, 1532), 〈눈먼 삼손〉(렘브란트, 1636), 〈지리학자〉(페르메이르, 1669)가 있다. 현대 작품으로는 〈오찬〉(모네, 1868/1869), 〈오케스트라 음악가들〉(드가, 1872), 〈세면기 주위의 두 여인〉(키르크너, 1913), 〈페르낭드 올리비에 초상화〉(피카소, 1909) 등이 있다. 미술품을 관람한 뒤에 박물관 내 서점을 둘러보는 것도 하나의 즐거움이다.

독일 화이트 와인 슈페트레제의 유래

독일은 맥주의 나라이지만 포도주도 생산한다. 레드 와인보다는 화이트 와인을 더 많이 생산한다. 주요 생산지는 라인강, 모젤강, 프랑켄 지역이다. 품질

요하니스베르크의 드넓은 포도 재배 단지

좋은 화이트 와인 생산지로 라인강 변의 요하니스베르크Johannisberg가 있다. 뤼데스하임Rüdesheim에 조금 못미처 있으며 포도 재배 환경이 좋아 주위가 온통 포도밭이다. 드넓은 포도밭을 보는 것만으로도 상쾌함을 느낄 수 있다. 품질 좋은 젝트Sekt(독일에서 생산하는 발포성 포도주는 샴페인이라는 용어를 사용할 수 없어 젝트라고 함) 생산지로도 유명하다. 이곳에서 오스트리아의 재상이었던 메테르니히의 이름을 딴 '메테르니히Metternich'라는 젝트를 생산하고 있다.

1851년 이곳 요하니스베르크에서 19세기 유럽 역사의 주역이었던 두 사람의 만남이 있었다. 78세의 메테르니히(1773~1859)와 36세의 비스마르크Otto von Bismarck(1815~1898)의 만남이다. 19세기 전반기는 메테르니히의, 후반기는 독일 통일에 기여한 비스마르크의 시기였다고 할 수 있다.

메테르니히는 오스트리아의 외무장관으로 나폴레옹 이후의 유럽 체제를 협

의한 빈 회의(1814~1815)의 주역이었다. 1821년 이래 재상으로 재임하다 1848
년 3월 혁명 과정에서 쫓겨나 영국으로 망명했다. 그 후 빈으로 돌아가기 전에
그의 가문의 포도 농장이 있는 요하니스베르크에 머물렀다. 젊은 시절에는 가
까운 마인츠 대학교에서도 공부했었다.

　1851년 5월 비스마르크가 프랑크푸르트에 있는 프로이센 공사관의 참사(부
임 후 바로 공사로 승진함)로 부임하자 메테르니히가 그를 초청한 것이다. 프랑크
푸르트에는 국민의회가 있어 독일연방 39개 회원국들이 공사관을 두고 있었
다. 메테르니히와 만난 후 비스마르크는 아내에게 보낸 편지에서 다음과 같이
알렸다.

　　메테르니히는 매우 친절하고 편안한 사람이다. 그는 최상급의 요하니스베
　　르크 와인을 마시면서 1788년부터 1848년까지의 역사를 비롯하여 정치, 포
　　도주 재배, 문학, 산림 문화에 관해 쉬지 않고 이야기를 이어 갔다. … 메테르
　　니히는 프로이센과 달리 오스트리아는 현재의 영토에 만족하고 있다고 했다.

　오스트리아가 주도하는 독일연방에 불만이었던 비스마르크는 프랑크푸르
트에서 활동하며 오스트리아에 대한 거부감을 더욱 확고히 했다. 결국 그는 20
년 후 오스트리아를 배제한 통일을 이루었다.

　독일에서 생산하는 화이트 와인은 다섯 등급으로 나뉜다. 그중의 하나가 슈
페트레제Spätlese이다. 독일어 레젠lesen은 '책을 읽다'라는 뜻이지만, '포도 등
을 수확하다'라는 뜻도 있다. 포도주 용어로 슈페트레제는 '다소 늦게 수확한
포도로 담근 포도주'를 뜻한다. 슈페트레제에는 다음과 같은 유래가 있다.
　중세 이래 수도원은 먹고 마시는 것을 자급자족했다. 당연히 맥주나 포도주
도 제조했다. 수도원이 포도를 수확하려면 상급 수도원의 허가를 받아야 했다.

독일 화이트 와인 슈페트레제의 유래가 있는 동상. 말을 탄 전령이 한 손에는 흰 포도송이를, 또 다른 손에는 포도 수확 허가서를 쥐고 있다(요하니스베르크).

1775년경 요하니스베르크 수도원은 예년처럼 포도 수확 시기를 허가받기 위해 전령을 풀다Fulda(헤센주의 도시)에 있는 상급 수도원에 보냈다. 그런데 전령이 돌아올 때가 지났는데도 어쩐 일인지 돌아오지 않았다. 그러는 사이에 수확 시기가 지나면서 포도 알맹이는 조금씩 부패되며 곰팡이가 끼기 시작했다.

수도승들이 애타며 초조해하는 중에 마침내 전령이 포도 수확 허가서를 가져왔다. 수도승들은 곰팡이가 약간 낀 포도를 수확했다. 그리고 낙담하면서 포도주를 담았다.

그런데 이듬해에 열린 포도주 품평회에서 뜻밖의 결과가 나왔다. 늦게 수확하여 담은 포도주가 더 좋은 평가를 받은 것이다. 당도가 높으면서 곰팡이에서 나온 향긋한 신맛이 그대로 있었다. 이렇게 곰팡이가 약간 낀 포도로 제조한 포도주의 가치를 알게 되었다. 이후 포도주 농가는 수확 시기가 지난 포도로 포도주를 제조하는 기술을 더욱 발전시켜 오늘날 품질 좋은 슈페트레제를 생산하게 됐다.

아이스바인Eiswein이라는 당도가 더 높은 포도주도 있다. 아이스바인은 추위로 포도나무 가지에 약간 얼어붙은 포도송이를 수확하여 제조한 포도주를 말한다. 당도가 높아 주로 식후 디저트용이며, 병 크기도 일반 포도주 병보다 작다.

'쇠는 뜨거울 때 두드려라'라는 속담이 말해 주듯, 모든 일에는 때가 있다. 때로는 이렇게 제때에 하지 않아도 더 좋은 결과를 얻을 때도 있다. 우리의 삶에도 이런 일이 있었으면 좋은데, 쉽지 않은 일이다.

요하니스베르크에는 맛있고, 경관이 좋은 식당이 있다. 슐로스 요하니스베르크Schloss-Johannisberg 식당이다. 포도주 잔을 기울이며 창밖의 넓은 포도밭과 포도밭 뒤 라인강을 바라보며 여유를 가져 보는 것도 좋을 것이다.

제2장

마인츠

로마제국의 군사기지, 대성당, 마인츠 선제후,
요하네스 구텐베르크와 구텐베르크 박물관, 구
텐베르크 동상, 라인란트-팔츠주 주도

마인츠는

마인츠Mainz는 독일의 젖줄 라인강의 중간 지점에 있다. 마인츠는 또한 프랑
크푸르트를 거쳐 흘러온 마인강이 라인강과 합류하는 곳이다. 라인강과 마인
강을 통해 원거리 교역로와 연결되어 있어 중세 시대에 마인츠에는 신성로마
제국 밖 외부 세계의 소식과 문화가 다른 곳보다도 빨리 전해져 왔다. 인쇄술
이 발명될 수 있었다.

라인강과 도나우강을 국경선이자 방어선으로 삼은 로마제국은 B.C.13~
B.C.12년에 마인츠 케스트리히Kästrich에도 군사기지를 세웠다. 모곤티아쿰
Mogontiacum이라는 군사기지로 마인츠는 이 이름에서 유래했다.

345년경 마인츠에 기독교가 전래됐다. 313년에 로마제국의 콘스탄티누스 대제가 기독교를 공인한 지 30여 년 뒤다. 게르만족의 이동으로 세력이 약해진 로마인들이 451년에 물러가자 480년경부터 프랑크 왕국이 마인츠를 포함한 라인강 유역을 지배했다. 745년에 오늘날의 마인츠로 불렸다.

교황의 명으로 독일에서 선교활동을 하던 영국 태생의 보니파티우스Bonifatius(675?~754)가 745년에 초대 마인츠 교구장이 됐다. 이후 마인츠는 알프스 이북 지방에서 기독교의 거점지가 됐다. 그는 754년에 마인츠 대주교직을 사임하고 게르만족의 일파인 프리젠족의 개종을 위해 선교활동을 하던 중에 이교도들의 습격을 받아 숨졌다. 이 당시 보니파티우스처럼 100여 명이 넘는 영국 수도사들이 독일에서 수도원을 세우며 선교활동을 하고 있었다. 보니파티우스는 16세기에 '독일인의 사도' 또는 '게르만인의 사도'라는 칭호를 얻었다. 1874년에 교황 비오 9세Pius IX는 그를 성인의 반열에 올렸다.

마인츠가 알프스 이북의 기독교 거점지였던 이유로 마인츠 대주교는 때로는 로마 교황의 역할을 대신했다. 빌리기스Willigis 대주교(재임: 975~1011)는 975년에 대성당 건축에 착수했다. 그는 1002년 6월에 대성당에서 독일 왕 하인리히 2세Heinrich II(황제로도 재위: 1014~1024)의 대관식을 집전했다.

마인츠는 1244년에 자유시가 됐다. 또한 1254년에 결성한 라인 도시동맹 Rheinischer Städtebund(황제가 없어 불안했던 대공위시대에 평화를 유지하고 법질서를 회복하기 위해 마인츠와 보름스의 주도로 결성한 도시동맹으로 1254~1257년간 존속했다. 가맹 도시는 쾰른, 슈트라스부르크, 바젤 등 59개 도시였다)의 중심도시였다.

1462년에 마인츠 대주교 디터Diether는 황제와 교황과 적대관계에 있었고, 아돌프 나사우 주교와도 갈등상태에 있었다. 마인츠 주민들은 디터 대주교를 지지했다. 그러나 교황은 디터를 마인츠 대주교직에서 해임하고 아돌프를 마인츠 대주교로 임명했다. 황제는 마인츠의 자유시 지위를 박탈했다. 마인츠는 선제후의 거주지로만 남았다.

1450년경 마인츠에서 요하네스 구텐베르크Johannes Gutenberg가 유럽에서 최초로 금속 활판인쇄술을 발명했다.

1792년 10월 프랑스가 마인츠를 점령한 후 1793년 3월에 프랑스의 지원으로 '마인츠 공화국Mainzer Republik'이 세워졌다. 수공업자와 소상공인이 지지한 독일 최초의 공화국이었다. 프로이센을 주축으로 한 동맹군이 마인츠를 포위하자 7월 말 프랑스군이 철수하며 공화국도 무너졌다. 1797년에 마인츠가 다시 프랑스에 점령되면서 마인츠 선제후는 폐위됐다. 마인츠는 1815년 빈 회의 이후 헤센 대공국에 속했다.

제1차 세계대전 이후 마인츠는 베르사유 조약에 의해 1919~1930년의 11년 동안 프랑스에 점령됐다. 1945년 폭격으로 도심지의 약 80%가 파괴됐다. 1946년에 마인츠는 라인란트-팔츠Rheinland-Pfalz주의 주도가 됐다. 1950년에 코블렌츠에 있던 주정부와 주의회가 마인츠로 이전하여 주도로서의 면모를 갖추었다. 1962년에 새로 설립한 제2공영방송(ZDF)이 들어섰다. 1975년에 마인츠 대성당 건립 1000주년을, 2000년에는 구텐베르크 탄생 600주년을 기념한 마인츠는 역사와 문화적으로 유서 깊은 도시다.

마인츠 대성당

중세의 역사와 문화는 종교의 역사와 문화라고 할 정도로 종교는 큰 영향을 끼쳤다. 마인츠의 상징은 대성당이다. 정식 명칭은 마인츠 대성당Der Hohe Dom Mainz이나 일반적으로 성 마르틴 대성당Dom St. Martin으로 불린다. 기록이 없음에도 마인츠 대성당은 쾰른 대성당, 트리어 대성당과 함께 독일의 3대

마인츠의 상징이자 자랑인 대성당

성당으로 불린다. 신성로마제국에서 이 3개 대성당의 대주교 3명이 황제를 선출하는 선제후로 활동했기 때문일 것이다.

성 보니파티우스St. Bonifatius 초대 주교의 노력으로 마인츠는 알프스 이북 지역 교회의 중심지였다. 때로는 교황을 대리하기도 하여 마인츠 주교는 독일 가톨릭교회에서 최고의 성직자로 여겨졌다. 이런 이유로 빌리기스Willigis 대주교 재임 시에 마인츠 대성당은 성좌聖座, Sancta Sedes로 불리기도 했다. 빌리기스는 성좌에 걸맞은 성당을 건축하고자 했다.

빌리기스 대주교는 975년에 취임하자마자 로마의 성 베드로 대성당을 모델로 한 성당 건축을 착공했다. 그가 대성당을 건축할 수 있었던 것은 오토 왕조 가문과 친분이 두터웠기 때문이었다. 그는 성당을 세워 신성로마제국에서 서열이 황제와 교황 다음인 자신의 정치적 위상을 드러내고 싶어 했다. 안타깝게

초대 마인츠 주교로 봉직한 성 보니파
티우스 동상(마인츠 대성당 입구)

도 1009년 8월 준공식 날 발생한 화재로 성당은 크게 부서져 1036년에서야 이
용할 수 있었다.

대성당은 완공 당시 마인츠 내 전 기독교인들을 수용할 정도로 컸다. 이 성
당에서 하인리히 2세를 비롯하여 7명의 독일 왕이 대관식을 했다. 대성당은 그
동안 일곱 번이나 화재가 발생하여 큰 피해를 입었다. 화재 등으로 파손된 부
분을 복구하면서 고딕, 로마네스크, 바로크 건축양식이 혼합됐다. 붉은색의 사
암으로 세운 대성당은 십자형 구조로 동서로 내진內陣이 있다. 2개의 작은 탑
이외에 2개의 사각형 큰 탑이 있다.

성가대가 2개 있다. 본 제단이 있는 서쪽 성가대는 성 마르틴에게, 동쪽 성가
대는 성 슈테판에게 봉헌했다. 2m의 두꺼운 벽으로 된 동쪽 성가대는 대성당에
서 가장 오래된 부분이다. 그 위의 사각형 탑에 15세기에 종루鐘樓를 만들었다.

1767년에 벼락으로 서쪽 사각형의 큰 탑이 불에 타자 돌로 새로 만들었다.

1793년 6월 프랑스군과 프로이센군의 전투로 대성당은 크게 파괴됐다. 프랑스군은 전투 중 대성당을 생필품 창고로 사용한 뒤 파괴된 대성당을 복구하지 않고 철거하려고 했다. 다행히도 콜마르Joseph Ludwig Colmar 주교가 1803년에 프랑스 정부를 설득하여 철거되는 것을 막았다. 콜마르는 독일인 주교였으나 나폴레옹이 임명하여 프랑스 정부를 설득할 수 있었다. 그는 1767년에 제작한 로코코 양식의 서쪽 성가대석 의자가 팔려 나가는 것을 막기도 했다. 이후 대성당은 복구됐다.

마인츠 대성당 건립 1000주년을 기념하여 밀텐베르크Miltenberg시가 마인츠에 기증한 호인넨 기둥 Heunensäule. 무게는 16t, 높이 6.4m, 지름 1.2m다.

대성당 안에는 예수의 출생에서부터 부활하는 일생을 표현한 그림들이 있다. 동방박사의 경배, 세례를 받음, 최후의 만찬, 빌라도 법정에 선 예수, 십자가에 못 박혀 돌아가심, 부활 등의 일생을 담았다. 또한 이 성당에 봉직했던 빌리기스 대주교부터 레만Karl Lehmann 추기경(재임: 1983~2016)과 피터 콜 그라프 현 주교까지 주교의 이름과 재직 연도를 스테인드글라스에 장식했다.

지하에는 중세의 귀한 예술품을 소장하고 있는 보물박물관Schatzmuseum이 있다. 성 보니파티우스를 비롯하여 84명의 주교와 대주교 중에서 45명의 유해가 대성당에 안장되어 있다. 1928년 이후 세상을 떠난 주교들은 서쪽 합창대에 안장된다. 1000년의 역사를 간직하고 있는 마인츠 대성당은 마인츠 시민의 마음의 안식처다.

제국의 2인자 마인츠 대주교

마인츠 대주교는 1237년에 독일 왕 콘라트 4세Conrad IV를 선출하는 데 참여했으며, 〈금인칙서〉에 의해 공식적으로 선제후가 됐다. 마인츠 선제후국은 작센이나 브란덴부르크 선제후국보다도 인구가 적었고 세력도 약했다. 그럼에도 신성로마제국의 대재상大宰相이었으며 황제 다음가는 최고 행정수반이었다. 황제 선출을 위한 투표 시 맨 마지막에 했다.

대재상으로 마인츠 선제후의 임무는 중요했고 권한도 강했다. 첫 번째 임무는 황제가 사망하거나 궐위될 때 후임 왕이나 황제 선출을 주관하는 일이었다. 두 번째는 황제실에서 황제를 보좌할 사람들을 임명하는 일이었다. 세 번째는 제국의회에서 의장단 역할을 하는 일이었다. 이외에도 7명의 선제후 그룹을 이끌었고, 대법원을 시찰하는 권한도 있었다. 제국 내 최고의 성직자에 대한 배려였다.

1797년 프랑스는 마인츠를 점령하면서 마인츠 선제후를 폐위했다. 1794년에 쾰른 선제후가 폐위된 데 이어 마인츠 선제후마저 폐위되면서 신성로마제국은 멸망의 길로 들어섰다.

구텐베르크와 구텐베르크 박물관

중세의 역사와 문화를 바꾼 3가지 요인으로 르네상스, 인쇄술의 발명, 종교개혁을 들 수 있다. 인쇄술 발명으로 유럽의 역사는 크게 달라졌고 문화가 발달했다. 이전에는 책을 만들 때 한 자 한 자 손으로 써야 했기 때문에 제작이 오래 걸렸다. 값도 비쌌고, 책은 소수 부유층의 전유물이었다. 자연히 정보도 제한되었다.

유럽 인쇄술의 발명은 마인츠에서 이루어졌다. 요하네스(또는 겐스플라이시)구텐베르크Johannes Gutenberg(Friele Gensfleisch zum Gutenberg, 1400?~1468)가유럽에서 최초로 금속활자를 발명한 것이다. 세계에서 가장 오래된 금속활자본은 고려 우왕 3년(1377)에 충북 청주 흥덕사에서 간행된『백운화상초록불조직지심체요절』이다. 약칭으로『직지심체요절直指心體要節』로 불리며, 상하 2권을 발간했으나 하권만 파리 국립도서관에 있다. 구텐베르크의『42행 성서』(『구텐베르크 성서』)보다 78년 앞선 세계 최초 금속활자본이다. 여기서는 구텐베르크의 인쇄술에 관해 다루기로 한다.

구텐베르크는 마인츠에서 부유한 귀족 집안의 둘째 아들로 태어났다. 출생이나 유년기에 관한 자세한 기록이 없어 그의 생애에 관해 알려진 것이 많지 않다. 출생을 일반적으로 1400년으로 쓰고 있다. 1420년에 구텐베르크라는 이름이 처음 나타났다. 1419년에 사망한 아버지의 상속 분쟁 문서에서였다.

구텐베르크는 20대 말인 1428년에 귀족과 길드 조합 간의 정치적인 분쟁에 휘말리며 마인츠를 떠났다. 6년이 지나 34세 때인 1434년에 슈트라스부르크

Strasshurg(프랑스의 스트라스부르, 이 당시는 독일 영토였음)에 거주했던 것으로 나온다. 1438년 초에 그는 3명의 슈트라스부르크인들과 함께 조합을 설립하여 순례자용 거울 제작에 종사했다.

구텐베르크는 44세에 슈트라스부르크를 떠나 48세가 된 1448년에야 마인츠로 돌아왔다. 그는 새로운 사업에 뛰어들어 빚을 내어 인쇄소를 차렸다. 오래된 파이프에서 얻은 납과 부서진 컵으로 주석을 만들고, 거기에 안티몬 가루를 넣어 활자를 만들었다. 이 활자로 문장을 작성했다. 그리고 그것을 참나무로 만든 인쇄기(포도즙 압착기와 비슷) 안에 놓고 힘껏 눌러 인쇄했다. 그는 당시 수요가 많았던 도나투스Donatus의 『라틴어 문법』 책과 「면죄부」를 인쇄하여 많은 돈을 벌었다.

50세에 구텐베르크는 더 큰 도전을 했다. 마인츠의 사업가 푸스트Johannes Fust에게 장비를 저당 잡히고 더 많은 빚을 얻어 인쇄소를 확대했다. 1452년에 42행의 라틴어 성서를 인쇄하기 시작했다. 처음에는 동물 가죽인 양피지에 인쇄했다. 성서 한 권 인쇄에 100마리가 넘는 송아지 가죽이 필요했다. 구텐베르크가 1455년까지 인쇄한 성서는 총 180여 권이다. 150권은 종이에, 30권만 값비싼 양피지에 인쇄했다. 수많은 양피지를 구하기 어려웠기 때문이다. 결과는 크게 성공했다. 고객은 교회나 수도원이었으며, 부유한 개인이 구입하여 교회에 기증하기도 했다. 성서 판매 수입금 사용 문제로 구텐베르크는 푸스트와 분쟁에 휩싸이며 그와 결별했다. 구텐베르크는 별도로 인쇄소를 세워 터키 달력과 문서를 인쇄했다.

1462년 황제와 교황과 알력이 있던 디터 마인츠 대주교가 해임되면서 대주교를 지지했던 많은 귀족들이 마인츠를 떠나야 했다. 62세의 구텐베르크도 마찬가지였다. 다행히 아돌프 신임 대주교의 배려로 65세 때 궁정 관리로 일했다. 3년 후인 1468년 2월에 68세를 일기로 세상을 떠났다. 그는 가족들이 묻혀

구텐베르크 박물관 입구에 있는 구텐베르크 흉상

있는 마인츠의 프란체스코 수도원Franziskanerkloster에 영원히 잠들었다.

금속활자를 이용한 인쇄술 발명은 중세 사회에 큰 변화를 가져왔다. 15세기 말에 이미 수백 개의 인쇄소가 설립됐다. 대량 제작이 가능하여 책값이 저렴해지면서 더 많은 사람들이 책을 가까이할 수 있었다. 그와 함께 지식 보급이 빨라졌다. 70여 년 후 루터의 종교개혁운동이 성공할 수 있었던 요인의 하나는 인쇄술 발명과 보급이었다. 루터의 95개조 논제와 종교개혁의 필요성을 담은 글이 인쇄되어 보급됐기 때문이다.

구텐베르크의 생애와 인쇄술 발명 자료를 전시하는 구텐베르크 박물관Das Gutenberg-Museum이 있다. 구텐베르크 탄생 500주년이 된 1900년에 마인츠 시민들이 활자인쇄술 발명가를 공경하고, 기술적인 발명품을 널리 알리기 위해 세운 박물관이다. 박물관 입구에는 구텐베르크 흉상이 있고, 여러 그루의 느티나무가 있다.

박물관은 중세 시대의 필사본, 역사적 의의가 있는 인쇄물, 주조식자기, 압박 인쇄기, 『42행 성서』 등을 전시하고 있다. 3층에 1455년경 간행된 『42행 성서』가 있다. 『42행 성서』는 구텐베르크 인쇄술의 백미다. 성서는 화재와 도난을 방지하기 위해 철문이 있는 대형 금고 안에 전시되고 있다. 금고 안은 어둡게 조명장치가 되어 있고, 성서는 도난과 변색을 방지하기 위해 특수 유리 처리된 진열장 안에 있다.

진열장 안에는 4권의 성서가 있다. 2권은 필사본이고, 2권은 인쇄한 성서다. 모두 1282쪽인데 무게 때문에 2권으로 나누어 제작했다고 한다. 필사본이나 인쇄한 성서의 사이즈는 같으나 모두 컸고, 매우 두껍다. 그런데 인쇄한 2권의 성서 모양이 서로 달랐다. 한 권은 인쇄만 한 것이고, 다른 한 권은 페이지 여백에 다양한 색과 그림이 들어가 있다. 인쇄한 후에 고객의 요구의 따라 전문가가 각 페이지 여백마다 그림이나 문양을 그려 넣었기 때문이다. 이런 이유로 인쇄를 했음에도 성서가 조금씩 달랐다고 한다. 구텐베르크는 290개의 다양한 표시와 도안을 갖고 있었다. 구텐베르크 성서는 오늘날 세계에서 가장 아름답게 인쇄된 책으로 꼽힌다. 구텐베르크가 인쇄한 성서 180권 중에서 오늘날 49권만 남아 있다.

4층 동아시아관에 한국실이 있다. 한국실은 1973년에 개관했으며 1995년에 두 배로 확장하여 지금의 크기가 됐다. 세계에서 가장 오래된 금속활자인 『직지심체요절』의 복제본이 있다. 금속활자 제작 방법, 식공들의 작업 모습, 탁본 인쇄, 제본 과정 등을 전시하고 있다. 구텐베르크 박물관을 우리말로 설명을 들으며 관람할 수 있다.

구텐베르크 동상

구텐베르크는 마인츠의 아들이고, 마인츠는 구텐베르크의 시市다. 자연히 마인츠에는 구텐베르크의 발자취가 강하게 남아 있다. 실러 광장Schillerplatz에서 대성당 방향으로 넓은 길을 따라가다 보면 거대한 동상이 나온다. 구텐베르크 동상Gutenberg-Denkmal이다. 수염을 길게 기른 구텐베르크는 모자를 쓰고 우아하게 긴 외투를 걸치고 있다. 왼손에는 그가 인쇄한 성서를, 오른손에는 활자를 들고 있다.

전 유럽인의 성금으로 제작된 구텐베르크 동상. 모자를 쓴 구텐베르크는 긴 수염에 긴 외투를 걸치고, 왼손에는 그가 인쇄한 성서를, 오른손에는 활자를 들고 있다.

19세기 중반에 마인츠 시민들은 구텐베르크의 금속 인쇄술 발명 400주년을 기념하여 동상 제작을 추진했다. 1833년에 덴마크 고전주의 예술가 토르발트센Bertel Thorvaldsen과 제자 비센Bissen이 제작을 시작하여 1837년 8월 14일에 동상을 제막했다. 동상 제작비는 전 유럽인들의 기부금으로 충당됐다. 동상 뒷면 아래에 라틴어와 독일어로 다음과 같은 문구가 있다.

마인츠시의 귀족인 요하네스 겐스플라이시 구텐베르크를 위해 전 유럽인의 후원금으로 1836년에 이 동상을 세웠다.

제2차 세계대전 중에는 땅을 파서 동상을 받침대 옆에 묻어 보호했다. 오늘날 마인츠시는 구텐베르크를 기념하기 위해 해마다 여름이면 '요하네스의 밤'이라는 4일간의 축제를 연다. 이 축제에 도서 시장, 전통적인 압착 인쇄(종이 압착) 등의 행사가 열린다.

제3장

보름스

로마제국의 군사기지, 「니벨룽의 노래」, 성 베드로 대성당, 서임권 문제, 마르틴 루터의 종교개혁, 루터 동상

보름스는

중세를 변화시킨 종교개혁을 이끌어 낸 마르틴 루터의 행적을 돌아보기 위해 마인츠에서 보름스행 기차에 올랐다. 시내를 벗어난 기차는 라인강을 끼고 달렸다. 차창 밖으로 잔잔하게 흐르는 강물을 바라보노라니 마음이 푸근해졌다. 30분쯤 지나 보름스역에 도착했다. 시골의 아담한 기차역이었다.

보름스Worms는 오늘날 인구 8만 5000여 명의 도시이지만, 중세에는 제국의회가 여러 차례 열릴 정도로 중요한 도시였다. 특히 성직자 임명에 관한 서임권 문제를 비롯하여 루터가 추진했던 종교개혁 등 종교 역사의 중심에 있었던 곳이다.

로마제국은 라인강 변의 보름스에도 군사기지를 설치했다. 보름스라는 이름은 2세기에 고대 그리스 지리학자 프톨레마이오스(83~168년경)가 보르베토마구스Borbetomagus라고 부른 데서 유래했다. '보르베트 여신의 나라' 또는 '물이 풍부한 지역의 거주지'라는 뜻이다. 3~4세기에 로마인들은 키비타스 방기오눔Civitas Vangionum으로, 7세기에 게르만인들은 바르마티아Warmatia로, 15세기에는 보름브스Wormbs로 불렀다. 근세에 이르러 보름스가 됐다.

보름스는 413년에 부르군트족 지도자 군다하르Gundahar가 세운 부르군트 제1왕국(오늘날 슈파이어와 프랑스의 스트라스부르 지역에 걸쳐 있었던 왕국)의 수도였다. 이 왕국은 436년에 훈족에게 멸망하여 단명했고, 훈족은 451년에 로마인들에게 멸망했다. 훈족이 부르군트 왕국을 멸망시킨 역사적 사건을 배경으로 1200년경에 「니벨룽의 노래Das Nibelungenlied」가 탄생했다.

9세기 초에 카를 대제는 보름스를 겨울 거주지로 정하면서 자주 머무르곤 했다. 829~926년의 약 100년 동안 보름스에서 제국의회를 여러 차례 열 정도로 동프랑크 왕국은 보름스를 중요하게 여겼다. 1000년에 부르크하르트Burch-hard(965~1025)가 보름스 주교로 취임했다. 그는 이미 있던 조그만 교회를 헐고 더 큰 교회를 지어 1018년에 미완성 상태에서 봉헌식을 했다. 이 교회가 보름스 대성당의 토대가 되었다. 부르크하르트 주교는 대성당을 건립하며 신성로마제국 내에서 보름스 지위를 크게 높였다. 그는 단순한 주교가 아닌 보름스의 유일한 지배자였다.

1014년에 보름스 교회는 황제 하인리히 2세로부터 면책특권을 얻었다. 잘리어Salier 왕조(1024~1125) 때 보름스는 관세 면제(1074)를 얻는 데 이어 제국의회(1076)도 개최했다. 1184년에 보름스는 광범위한 자유권을 얻으며 제국 시(자유시)가 됐다.

보름스는 중요한 종교적 역사가 일어났던 곳이다. 11세기에 주교의 임명권

니벨룽의 전설을 간직하고 있는 니벨룽 분수대

을 교황과 황제 중 누가 행사하느냐 하는 '서임권' 문제가 일어났다. 1521년 4월에는 마르틴 루터가 황제 카를 5세 앞에서 심문을 받았던 곳이다.

1689년 보름스는 팔츠Pfalz 계승전쟁에서 루이 14세 군대에 의해 크게 파괴됐다(제4장 하이델베르크 참조). 이후 1797~1814년 동안 프랑스에 점령되었다가 신성로마제국이 멸망한 후 1816년 이래 헤센 대공국에 속했다. 오늘날 보름스는 라인란트-팔츠주에 속해 있으며 포도주 산지로 유명하다. 루터와 니벨룽의 축제로 많은 관광객들이 찾고 있다.

교황이냐 황제냐(서임권 문제)

중세 시대 성직자는 교황에 속해 있으면서 동시에 황제의 신하이기도 했다. 교황이 주교를 임명하고 관리해야 했으나, 황제가 주교를 임명하고 주교좌 교회에 봉俸을 지급했다. 주교는 제후와 달리 세습되지 않아 황제는 계속 후임 주교를 임명하며 영향력을 행사했다. 이로 인해 교황의 불만이 컸다. 서임권敍任權 행사는 단순하게 성직자를 누가 임명하느냐가 아닌 교황과 황제 누가 지배하는가 하는 문제였다.

1056년에 황제 하인리히 3세가 죽자 여섯 살인 아들 하인리히 4세가 독일 왕위에 올랐다. 어린 시절 귀족의 봉기에 시달렸던 그는 커 가면서 귀족의 봉기를 제압했다. 측근을 주교 등 고위 성직자로 임명하자 교황이 반발했다. 1075년에 교황 그레고리오 7세는 황제가 해 오던 성직자 임명을 교황이 한다는 법을 제정했다. 이에 맞서 독일 왕 하인리히 4세(재위: 1056~1105)는 1076년 독일 내 주교들과 함께 보름스에서 종교회의를 열고 교황에게 퇴위하라는 문서를 보냈다. 이에 교황도 맞대응하여 왕을 파문하면서 성직자와 제후들에게 왕에게 충성하지 않도록 했다.

성직자들은 물론 왕 하인리히 4세에게 반감을 갖고 있던 독일 내 일부 귀족들도 그에게 등을 돌렸다. 또한 교황에게 왕의 권한에 관해 청문회를 열 것을 요청했다. 사태가 다른 방향으로 돌아가자 하인리히 4세는 위기를 느꼈다. 27세의 왕은 파문을 없던 일로 하고자 1077년 1월 말 교황이 머물고 있는 이탈리아 북부의 카노사 성으로 갔다. 사흘 동안 금식하며 맨발로 눈 속에서 기다려 교황으로부터 사면을 받았다.

왕의 세속 권력이 교황의 종교 권력에 굴복한 이 사건을 '카노사의 굴욕'이라고 한다. 하인리히 4세는 왜 상대적으로 힘이 없는 교황에게 굴복했는가? 제후들이 그에게 등을 돌리고 교황을 지지했기 때문이다.

4년 뒤에 하인리히 4세는 복수를 한다. 그는 제국 내 세력을 규합하여 1081년에 로마로 진격했다. 1084년에 그레고리오 7세를 폐위하고 대립 교황 클레멘스 3세를 옹립했다. 하인리히 4세는 클레멘스 3세로부터 황제관을 받아 황제(재위: 1084~1105)로 즉위했다. 폐위된 그레고리오 7세는 1085년에 객사했다.

서임권 문제는 1122년에 황제 하인리히 5세와 교황 칼리스투스 2세가 체결한 보름스 협약Wormser Konkordat으로 종결됐다. 교황이 교회법에 따라 성직자 임명권을 갖고, 성직자는 황제에게 충성을 서약하고 토지를 받도록 한 것이다. 결국 교황의 권리가 강화됐다. 가톨릭은 1123년 제1차 라테라노 공의회에서 '보름스 협약'을 승인했다. 이 공의회에서 또 다른 중요한 결정인 사제 독신제도 채택했다. 사제 독신제는 1139년 제2차 공의회에서 교회법에 명시했다.

성 베드로 대성당

보름스의 상징은 대성당이다. 로마네스크 양식의 대표적인 건축물이다. 로마네스크는 로마제국이 멸망한 후 고딕 양식이 등장하기까지 9~11세기에 서

유럽에서 유행했던 건축양식이다. 보름스 대성당은 마인츠 대성당, 슈파이어 대성당과 함께 오토 왕조(919~1024)의 3대 성당에 속한다.

　보름스 대성당의 기원은 초대 보름스 주교였던 베르트홀프Berthulf가 614년에 세운 교회로 거슬러 올라간다. 1000년에 보름스 주교로 부임한 부르크하르트Burchhard(965~1025)가 이 교회를 헐고 대성당을 짓기 시작했다. 아직 완공되지 않은 상태에서 1018년 6월 11일 황제 하인리히 2세가 참석한 가운데 봉헌식을 했다. 이 해를 대성당을 완공한 해라고 본다(2018년에 성당 건립 1000주년 행사를 함).

　성 베드로에게 봉헌하여 성 베드로 대성당Dom St. Peter으로 부른다. 베드로는 예수로부터 천국의 열쇠를 받고 하늘과 땅에서 잠그고 푸는 권한을 받은 제1제자였으며 초대 교황을 역임했다. 베드로의 열쇠는 보름스 주교의 상징이

보름스 대성당

보름스 대성당을 건립한 부르크하르트 대
주교의 동상

다. 열쇠는 오늘날 보름스시의 문양에도 들어 있다.

　이후에도 대성당을 계속 증축하여 1144년에 서쪽 부분을, 1170년에 본진을, 1181년에는 서쪽 합창대를 만들었다. 따라서 보름스 대성당은 실질적으로 12세기인 1130년에서 1181년에 완공했다고 보기도 한다.

　양쪽 가장자리에 4개의 둥근 탑과 2개의 큰 둥근 지붕이 있고, 끝에 성가대석이 있다. 대성당을 짓고, 보름스 대주교의 지위 향상과 오늘날의 보름스를 있게 한 부르크하르트 대주교는 각별한 대접을 받고 있다. 대성당 입구에 동상이 있고, 성당 안에는 그의 묘지가 있다. 1048년 12월 대성당에서 독일인 교황 레오 9세Leo IX(재위: 1049~1054)가 선출됐다.

루터의 종교개혁운동

1521년 4월 18일 오후 보름스 제국의회에서 한 수도사가 신성로마제국 황제 카를 5세 앞에 섰다. 마르틴 루터Martin Luther(1483~1546)였다. 성직자가 왜 황제 앞에 섰는가?

15~16세기에 교황은 면죄부를 판매했다. 1453년 콘스탄티노플(오늘날 이스탄불)이 오스만제국에 함락되자 교황은 콘스탄티노플을 수복하고 튀르크 세력의 전진을 막아 줄 것을 호소했다. 그리고 이에 필요한 자금을 마련하기 위해 면죄부를 팔았다. 신자들은 이름과 죄의 내용을 적은 양피지를 구입하여 신부에게 가져가 사면 의식으로 죄를 용서받았다. 면죄부는 그 이전에 십자군 전쟁에 참전했던 군인들에게도 발급됐다.

로마의 성 베드로 대성당 증축에 필요한 자금을 마련하기 위해서도 면죄부를 팔았다. 마인츠 대주교는 대주교구를 사기 위해 아우크스부르크의 금융인 푸거Jakob Fugger에게서 거액을 빌리고 면죄부를 팔아 상환했다. 또한 면죄부를 사면 죄를 지어도 용서를 받을 수 있고, 천국으로 갈 수 있다고 선동했다. 독일은 300개가 넘는 제후국, 공국, 주교국, 자유시로 나누어져 있어 면죄부를 판매하기가 다른 나라들보다도 쉬웠다.

이러한 면죄부 판매와 교회의 상업화에 대해 반反로마 정서가 강한 지역에서 반발이 일어났다. 또한 성서가 라틴어로 되어 있어 교회가 성서를 독점하는 문제도 있었다. 이런 문제들을 앞장서서 제기한 이가 수도승이요 비텐베르크 대학교 교수이자 성직자인 루터였다.

루터는 1517년 10월 31일 비텐베르크Wittenberg에서 교회의 부패상을 알리는 95개조 논제를 발표했다. 95개조 논제에서 학문적 관례에 따라 죄의 용서에 대한 가치와 힘, 이와 관련된 참회, 죄, 처벌, 연옥에 대해 공개토론을 요구했

검은 외투에 성직자 모자를 쓴 46세의 마르틴 루터(루카스 크라나흐 작, 1529년)

다. 루터는 면죄부가 아닌 오직 올바른 '믿음'으로만 하느님의 구원을 얻을 수 있다고 믿었다. 성직자를 통한 구원을 배격하고, '믿음'의 중심은 '성서의 말씀' 임을 강조했다. 종교와 단절하려고 하는 것이 아니라 토론을 통해 종교를 개혁 하고자 했다. 루터는 계속해서 종교개혁이 필요하다는 내용의 글을 발표했다.

루터는 1483년 11월 10일 아이슬레벤Eisleben(오늘날 작센-안할트주의 도시)에 서 태어났다. 아버지의 희망에 따라 에르푸르트에서 철학과 법학을 공부했다. 22세 때 고향 집에 갔다가 에르푸르트로 돌아가던 중 벼락이 세게 내리쳤다. 루터는 벼락을 피할 수 있다면 남은 여생을 수도사가 되겠다고 맹세했다. 벼락 을 피한 루터는 맹세에 따라 에르푸르트 수도원에 들어가 2년 후 수도사가 됐 다. 29세에 신학박사가 되어 비텐베르크에서 성서 교수직을 얻었다. 31세에 시 교회 성직자가 된 루터는 성행하던 면죄부 판매의 부당성을 알리곤 했다.

라틴어로 된 95개조 논제는 독일어로 번역되어 빠르게 퍼져 나갔다. 인쇄술의 발명과 보급 덕분이다. 교황과 황제의 영향에서 벗어나고자 했던 제후, 귀족, 주교, 자유시가 종교개혁을 지지했다. 특히 작센 선제후 프리드리히 3세 현공賢公, Friedrich III der Weise(재위: 1486~1525)이 열성적이었다. 이후 루터의 하이델베르크 논제(1518)와 라이프치히 공개토론(1519)을 계기로 루터를 지지하는 제후와 성직자들이 늘어났다.

교황 레오 10세는 루터의 행동을 더 이상 방치하기 어렵다고 판단했다. 1520년 교황은 추기경, 신학자 등과 협의 후 루터에게 파문경고 교서를 내렸다. 루터는 교서를 불태우며 뜻을 굽히지 않았다. 가톨릭과 단절하겠다는 강한 의사표시였다. 교황은 1521년 1월에 루터를 파문하고 황제에게 처벌하도록 요구했다.

황제 카를 5세(재위: 1519~1556, 스페인 왕도 겸직)는 심문 절차를 협의한 후 3월 6일 루터에게 제국의회에 나오라고 통지했다. 1519년에 합스부르크가의 전폭적인 지원과 7명의 선제후들에게 막대한 돈을 써서 19세의 나이에 황제로 선출된 그는 루터의 종교개혁운동을 저지해야 했다. 돈은 아우크스부르크의 금융인이며 사업가인 푸커로부터 빌렸다.

황제 앞에 선 루터

1521년 4월 16일 루터는 보름스에 도착했다. 그의 나이 38세였다. 4월 17일 오후 대성당 옆 주교궁Bischofshof에서 심문이 열렸다. 심문은 2년 전 라이프치히에서 루터와 논쟁했던 요한 에크Johann Eck 주교가 맡았다. 심문에 선제후와 제후들도 참석했다. 황제는 루터에게 95개조 논제를 철회하도록 요구했다. 루터는 하루의 생각할 시간을 달라고 했다. 루터는 18일 오후 다음과 같은 말로 황제의 요구를 거절했다.

"양심에 어긋나게 행동하는 것은 괴롭고, 해로우며, 위험하기 때문에 나는 철회할 수 없고, 철회하지도 않겠습니다. 여기에 내가 서 있고, 나는 다르게 행동할 수 없습니다. 주여, 저를 도와주소서, 아멘.

Hier stehe ich, ich kann nicht anders. Gott helfe mir, Amen."

제후들 간에 입장이 서로 달랐다. 지지와 반대는 종교적 이유 이외에 정치적인 이유도 있었다. 밖에는 8000여 명의 루터 지지자들이 만일의 사태에 대비하여 싸울 준비를 하고 있었다. 4월 25일 루터는 황제의 통지문을 받았다. 21일이내에 비텐베르크로 돌아가되, "도중에 설교를 하거나 편지를 써서는 안 되고, 국민들을 선동하는 행동을 하지 않도록" 했다. 그리고 루터를 법외자法外者로 선언했다. 이는 루터에게 위해를 가해도 처벌받지 않는다는 의미였다. 루터는 다음날 보름스를 떠났다.

도중에 루터가 살해될 수 있다고 생각한 작센 선제후 프리드리히 3세는 그를 납치하는 형식으로 붙잡아 아이제나흐Eisenach 근처의 바르트부르크Wart-

황제 앞에 선 루터는 "여기에 내가 서 있고, 나는 다르게 행동할 수 없습니다. 주여, 저를 도와주소서, 아멘."이라고 말하며 종교개혁에 대한 소신을 굽히지 않았다(안톤 폰 베르너 작, 1877, 슈투트가르트 국립미술관).

burg 성에 숨겼다. 5월 25일 황세는 루터를 파문한다는 칙령(보름스 칙령)을 발표했다. "루터는 이단자이므로 그에게 음식이나 숙소 등 어떤 도움도 주지 말고, 루터를 보면 잡아서 재판정에 넘기"라고 했다. 또한 "누구든지 루터의 말을 전하거나, 그의 저작물을 가지고 있거나, 베껴 쓰거나, 인쇄하는 자는 처벌받을 것"이라는 내용도 있었다.

바르트부르크 성에 숨은 루터는 수도복을 벗고, 수염도 기르며 변장했다. 프리드리히 3세의 보호 아래 11주 만에 라틴어로 된 신약성서를 독일어로 번역했다. 성직자만 이해할 수 있는 성서를 일반인들도 이해할 수 있도록 하기 위해서였다. 1522년에 루터는 비텐베르크로 돌아와 종교개혁을 위한 조직화에 힘썼다.

1525년 42세의 루터는 수녀원에서 도망 나온 16세 연하의 수녀 보라Katharina von Bora와 결혼했다. 그녀가 먼저 청혼했고, 루터의 아버지는 대를 잇기 위해 결혼을 종용했다. 루터를 걱정하여 주위의 반대가 심했으나 강행했다. 독신이어야 할 그의 결혼은 많은 논란을 불러왔다. 그는 자녀 여섯을 두었다.

루터가 번역한 신약성서는 1522년에 출간되어 라이프치히 도서박람회에 나왔다. 인쇄술 발명 덕분에 값도 저렴해져 많이 팔리며 베스트셀러가 됐다. 성직자의 전유물이었던 성서는 일반 신자들도 읽고 이해할 수 있게 됐다. 이어 루터는 구약성서 번역을 시작하여 10년 후인 1534년에 출간했다. 1546년 루터는 태어났던 아이슬레벤에서 마지막 설교를 했다. 3일 후인 2월 18일 63세를 일기로 숨졌다.

루터가 숨진 후 종교개혁운동은 빠르게 널리 퍼져 나갔다. 주로 낮은 계층의 성직자와 수도사들이 루터의 개신교로 개종했다. 또한 반反가톨릭 정서가 강하고 황제의 영향으로부터 벗어나려던 제후들과 자유시도 개신교를 지지했다.

루터는 종교개혁뿐만 아니라 독일어 보급과 독일 문학 발전에도 기여했다.

성서는 일반 대중들이 사용하는 쉬운 언어로 번역했기 때문에 누구나 이해하기 쉬웠다. 루터가 번역한 성서와 그가 쓴 논문, 편지, 찬송가로 인해 독일어를 사용하는 이들이 점점 늘어났고 독일 문학도 발전할 수 있었다.

나는 보름스에서 대성당을 돌아보고 난 뒤 500여 년 전 루터가 황제 앞에 섰던 곳을 찾아갔다. 루터가 섰던 주교궁은 이미 1689년 팔츠 계승전쟁 중에 프랑스군이 파괴하여 사라졌다. 오늘날은 하일스호프 정원Heylshofgarten으로 남아 있다. 정원 한 곳에 "이곳에서 마르틴 루터가 황제와 제국 앞에 서 있었다."라는 표지와 함께 루터의 큰 신발 한 켤레가 있다. 이어서 가까운 성 삼위일체교회Dreifaltigkeitskirche로 갔다. 보름스 시민들이 1709~1725년에 걸쳐 루터가 황제 앞에 섰던 곳에서 가까운 곳에 세운 교회다. 교회 입구에는 루터의 말이 쓰인 현수막이 걸려 있었다.

> 기독교인은 모든 것에 초월한 자유인이며 누구에게도 예속되지 않은 자이다. 기독교인은 모든 것에 봉사하려고 하는 종이며 모든 이에 예속되어 있다.
> — 마르틴 루터의 『기독교인의 자유』(1520)에서

슈말칼덴 전쟁과 아우크스부르크 종교화의

1521년 보름스 제국의회 이후에도 루터 지지자들에 대한 탄압이 계속됐다. 1526년 슈파이어Speyer 제국의회에서 루터를 지지하는 제후들은 루터교를 국교로 채택했다. 그러나 3년 후 제2차 슈파이어 제국의회는 종교개혁을 금지하는 〈보름스 칙령〉을 다시 결의하여 루터교를 받아들이지 않았다. 루터파 제후 6명과 14개의 자유시는 이 결의에 항의하며 제국의회에서 뛰쳐나왔다. 이로

인해 개신교도들은 '프로테스탄트Protestant(항의하는 자)'로 불리게 됐다.

1530년 아우크스부르크 제국의회에서 황제 카를 5세는 개신교 제후들이 제출한 개신교 교리를 받아주었다. 이것이 '아우크스부르크 신앙고백'이다. 그러나 황제는 종교 문제에 대해 계속 저항하는 것은 제국의 평화를 해치는 것으로 선언하면서 종교개혁운동을 압박했다. 이에 1531년 작센 선제후 요한(재위: 1525~1532, 프리드리히 3세의 동생)과 헤센 방백 필리프 등 루터를 지지하는 제후와 도시들은 슈말칼덴에서 슈말칼덴 동맹Schmalkaldischer Bund을 결성했다. 황제와 가톨릭에 대항한 동맹이다.

1546년 7월 황제와 슈말칼덴 동맹 간의 전쟁이 시작됐다. 작센 공작 모리츠 Moritz는 황제 편에서 육촌인 선제후 요한 프리드리히 1세Johann Friedrich I(재위: 1532~1547)와 싸웠다. 황제는 1547년 4월 엘베강 유역 뮐베르크에서 요한 프리드리히 1세와 필리프를 생포하며 승리했다. 슈말칼덴 동맹은 해체됐다. 전쟁에서 패한 요한 프리드리히 1세는 선제후 지위를 잃고, 모리츠가 선제후가 됐다. 선제후가 된 모리츠는 황제의 행동에 실망하여 1552년에 루터교로 개종하고 황제를 상대로 싸웠다.

개신교 측의 저항이 계속되자 황제 카를 5세는 개신교도 측과 화해하기로 했다. 1555년 아우크스부르크에서 황제와 개신교 측 사이에 화의가 이루어졌다(아우크스부르크 종교화의Der Augsburger Religionsfriede). 루터의 개신교가 가톨릭과 동등하게 인정됐다. 그러나 일반인들에게는 종교의 자유가 인정되지 않았다. "지배자의 종교가 지배 지역의 종교Cuius regio, eius religio"라는 원칙에 따라 지배자인 군주가 선택한 종교를 믿어야 했다. 종교의 단일성이 국가 단일성의 전제조건이 된 것이다. 황제 카를 5세는 이 화의에 동생 페르디난트Ferdinand를 대리 참석시켰다. 그는 1556년 황제직에서 물러나 2년 후 스페인에서 여생을 마쳤다. 동생 페르디난트가 황제로 즉위했다.

　루터의 종교개혁운동은 부분적이나마 종교의 자유를 가져왔다. 제국은 북부와 동부의 개신교 지지층과 중부와 남부의 가톨릭교 지지층으로 나누어졌다. 황제의 권위는 약해졌고 제후들의 입지는 강화됐다. 30년 전쟁(1618~1648) 후에 일반인과 칼뱅교도들에게도 종교의 자유가 인정됐다.

루터 동상

　보름스는 그리 크지 않아 대성당 등을 걸어서 돌아보는 데 불편함이 없는 도시다. 기차역에 내려 역 앞의 보행자 전용 거리를 5분쯤 걸으면 '니벨룽의 노래' 전설을 표현한 니벨룽의 분수대가 나타난다. 이 분수대에서 오른쪽으로 가면 광장과 거대한 동상이 보인다. 루터 동상Lutherdenkmal이다. 보름스가 루터의 도시라고 증명이라도 해 줄 정도로 동상이 무척 크다. 종교개혁과 관련한 동상 중에서 제네바에 있는 국제 종교개혁 동상 다음으로 크다고 한다.

　황제 앞에 선 루터의 용기 있는 행동을 기리기 위해 18세기 이래 루터 동상을 세우자는 논의가 꾸준히 제기됐다. 1세기가 지난 1856년에 동상건립협회가 발족되고, 1859년에 에른스트 리첼Ernst Rietschel의 설계로 제작에 들어갔다. 건립비용이 부족했으나 유럽과 중남미에서 온 성금으로 충당했다. 1868년의 제막식에 프로이센 왕 빌헬름 1세를 비롯하여 독일 각지에서 온 제후, 개신교 인사, 시민 등 약 2만 여 명이 참석하여 350여 년 전 종교개혁의 불을 지폈던 루터의 업적을 기렸다.

　동상은 좌우 뒷면이 낮은 담장으로 둘러져 있다. 한가운데에 있는 루터는 설교 복 차림으로 왼손은 성경을 받쳐 들고 오른손을 성경 위에 올려놓은 채 먼 곳을 바라보고 있다. 1521년에 그가 황제와 여러 제후들 앞에 섰던 곳이라고

루터 동상. 전면 왼쪽은 루터를 도와준 작센 선제후 프리드리히 3세, 오른쪽은 헤센 방백 필리프다. 루터 바로 아래 왼쪽은 이탈리아 수도승 사보나롤라, 오른쪽은 체코 종교개혁가 얀 후스다.

동상에는 1521년 황제 카를 5세 앞에 선 루터의 모습도 있다.

한다. 먼 곳을 바라보며 그는 이렇게 말하고 있을지도 모른다. "황제와 여러 제후님들! 당신들이 권력으로 나의 신념을 꺾으려고 했지만 결국 내가 옳았지 않습니까?" 동상 아래에는 루터가 황제 앞에 섰던 장면과 그가 말한 "여기에 내가 서 있고, 나는 다르게 행동할 수 없습니다. 주여, 저를 도와주소서, 아멘."이 새겨져 있다.

　루터 주위에는 종교개혁과 관련이 있거나 도움을 준 이들의 동상을 세웠다. 여기에 세워진 동상들의 인물을 자세히 들여다보면 종교개혁의 역사를 알 수 있다. 정면 왼쪽에 칼을 위로 들고 있는 동상은 보름스 제국의회에서 루터를 보호해 준 작센 선제후 프리드리히 3세다. 정면 오른쪽에 칼을 아래로 내린 동상은 슈말칼덴 동맹의 지도자였던 헤센 방백 필리프다.

　루터 동상 바로 아래에는 종교개혁과 관련 있는 4개의 동상이 있다. 루터 동상 뒤편 왼쪽에는 프랑스인 발데스Petrus Valdes가 있다. 리옹 상인이었던 그는 1160년에 기독교에 귀의하여 검소와 청빈을 주제로 설교하며 발도교를 창시했다. 뒤편 오른쪽에는 영국의 기독교 신학자이자 종교개혁가인 위클리프John Wycliffe가 있다. 앞 왼쪽에는 이탈리아 도미니크회 수도승이자 종교개혁가인 사보나롤라Girolamo Savonarola, 오른쪽에는 체코의 신학자이자 종교개혁가인 얀 후스Jan Hus가 있다. 후스는 프라하 대학교 총장을 지냈으며, 위클리프의 영향을 받아 교회 지도자들의 부패를 비판하며 종교개혁에 앞장섰다. 교황에 의해 파문당한 뒤 콘스탄츠로 소환되어 1415년 화형에 처해졌다. 위클리프와 후스는 성서를 영어와 체코어로 번역하여 성서 보급에도 앞장섰던 이들이다.

　개신교도를 뜻하는 '프로테스탄트Protestant' 용어가 등장하는 동상도 있다. 루터 뒤편에 있는 '항의하는 프로테스탄트 슈파이어Speyer인' 동상이다. 담장 안에는 종교개혁에 참여했던 도시들의 문장이 있다.

제4장

하이델베르크

팔츠 선제후국의 수도, 하이델베르크 성, 네카
어강, 독일 최초의 대학, 성령 교회, 알테 브뤼케,
'황태자의 첫사랑', 유네스코 문학도시

하이델베르크는

"내 마음을 하이델베르크에 두고 왔다Ich habe mein Herz in Heidelberg verlo-
ren." 고성古城과 네카어강Der Neckar이 어우러져 아름다움과 낭만이 가득한 하
이델베르크에서 보냈던 과거를 회상하며 하는 말이다. 1980년대 초 하이델베
르크에서 1년 남짓 보냈던 나에게는 더욱 가슴에 와 닿는 말이다. 영화 '황태자
의 첫사랑The Student Prince'으로도 알려진 하이델베르크는 누구나 한번쯤은
가고 싶어 하는 도시다.

기원전부터 하이델베르크에도 로마인들이 거주했다. 하이델베르크가 문서
에 처음 나타난 것은 1198년이다. 인근 오덴발트의 쇠나우Schönau 수도원 문

서에 "하이델베르크Heidelberch"라는 이름이었다. 하이델베르크는 12세기 중엽에 팔츠 궁중백Pfalzgraf의 거주지가 되면서 일찍부터 발달했다. 1214년에 황제 오토 4세Otto IV가 루트비히 1세Ludwig I를 궁중백으로 임명하며 비텔스바흐Wittelsbach 가문의 팔츠 지배가 시작됐다. 이후 팔츠 궁중백은 선제후가 됐다. 팔츠 선제후국은 오늘날 노르트라인-베스트팔렌주 일부, 라인란트-팔츠주, 헤센주, 바덴-뷔르템베르크주와 프랑스의 로렌 지역을 포함하는 광활한 지역이었다.

1386년에 선제후 루프레히트Ruprecht 1세가 대학을 설립했다. 마르틴 루터는 1518년 4월 하이델베르크에서 열린 아우구스틴 수도회 총회에서 40개조의 '하이델베르크 논제'를 발표하면서 종교개혁의 필요성을 재차 강조했다. 하이델베르크는 루터를 지지하는 개신교의 중심지가 됐다. 1608년 팔츠 선제후 프리드리히 4세는 개신교를 지지하는 제후들과 함께 황제와 가톨릭에 대항한 동맹을 결성했다. 30년 전쟁(1618~1648) 초기 그의 아들 프리드리히 5세는 황제에 대항하여 싸웠으나 패했다. 1622년에 하이델베르크는 황제군에 의해 점령됐다. 개신교 측을 지원하기 위해 참전한 스웨덴군에 의해 1634년에야 점령 상태에서 벗어났다.

17세기 말 하이델베르크는 팔츠 계승전쟁(또는 9년 전쟁, 1688~1697)으로 큰 피해를 입었다. 1685년 팔츠 선제후 카를 2세가 아들이 없이 죽자 프랑스 왕 루이 14세(재위: 1643~1715)는 동생 오를레앙 공의 아내가 선제후의 여동생임을 내세워 영토 일부를 요구했다. 그는 1688년 초 갑자기 신성로마제국을 공격하여 쾰른 선제후국 대부분과 팔츠 지역을 점령했다. 황제 레오폴트 1세(재위: 1658~1705)는 서쪽에서 오스만제국과 전쟁 상태에 있어 즉각 반격하지 못했으나 프랑스에 선전포고를 했다. 이어 영국, 스페인, 네덜란드와 아우크스부르크

동맹을 결성하여 루이 14세를 상대로 싸웠다.

이 전쟁으로 팔츠 지역인 코블렌츠, 마인츠, 보름스, 슈파이어 등은 황폐화됐다. 프랑스군은 퇴각하면서 하이델베르크 시가지와 성을 파괴한 데 이어 1693년에도 다시 점령하여 시가지를 방화했다. 전쟁은 1697년 10월 레이스베이크Rigswijk 조약 체결로 끝났다.

1720년 선제후 필리프Carl Philipp는 성이 파괴된 상황에서 종교계와의 갈등이 깊어지자 수도를 가까운 만하임Mannheim으로 옮겼다. 후임 선제후 카를 테오도르Carl Theodor(재위: 1742~1799)는 하이델베르크로 돌아오려고 복구공사를 하였으나 성이 다시 화재에 휩싸이자 중단했다. 수도를 비텔스바흐 가문이 있는 뮌헨으로 이전하면서 하이델베르크로의 이전은 무산됐다. 1803년 제국의회의 결의로 팔츠 선제후국은 소멸되고, 하이델베르크는 바덴Baden 대공국에 편입됐다.

하이델베르크는 고고학으로도 중요한 도시다. 1907년 하이델베르크에서 15km 떨어진 마우어에서 60만 년 전에 살았던 인류로 추정되는 '하이델베르크인Homo heidelbergensis'의 아래턱뼈를 발견했다. 제2차 세계대전 중 하이델베르크는 다행히도 다리 이외에 큰 피해를 입지 않아 옛 모습을 거의 그대로 간직하고 있다.

하이델베르크는 영화 '황태자의 첫사랑'으로도 널리 알려졌다. 마이어 푀르스터Wilhelm Meyer-Förster의 희곡 『알트 하이델베르크Alt Heidelberg』를 토대로 1954년에 제작한 영화다.

독일 북부 도시 칼스베르크 제후의 아들 카를 하인리히가 하이델베르크 대학교에 유학을 왔다. 그는 학생들과 자주 어울렸으며, 대학생들이 드나들던 주점의 아가씨 캐티와 잠시 사랑에 빠진다. 부친의 병환 소식에 학업을 중단하고 칼스베르크로 돌아간다. 부친이 죽자 뒤를 이어 성주가 된다. 그는 하이델베

'철학자의 길'에서 바라본 네카어강, 하이델베르크 옛 시가지와 하이델베르크 성

르크에 다시 와 학생들을 만나고, 캐티와도 잠시 재회한 후 작별한다는 내용이다. 특히 테너 마리오 란차가 황태자 역의 에드먼드 퍼돔의 노래 부분을 맡아 부른 '드링크송Drink Song'은 오늘날에도 자주 불리는 노래다.

　　2014년 12월에 하이델베르크는 '유네스코 문학도시'가 됐다. 역사(팔츠 선제후국의 수도, 고성, 독일 내 최초의 대학), 자연경관(옛 시가지, 네카어강과 철학자의 길), 영화의 3가지 소재가 잘 어우러져 하이델베르크는 전 세계인들이 즐겨 찾는 도시다.

하이델베르크 성

하이델베르크에 오는 이들이라면 꼭 들르는 곳이 있다. 하이델베르크의 상
징인 하이델베르크 성Das Heidelberger Schloss이다. 주황색을 띤 고색창연한 성
은 앞의 네카어강과 어우러져 웅장하기보다는 아름다움을 먼저 떠오르게 한
다. 성이 없었더라면 오늘날의 명성을 누리지 못했을 정도로 성은 하이델베르
크에게 소중한 재산이다.

하이델베르크 성은 내가 독일 문화유적 중에서 맨 처음 들렀던 곳이다. 하이
델베르크 대학 입학을 앞둔 1982년 9월 말에 성을 둘러본 후 공원을 거닐며 독
일에서 첫 주말을 보냈던 기억이 새롭다.

성을 관람하기 위해서는 시청 부근에서 출발하는 산악열차를 이용하는 것이
좋다. 성이 오늘날의 형태를 갖추는 데에는 15세기 초부터 17세기 초까지 약 2
세기가 걸렸다. 성의 주요 건물을 알아본다.

- **루프레히트 건물**Ruprechtsbau: 성안으로 들어가 광장 왼쪽에 있는 건물이다.
  1400년부터 선제후 루프레히트 3세(선제후: 1398~1410, 독일 왕 및 황제: 1400~
  1410)가 거주 목적으로 세우며 성이 오늘날의 형태로 확장됐다. 성에서 가장
  오래된 부분이다.
- **오트하인리히 건물**Ottheinrichsbau: 광장 오른쪽에 있는 건물이다. 오트하인
  리히Ottheinrich(재위: 1556~1559)가 선제후에 즉위하며 공사를 시작하여 3년
  후에 완공했다. 건축학적으로 초기 독일 르네상스 양식의 건물이라는 데 중
  요한 의미가 있다. 30년 전쟁과 팔츠 계승전쟁 중에 파괴되어 골격만 남아
  있다.

  오늘날 약학박물관이 들어 있다. 16세기부터 최근까지 쓰였던 약제와 의

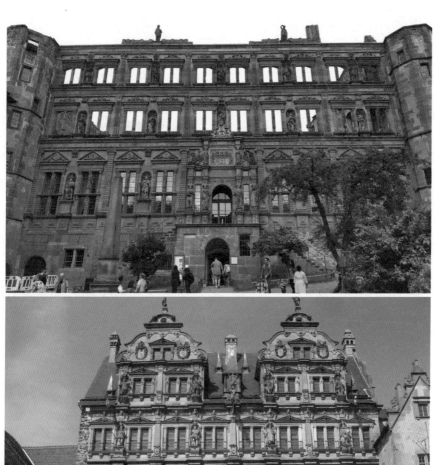

약학박물관이 있는 오트하인리히 건물(위)과 16명의 팔츠 선제후 조각상이 있는 프리드리히 건물(아래)

술에 관한 다양한 약품, 실험 기구와 용기, 관련 도서들을 전시하고 있다. 독일의 약학과 의학 수준을 알 수 있는 곳이다.

- 프리드리히 건물Friedrichsbau: 광장 정면에 있는 건물이다. 선제후 프리드리히 4세Friedrich IV(재위: 1583~1610)가 거주 목적으로 1601년에 공사를 시작하여 후기 르네상스 양식으로 1607년에 완공했다. 연회를 위한 왕의 홀König-saal도 있다. 팔츠 계승전쟁 중 프랑스군의 침공과 화재로 크게 파괴됐으나 1890~1900년 사이에 일부 복구했다. 이 홀에서는 오늘날 회의나 콘서트 등이 열리고 있다.

  건물 전면에는 역대 팔츠 선제후 16명(한 층에 4명씩)의 조각상이 있다. 카를 대제는 맨 위 4번째 칸 맨 왼쪽에, 이 건물을 지은 프리드리히 4세는 맨 아래 맨 오른쪽에 있다. 카를 대제는 팔츠 선제후는 아니었지만 '유럽의 아버지'로 추앙받고 있어 독일 여러 곳에서 쉽게 볼 수 있다.

- 포도주 통 저장고Fassbau: 프리드리히 건물 지하에 1589~1592년 사이에 만든 포도주 저장고가 있다. 저장고에는 1751년에 만든 거대한 포도주 통이 있다. 높이 7m, 길이 8.5m에 참나무 130개로 만들었으며 저장 용량은 무려 22만 1726*l*다. 포도주 병으로 30만 병이나 되는 양이다. 팔츠 지역에서 제조한 포도주의 약 1/10을 저장했다고 한다. 통 위에는 간단한 연회를 할 수 있는 공간도 있다.

  포도주 통 상단에 이 통을 제작한 카를 테오도르 선제후의 이니셜(CT)이 있다. 이외에도 용량이 19만 5000*l*와 12만 5000*l*인 2개의 대형 포도주 통이 있다. 위층 프리드리히 건물의 연회장과 연결되어 포도주를 운반하기 편리했다.

  저장고에 기묘한 모습을 한 인물상이 있다. 선제후 카를 필리프가 이탈리아 티롤Tirol(오스트리아 인스부르크에서 북부 이탈리아 알프스산맥 사이의 산악지방으로 경치가 뛰어남)에서 데려온 포도주 통지기 페르케오Perkeo다. 술을 너무 좋아하여 항상 취해 있었다고 한다. 그에 관해 두 가지 이야기가 전해온다. 하나는 선제후가 포도주 통의 포도주를 다 마실 수 있느냐고 묻자, 그는 "페르체 노Perché no?"(이탈리아어로 "왜 못하겠느냐?"라는 뜻)라고 대답했다. 그래서 페르케오라고 불렸다고 한다. 또 다른 이야기는 그가 어려서부터 마셨던 유일한 음료수는 포

페르케오 상

도주였다. 병이 들어 처음으로 의사에게 갔다. 의사는 그에게 이제부터는 포도주를 끊고 물을 마시라고 조언했다. 그는 내심 내키지 않았지만 물을 마시자 다음날 죽었다고 한다.

- 테라스Altan: 광장에서 오른쪽 통로를 지나면 앞이 탁 트인 넓은 테라스가 나온다. 이 테라스에 서면 한 폭의 아름다운 그림이 펼쳐진다. 이 경관을 보기 위해 성에 온다는 이들도 있다. 붉은색을 띤 집들이 아기자기하게 모여 있는 옛 시가지, 유유히 흐르는 네카어강, 알테 브뤼케Die Alte Brücke(옛 다리), 강 건너 하일리겐산Heiligenberg과 '철학자의 길'이 한눈에 들어온다. 봄, 여름, 가을, 겨울 어느 계절에 오더라도 뛰어난 경관을 보게 된다. 성을 방어하기 위한 화포도 배치했다. 발코니 지하를 무기, 탄약, 예비 물품 보관소와 병사들의 보호 공간으로 사용했다.

이 테라스에 깊게 파인 '기사발자국Der Rittersprung'이 있다. 성에서 성대한 연회가 열리던 중 갑자기 불이 났다. 모든 사람들이 대피한 상황에서 마지막 남은 기사가 창밖으로 뛰어내렸다. 이로 인해 장화 발자국이 깊게 패었는데 다행히도 기사는 큰 부상을 입지 않았다. 이 발자국을 '기사발자국'으로 불렀다고 한다.

하이델베르크 성은 외침과 화재로 여러 차례 피해를 입었다. 팔츠 계승전쟁 중이던 1688~1689년에 하이델베르크를 점령했던 프랑스군이 퇴각하면서 도시와 성을 방화하며 파괴했다. 1693년에도 프랑스 공병대가 성의 화약고를 폭파했다. 또한 두 번의 낙뢰를 받아 불로 번지며 부서졌다. 복원공사 중인 1764년에 다시 낙뢰를 맞아 화재로 부서졌다. 이후 부서진 성을 그대로 보존하게

성 테라스에서 내려다본 옛 시가지와 네카어강. 강 위에 '알테 브뤼케(옛 다리)'가 있고, 강 건너 산 중턱에 산책길인 '철학자의 길'도 보인다.

됐다.

오늘날 해마다 성에서 불꽃놀이 행사가 열리고 있다. 이 불꽃놀이는 1689년과 1693년 프랑스군의 공격으로 성이 파괴된 당시를 회상하는 의미가 있다.

하이델베르크 대학교 – 독일 최초의 대학

"Semper apertus(always often, 언제나 열려 있는)". 하이델베르크 대학교 본관 로비에 있는 표어다. 지식의 샘이며 좋은 가르침이기도 한 책을 가까이하며 항상 펴 놓으라는 의미의 라틴어다. 학문을 연구하는 이들에게는 당연한 일이다. 하이델베르크가 널리 알려진 데에는 대학도 나름 역할을 했다. 인구 16만 명 중에서 대학생이 약 2만 8600명일 정도로 대학 도시다. 우리나라에도 이 대학에서 유학했던 이들이 여러 분야에서 활동하고 있다. 나도 20대 말에 이 대학에 잠시 적을 둔 덕분에 독일 정치, 역사와 문화에 대해 조금이나마 이해할 수 있었다.

하이델베르크 대학교는 두 가지 점에서 돋보인다.

첫째, 독일에서 가장 오래된 대학이라는 점이다. 1385년에 선제후 루프레히트 1세가 교황 우르바노 6세(프랑스 추기경들은 그의 교황 선출에 반발하여 클레멘스 7세를 교황으로 선출하여 2명의 교황 시대가 시작됨. 1417년 콘스탄츠 종교회의에서 프랑스 교황을 폐위하며 일단락됨)로부터 설립을 인가받아 1386년에 세웠다. 30년 전쟁과 팔츠 계승전쟁의 여파로 다소 쇠퇴했다. 1803년에 바덴 변경 제후인 카를 프리드리히Karl Friedrich의 지원으로 다시 발전하기 시작했다. 대학을 설립하고 발전에 기여한 두 제후의 이름을 따 '하이델베르크 루프레히트–카를 대학교 Heidelberg Ruprecht-Karls-Universität'로 부른다.

둘째, 많은 노벨상 수상자를 배출했다. 대학 및 하이델베르크와 연관이 있는 노벨상 수상자가 57명이나 된다. 특히 화학, 의학, 물리학 분야의 수상자가 많다. 오늘날은 생명공학에 중점을 두고 있다.

신성로마제국의 대학들은 17세기까지는 교육기관에 불과했다. 연구나 학문 육성은 궁정, 사제관 또는 수도원에서 이루어졌다. 학문 관련 도서도 대학보다 이들 기관이 더 많이 소장하고 있었다. 18세기가 되어서야 대학이 학문과 연구 기관으로 자리 잡기 시작했다.

독일 대학의 강점은 대부분이 주립대학으로 등록금이 없다는 점이다. 대학에 가고자 하는 이들에게 학비 걱정 없이 공부할 수 있는 기회를 주고자 한 것이다. 2005년에 37%였던 대학 진학률이 40%대로 높아지면서 대학 재정 상태가 어려워졌다. 2000년대 후반에 일부 주州에서 한 학기당 500유로(한화 약 65만 원)의 등록금을 받았으나 반대 여론이 거세지자 폐지했다. 독일에는 399개의 대학이 있다(2017년 말 기준). 종합대학이 120개, 응용학문 대학이 221개, 음악·예술·영화 대학이 58개다. 이 중 사립대학이 120개로 전체 대학의 30%를 차지한다. 주요 사립대학으로는 Bucerius Law School(함부르크), Frankfurt School of Finance & Management(프랑크푸르트), EBS Business School(외스트리히-빈켈) 등이 있다.

하이델베르크 대학교는 역사가 오래된 만큼 거쳐 간 유명 학자도 많다. 철학자 프리드리히 헤겔, 화학자 로베르트 분젠, 물리학자 헤르만 폰 헬름홀츠, 사회학자 막스 베버, 철학자 카를 야스퍼스 등이 있다. 통일을 이룩한 헬무트 콜 총리도 이 대학에서 수학했다. 1986년에 개교 600주년이 된 하이델베르크 대학교는 "전통으로부터 미래로Aus Tradition in die Zukunft"라는 모토를 제시하며 미래를 대비하고 있다.

성령 교회

성을 돌아보고 내려오니 피곤이 몰려왔다. 잠시 쉬기 위해 시청과 교회 중간에 있는 길거리 카페에 자리를 잡았다. 이미 많은 이들이 간단한 음식 또는 와인이나 커피를 마시며 오후의 여유를 즐기고 있었다. 초여름의 쾌적한 날씨에 식당 안으로 들어가는 것은 독일 문화를 이해할 기회를 놓치는 일이다. 나는 이 고장에서 나는 화이트 와인을 마시며 쉬었다.

맞은편 성령 교회Heiliggeist Kirche 앞 길거리 카페에도 많은 이들이 여유를 즐기고 있었다. 유럽의 도시를 돌아다니다 보면 부러운 것이 바로 이러한 '길거리 문화' 또는 '골목 문화'다. 항상 바쁘게 살아가는 우리에게는 이렇게 골목이나 길거리에서 잠시나마 여유를 즐기기가 쉽지 않은 실정이다. 그래도 '골목 문화'가 생겨났으면 한다.

길거리 카페에서 오후의 여유를 즐기고 있는 이들(성령 교회 앞 광장)

1706년 이래 200년 가까이 가톨릭과 개신교 간의 소유권 주장으로 교회 안에 칸막이를 설치하여 각각 종교의식을 가졌던 성령 교회(1898년의 모습). 교회 안에는 유일하게 선제후 루프레히트 3세 부부의 묘지석이 있다(오른쪽).

내가 앉아 있는 맞은편에 교회가 우뚝 서 있다. 건립 600년이 넘는 성령 교회다. 특이하게도 교회 외부 벽을 빙 둘러 기념품 가게들이 들어서 있다. 교회와 상점들의 공존이다. 지난날 가톨릭과 개신교의 대립이 극심했던 교회다. 13세기 초에 성령을 위한 로마 교회당이 있었으나 14세기 초에 화재로 타 버렸다. 이 자리에 새로 초기 고딕 양식의 교회를 세웠으며, 이 교회에서 1386년 10월 18일에 하이델베르크 대학교 개교 미사가 열렸다.

루프레히트 3세가 본 제단을 허물고 더 큰 제단을 만든 1398년을 교회를 설립한 해로 본다. 1441년 루트비히 3세가 팔츠 궁정 도서관인 비블리오테카 팔라티나Biblioteca Palatina를 만들어 초창기의 책들을 교회 2층에 진열했다. 첨탑은 1544년에 완공했다.

성령 교회는 원래 가톨릭교회였다. 1518년 루터의 '하이델베르크 논제'와

1563년 '하이델베르크 교리문답'을 거치면서 개신교회가 됐다. 30년 전쟁 중인 1620년 팔츠 선제후 프리드리히 5세는 개신교의 맹주로 황제군에 맞서 싸웠으나 패했다(제7장 뮌헨 - '30년 전쟁과 베스트팔렌 조약' 참조). 그가 패하고 황제군이 하이델베르크를 점령하면서 성령 교회는 다시 가톨릭교회가 됐다. 1623년에 교황 그레고리오 15세Gregorius XV는 전리품으로 교회 안에 있는 귀중한 팔츠 궁정 도서관의 도서와 자료들을 로마로 가져갔다.

1693년 팔츠 계승전쟁 중에 성령 교회는 크게 부서졌다. 54명의 팔츠 선제후 가문의 관 위에 있는 대리석 석판도 파괴됐으나 교회 설립자인 루프레히트 3세 관의 대리석 석판은 손상을 입지 않았다. 왜 그의 묘비만 파괴되지 않았는가? 여전히 풀리지 않는 비밀이라고 그의 관에 적혀 있다. 도난당한 5000여 권의 책과 3524권의 필사본 중에서 885권만 1816년에 반환됐다. 나머지는 여전히 바티칸에 있다.

가톨릭교회와 개신교회는 1706년 이래 200년 넘게 성령 교회에 대한 소유권을 주장했다. 교회 안에 칸막이를 설치하여 제단 쪽에서는 가톨릭교도가, 본진에서는 개신교도가 각자의 종교의식을 갖는 진풍경이 200년 가까이 계속됐다. 다행히도 1936년에 가톨릭교회가 양보하여 성령 교회는 개신교회가 됐다.

알테 브뤼케(옛 다리)

네카어강 위에 아름다운 다리가 있다. '옛 다리'를 뜻하는 '알테 브뤼케Die Alte Brücke'다(88쪽 사진 참조). 처음에는 나무로 만들어 홍수와 전투로 빈번하게 부서져 불편이 많았다. 불편을 덜기 위해 선제후 카를 테오도르의 지시로 나무다리를 걷어내고 1788년에 사암沙巖으로 만든 다리가 알테 브뤼케다. 이 다리는 제2차 세계대전 말에 다시 파괴됐다. 1945년 3월 29일 미군의 진격을 늦추기 위해 독일군이 폭파한 것이다.

전쟁이 끝나고 시민들의 후원으로 1947년 7월에 새로 다리를 세웠다. 탑과 다리 양쪽 끝에 2개의 석상石像을 세웠다. 다리 건설자인 선제후 테오도르의 동상과 로마의 여신 미네르바의 동상이다. 선제후가 예술과 학문 장려에 힘써 온 점을 고려하여 선제후와 관련이 있는 시, 의술, 지혜, 음악의 여신 미네르바 동상을 세운 것이다.

알테 브뤼케 입구 왼편에 좀 우스꽝스러운 동상이 있다. 원숭이 동상이다. 왼손에는 거울을 들고 꼬리를 힘차게 하늘로 치켜세운 모습이다. 사진 촬영 장소로 인기 있다. 15세기에 다리 입구에 원숭이상이 있었다는 기록이 있다. 지금의 동상은 1979년에 제작한 것이다.

원숭이 동상. 뒤편에 네카어강과 알테 브뤼케가 있다.

원숭이는 추악함, 파렴치, 욕망과 허영의 상징으로 인식되어 온 동물이다. 원숭이가 왼손에 든 거울과 새끼손가락에 끼고 있는 반지는 허영을 상징한다. 왼손으로 인간을 가리키는 것은 사악한 시선을 뜻한다. 인간이 조롱하는 듯 원숭이를 보지만, 실상은 원숭이도 비웃으면서 그 조롱을 인간에게 되돌려 주고 있다.

원숭이 동상의 거울을 쓰다듬으면 복이 따라오고, 오른손의 펼친 손을 쓰다듬으면 하이델베르크에 다시 온다는 이야기가 전해 온다. 또한 옆에 있는 쥐 2마리를 쓰다듬으면 자녀를 많이 얻는다고 한다.

나는 독일 근무를 마치고 떠나기 전 마지막 주말인 2014년 3월 말에 하이델베르크에 들렀었다. 그때 원숭이가 들고 있는 거울과 오른손을 쓰다듬었다. 5년 후 2019년 5월에 다시 오게 됐다. 이번에도 우리 부부는 다시 한 번 원숭이 오른손을 쓰다듬었다. 언제가 될지 모르지만 하이델베르크에 다시 올 수 있기를 기대하면서….

제5장

본

로마제국의 군사기지, 쾰른 선제후국의 수도, 뮌스터 성당, 루트비히 판 베토벤과 베토벤 하우스, 콘라트 아데나워, 서독의 수도, 독일 현대사 박물관

본은

라인강 변의 도시 본Bonn은 분단 시 독일연방공화국(서독)의 수도였다. 다른 라인강 변의 도시와 마찬가지로 본의 역사도 로마제국 시대로 거슬러 올라간다. B.C.39~B.C.38년에 로마 총독 아그리파Marcus Vipsanius Agrippa(B.C.63~B.C.12)는 게르만족인 우비어인들을 본에 이주시켰다. B.C.12~B.C.9년에는 로마의 드루수스Drusus 장군이 본에 '카스트라 보넨시아Castra Bonnensia'라는 군단 규모의 군사기지를 세웠다. 본은 이 병영의 이름에서 유래했다. B.C.11년에 로마의 문인 플로루스Florus에 의해 그 이름이 문헌상 처음 나타났다. 이를 토대로 본은 1989년에 시 탄생 2000주년을 기념했다. 로마인들이

500여 년 동안 라인강 유역에 거주하다가 5세기 중엽에 물러가자 이 지역을 프랑크 왕국이 지배했다.

1243년에 본은 도시 권한을 얻어 발전하기 시작했다. 1597년에 쾰른 선제후는 쾰른 주민들과의 분쟁으로 수도를 본으로 옮겼다. 1770년에 음악가 루트비히 판 베토벤Ludwig van Beethoven이 태어났다. 오늘날 본의 모습은 쾰른 선제후국 수도였던 18세기에 거의 정해졌다.

1789년의 프랑스 혁명은 프랑스뿐만 아니라 독일의 정치 지형도 크게 바꾸어 놓았다. 1794년에 프랑스는 신성로마제국과의 전쟁에서 승리하며 라인강 서쪽 지역을 차지했다. 자연히 라인강 서쪽에 있던 쾰른과 본은 프랑스 지배에 들어갔다. 쾰른 선제후는 폐위됐고, 본은 선제후국 수도의 지위를 잃었다. 수백 개의 나라로 나누어져 군사적으로 매우 약했던 신성로마제국의 몰락이 시

독일연방공화국의 헌법인 기본법 공포식(1949. 5. 23, 본)

작된 것이다. 1815년 빈 회의 이후 본은 프로이센 왕국에 속했다.

1945년 5월 패전과 함께 독일은 4년 동안 연합국의 통치를 받았다. 1949년에 본은 강력한 경쟁자였던 프랑크푸르트를 제치고 수도가 됐다. 5월 23일 본에서 독일연방공화국의 헌법인 기본법Das Grundgesetz이 공포됐다. 9월에 정부가 수립되면서 본은 독일 정치의 중심지로서 '본 공화국Die Bonner Republik' 시대를 열었다.

1990년 통일이 되면서 본은 수도의 지위를 잃었다. 1999년에 연방정부와 의회가 베를린으로 이전했다. 다행히 본이 공동화空洞化되지 않도록 교육연구부, 경제협력개발부, 환경·자연보호부, 국방부, 보건부, 식량·농업부 등 6개 정부부처의 제1사무실을 본에 두었다. 연방도시Bundesstadt라는 지위도 부여했다. 또한 유엔기후변화협약(UNFCCC) 기구 등 19개의 유엔 산하기구를 유치하여 본이 침체되지 않도록 했다.

라인강이 흐르고 산으로 둘러싸인 본은 경관이 뛰어나다. 라인강 건너 지벤

라인강에서 바라본 니벨룽의 전설을 간직하고 있는 용바위(정상의 바위)

게비르게Siebengebirge(7개의 산이라는 뜻)가 본을 아늑하게 품고 있다. 이 지벤게 비르게는 페터스베르크, 올빼미산, 사자산, 용바위 등 7개의 산으로 이루어져 있다. 모두가 해발 300~400m의 높지 않은 산들이라 오르기에도 좋다. 비록 수도의 지위를 잃었지만 본은 연방도시로서, 또 유엔 도시로서 여전히 활기를 띠고 있다. 여기에 대음악가 베토벤은 문화와 예술의 도시로서의 본의 매력을 더욱 높여 주고 있다.

콘라트 아데나워와 아데나워 하우스

먼저 둘러볼 곳은 서독의 초대 총리 콘라트 아데나워Konrad Adenauer(1876~ 1967)가 살았던 아데나워 하우스다. 정식 명칭은 '연방총리 아데나워 하우스 재 단Stiftung Bundeskanzler Adenauer-Haus'이다. 아데나워를 기념하고 그의 업적 을 기리기 위해 설립한 재단이다. 그가 살았던 본 근교 바트 호네프Bad Honnef 의 뢴도르프Rhöndorf(Zennisweg 8a)에 있다. 본 중앙역에서 바트 호네프 방향 지하철 66번(U66)을 타고 뢴도르프에서 내려 버스로 한 정거장을 이동하면 된 다. 입구에 전시실이 있고, 그 뒤편에 아데나워가 살았던 집이 있다.

아데나워는 전후 폐허의 독일을 일으켜 세운 건국의 아버지다. 아데나워는 1876년 1월 5일 쾰른에서 법원 서기의 아들로 태어났다. 41세이던 1917년에 쾰른 시장이 됐다. 시장으로 재임 중이던 1933년 1월 히틀러가 총리가 됐으나 그는 나치의 정책에 반대했다. 3월의 총선과 지방선거를 앞두고 쾰른을 방문 하는 히틀러를 영접하라는 지시를 거부했다. 쾰른 다리 위에 나부끼는 나치 깃 발을 치워 나치의 미움도 샀다. 결국 아데나워는 3월 13일 나치에 의해 강제로 시장직에서 물러났다. 반역 혐의로 나치에 쫓겨 마리아 라흐Maria Laach 수도 원에 숨어 지내다 붙잡혀 투옥되기도 했다.

아데나워 하우스 입구에 전시실이 있고, 뒤편의 건물이 아데나워가 살았던 집이다.

거주지를 자주 옮겨 다녔던 아데나워는 59세에 본 근교의 뢴도르프에 집을 짓고 정착했다. 다소 가파른 언덕 위에 있지만 라인강이 내려다보일 정도로 전망이 좋았다. 아데나워는 총리가 된 뒤에도 이 집에서 라인강을 건너 출퇴근하며 1967년 세상을 떠날 때까지 살았다.

전쟁이 끝나고 아데나워는 1945년 5월에 다시 쾰른 시장이 됐으나 점령국인 영국과의 갈등으로 10월에 해임됐다. 이후 그는 기독교민주당(약칭 기민당, CDU)을 창당하며 기본법 제정과 독일 국가를 수립하는 일에 전념했다. 1949년 8월에 실시한 첫 총선에서 기민당과 기독교사회당(약칭 기사당, CSU)은 과반수를 얻지 못했으나 제1당이 되면서 기민당 대표였던 아데나워는 총리가 됐다.

아데나워는 루트비히 에르하르트Ludwig Erhard 경제장관이 추진했던 '사회적 시장경제 정책'을 지원하며 경제성장을 이룩하고 국민들의 복지도 증진시

컸다. 또한 '통일보다는 자유가 우선Freiheit vor Einheit'이라는 정책을 추진하며 동독을 인정하지 않았고 교류나 접촉도 하지 않았다.

대외적으로도 아데나워는 '친서방 정책'을 추진하며 서독의 위상을 크게 높였다. 서독은 미국, 영국, 프랑스 등 서방 측의 신뢰를 얻어 빠른 시일 내에 국제사회의 일원이 될 수 있었다. 1955년에 북대서양조약기구(NATO)에 가입하고, 1956년에 연방군을 창설하며 주권국가로서의 면모도 갖추었다. 또한 지난 수백 년 동안 싸워 적대감이 강했던 프랑스와 화해의 토대도 마련했다. 화해의 출발점은 1963년 1월 프랑스 대통령 샤를 드골Charles de Gaulle(1890~1970)과 체결한 엘리제 조약Elysée Treaty이다. 독일과 프랑스가 오늘날과 같은 관계로 발전한 데에는 아데나워와 드골이란 두 거인이 있었기에 가능했다.

아데나워의 첫 부인은 병으로 일찍 죽었다. 재혼한 부인도 나치의 고문 후유증으로 1948년에 숨졌다. 아데나워는 총리가 된 후 혼자 지내며 독일을 강국으로 만드는 일에 매진했다. 이후 그는 세 번의 총선에서 승리하며 14년 동안 총리로 재임했다. 87세 때인 1963년 총리직에서 물러난 후 1967년 4월 자택에서 91세를 일기로 세상을 떠났다.

아데나워가 세상을 떠나자 그에 대한 관심이 증대되면서 그의 업적을 기리기 위한 재단을 설립해야 한다는 여론이 대두됐다. 1967년 12월에 7명의 아데나워 자녀들은 아데나워의 사저를 국가에 기증했다. 10년 후인 1978년 연방하원은 아데나워 하우스 재단 설립법을 제정하면서 오늘날의 아데나워 하우스가 탄생했다.

아데나워 하우스 재단을 방문하여 슈타이들레 박사Dr. Sabine Steidle의 안내로 전시실과 아데나워가 살았던 집을 둘러보았다. 전시실에는 "1876년에서 1967년까지의 콘라트 아데나워: 라인란트인, 독일인, 유럽인Konrad Adenauer

1876 bis 1967. Rheinländer, Deutscher, Europäer"이라는 주제의 전시가 있었다. 어린 시절부터 쾰른 시장 재임 시 활동, 나치로부터의 도피 생활, 총리 재임 시의 활동 등을 사진과 자료로 전시하고 있다. 독일 초대 총리의 생활상과 현대사를 이해할 수 있는 곳이다.

아데나워가 살았던 집에는 낡은 가방과 수첩 등이 있다. 거실, 침실과 부엌도 보존하고 있다. 낡은 가방과 가구는 대부분이 쾰른 시장 재임 시부터 사용했던 것들이라고 한다. 또한 처칠과 아이젠하워가 그린 그림 2점이 걸려 있다. 정원에는 독일과 프랑스의 관계를 개선시킨 아데나워와 드골의 동상도 있다. 드골 대통령은 아데나워를 인구 700명인 콜롱베 마을에 있는 자신의 시골집에 초청했다. 아데나워는 드골을 1961년과 1962년 두 번이나 이 집으로 초청하며 친분을 쌓았다. 이런 이유로 동상을 세운 것이다. 그가 탔던 업무용 메르세데스 승용차는 본의 독일 현대사박물관 입구에 전시하고 있다.

아데나워 하우스 정원 이곳저곳에는 장미가 가득했다. 장미는 아데나워가 좋아했던 꽃이다. 그러고 보니 아데나워 집안의 가계도도 장미 문양이다. 한편에는 아데나워가 즐겼던 보치아(쇠로 된 공을 표적 가까이 굴리는 운동)를 할 수 있는 조그만 공터도 있다. 아데나워 하우스를 보면 독일 정치인의 검소함이 그대로 드러난다. 아데나워는 여전히 국민들로부터 존경을 받고 있다고 한다. 아데나워가 국민들로부터 존경을 받는 이유를 물었다. 슈타이들레 박사는 다음과 같이 들려주었다.

아데나워는 쾰른 시장 재임 시 나치에 협조하지 않았고 박해를 받았습니다. 새로 출범한 독일의 기본법 제정 작업에 참여하여 민주주의의 기초를 닦았고, 전후 폐허의 잿더미에서 경제성장을 이룩하여 국민들의 복지를 증진시켰지요. 또한 유럽의 안정을 가져왔기 때문입니다. 무엇보다도 검소했던 이유

아데나워가 아침 식사를 했던 방에는 2점의 그림이 걸려 있다. 왼쪽은 처칠의 그림이고, 오른쪽의 풍경화는 대통령이 되기 전 아이젠하워가 그린 그림이다.

정원에는 드골 대통령(왼쪽)과 아데나워 총리의 동상이 있다. 드골은 두 번이나 아데나워 하우스를 방문했다.

도 있지요.

국가 지도자의 리더십과 검소함은 국민들의 존경을 받는 가장 중요한 요인이다. 독일이 왜 강한 나라인가를 말해 주고 있는 한 단면이기도 하다. 아데나워는 갔지만 베를린에 있는 기민당(CDU) 당사는 '아데나워 하우스'로, 기민당의 정책연구소는 '콘라트 아데나워 재단'으로 불리고 있다. 이는 아데나워가 기민당에 어떠한 존재인가를 말해 주고 있다. 그의 흉상은 독일 영웅의 명예의 전당인 발할라Walhalla에 세워져 있다.

빌리 브란트와 빌리 브란트 기념관

아데나워에 이어 전후 독일 정치에 중요한 발자취를 남긴 또 다른 정치인을 찾아 웅켈Unkel로 이동했다. 웅켈 시민재단이 2011년에 세운 빌리 브란트 기념관Willy-Brandt-Forum Unkel을 보기 위해서다. 웅켈은 인구 5000여 명의 라인강 변의 조그만 도시다. 제4대 총리(재임: 1969~1974)였던 빌리 브란트Willy Brandt(1913~1992)는 '작은 걸음의 정책Politik der kleinen Schritte'으로 동독과 관계를 개선했고, '신 동방정책'을 추진하며 유럽의 긴장을 완화했다. 이러한 공로로 그는 1971년에 노벨 평화상을 받았다.

나는 브란트와 조그만 인연이 있다. 브란트는 1989년 10월에 한국을 방문했었다. 그의 '신 동방정책'이 들어간 나의 저서 『독일 독일인』을 전하며 그와 잠시 대화를 나누었다. 독일로 돌아간 그는 보좌관을 통해 내게 편지를 보내 주었다. 또한 2013년 12월 11일 뤼베크에서 열린 브란트 탄생 100주년 기념행사에도 초대받아 참석했었다. 이런 기억을 떠올리며 빌리 브란트 기념관을 둘러보고 싶었다.

아데나워 하우스에서 나와 시골의 한적한 뢴도르프역에서 기차를 탔다. 10여 분 후에 웅켈역에 도착했다. 6월의 초여름인데도 갑작스럽게 찾아온 더위로 걸어가는데 땀을 많이 흘렸다. 도중에 뜻밖에도 시청 입구에 있는 브란트 기념비를 발견했다. 기념비에는 "1913년 12월 13일 태어나 1992년 10월 8일에 세상을 떠난 빌리 브란트는 1969년부터 1974년까지 독일 연방총리였다. 1971년에 노벨 평화상을 받았다. 1979년부터 1992년까지 웅켈시의 시민이었다."라고 적혀 있다. 뜻하지 않게 기념비를 만나니 더위가 좀 가시는 듯했다.

빌리 브란트 광장에 있는 빌리 브란트 기념관은 생각보다 작았으나 아담했다. 지상과 지하의 2개 층으로 되어 있으며, '현대사박물관'도 겸하고 있다. 브란트가 살았던 집이 아닌 은행 지점 건물을 개조하여 만들었다. 독일 정부가

브란트가 웅켈 시민이었다는 점을 강조하기 위해 세운 브란트 기념비

지원하는 브란트 하우스가 베를린과 뤼베크에 있기 때문에 이곳은 사설이고 입장료도 있다.

1층에는 브란트의 저서와 사진 등을 전시하고 있다. 브란트가 했던 여러 연설도 들을 수 있다. 원형에 가깝게 복원한 서재도 있다. 브란트가 사용했던 책상 위에는 전기스탠드, 안경, 볼펜, 메모지 등이 놓여 있다. 갑자기 한 서예 작품이 눈에 들어왔다. "君子和而不同(군자화이부동)". 『논어』에 나오는 말로 "군자는 화합하여 조화를 이루지만 부화뇌동하지 않는다."라는 뜻이다. 김대중 전대통령이 대통령이 되기 훨씬 전인 1985년 초에 보낸 것이다. 지하는 초상화실

웅켈 시민들이 웅켈시에서 브란트의 활동을 기리기 위해 세운 빌리 브란트 기념관

로 브란트의 초상화와 사진이 여러 점 걸려 있다.

브란트는 1913년 12월 18일 북부 독일 뤼베크에서 태어났다. 그는 서베를린 시장(1957~1966)과 외무장관(1966~1969)을 지냈다. 56세 때인 1969년 9월의 총선에서 사회민주당(약칭 사민당, SPD)이 승리하며 총리가 됐다. 사민당 출신 첫 총리였다. 동독과의 관계개선과 유럽의 긴장완화에 기여했으나, 자신의 보좌관이 동독 간첩으로 드러나 1974년 5월 총리직에서 물러났다. 브란트는 카리스마가 있었고, 권력에 대한 의지도 강했다. 총리직에서 물러났으나 연방하원 의원으로 사민당 대표로 계속 활동했다. 국제적으로 사회주의 인터내셔널 의장과 국제개발문제를 다루는 남북위원회 위원장으로도 활동했다.

1979년 4월 브란트는 웅켈의 에센브렌더 슈트라세 4번지로 이사했다. 브란트가 살았던 집이 궁금하여 기념관 안내인의 설명을 듣고 찾아 나섰다. 한적한 거리에 다가구가 거주하는 4층짜리 평범한 아파트였다. 전직 총리요 현직 제1 야당 대표가 이러한 곳에서 살았다는 것이 좀처럼 믿어지지 않았다. 아데나워 총리에 이어 독일 정치인들의 검소함을 잘 보여 주고 있었다.

브란트는 1992년 10월 8일 79세를 일기로 웅켈에서 숨졌다. 제국의회 의사당에서 열린 장례식에 클라우디오 아바도Claudio Abbado가 지휘하는 베를린 필하모니가 슈베르트의 미완성 교향곡인 〈교향곡 제8번〉 D.759를 연주했다. 그가 좋아했던 사민당 정치인 에른스트 로이터Ernst Reuter가 있는 베를린 첼렌도르프의 발트프리트호프Waldfriedhof에 영원히 잠들었다. 헬무트 콜Helmut Kohl 전 총리는 브란트와의 마지막 만남을 『회고록Erinnerungen』에서 이렇게 밝혔다.

1992년 7월 총리실로 나를 찾아온 사민당 명예대표인 브란트와 통일 이후의 구동독 문제와 동독 지역 주민들의 실직 문제 등에 관해 의견을 나누었다.

나는 8월 28일 여름휴가를 떠나기 전에 웅켈의 브란트 자택을 방문했다. 오래전부터 병을 앓고 있던 그가 말쑥이 정장 차림으로 나를 맞이하여 깜짝 놀랐다. "몸도 불편한데 왜 힘들게 서 있느냐?"고 묻자 그는 "총리가 오시는데, 내가 침대에 누워 있을 수 없지 않느냐"라고 대답했다. 여러 대화가 오갔으며 마지막으로 브란트는 자기가 죽으면 추도사를 스페인 총리 펠리페 곤살레스가 해 주도록 당부했다. 이로 인해 프랑스 대통령 미테랑이 무척 서운해했다.

콜은 1960년대 브란트가 서베를린 시장으로 재임 시 처음 만났으며, 총리 재직 시에도 사민당 대표인 브란트와 자주 만나 대화를 나누었다고 회고했다. 때로는 브란트가 콜 총리의 정책을 비난하여 날 서게 대립하기도 했다. 그럼에도 이러한 훈훈한 만남도 가졌다. 브란트에 관해 그가 출생한 뤼베크 편에서 좀 더 다룬다(제10장 뤼베크 – '빌리 브란트 하우스와 빌리 브란트' 참조).

뮌스터 성당

본의 상징은 뮌스터 성당Das Bonner Münster이다. 뮌스터는 주교가 집전하는 성당으로 주로 라인강 지방의 성당을 가리킨다. 13세기에 시의 직인에 뮌스터 문양이 들어간 이후 본의 상징이 됐다. 이런 이야기가 전해 온다.

3세기에 로마 황제는 로마 군인 카시우스Cassius와 플로렌티우스Florentius에게 갈리아인들과 싸우고, 기독교를 버리라고 명령했다. 이들은 같은 기독교인들끼리 싸울 수 없다며 명령을 거부했다. 그리고 기독교를 옹호하며 이곳에서 순교했다. 이들 2명의 무덤 위에 로마제국 콘스탄티누스 대제(재위: 306~337)의 어머니 성 헬레나St. Helena가 교회를 세웠다.

691년에 오늘날의 뮌스터 성당 자리에 두 순교자의 이름이 들어간 성당이

로마 군인 카시우스와 플로렌티우스가 순교한 무덤 위에 세운 뮌스터 성당. 성당 밖 바닥에는 두 성인의 머리 조각상이 있다.

문서상 처음 나타났다. 1040년경에 헤르만 2세 대주교는 이 교회를 헐고 '성 카시우스와 플로렌티우스 성당'이란 이름으로 새 교회를 세웠다. 길이 70m로 지금의 성당 크기였다. 12세기 중엽에 다시 증축을 시작하여 1248년에 완성했다. 뮌스터 성당은 이렇게 11~13세기에 걸쳐 세워졌다.

뮌스터 성당에서 2명의 독일 왕이 대관식을 했다. 1314년 프리드리히 미왕 Friedrich der Schöne(재위: 1314~1330), 이어 1346년 카를 4세(1355년에 황제로 즉위하여 1356년에 〈금인칙서〉를 공표한 황제)였다.

성당에는 높이가 서로 다른 5개의 탑이 있다. 성당 안에는 1600~1610년에 제작한 성 헬레나상이 있다. 순교한 카시우스와 플로렌티우스는 1643년에 시

의 수호성인이 됐다. 성당 안 반원형 벽감의 푸르고 붉은 창유리에는 이 2명의
수호성인을 표현했다. 성당 밖 바닥에는 돌로 된 두 성인의 머리 조각상이 있
다. 처형된 상황을 표시하기 위해 잘린 머리만 있다. 수염이 없는 자는 카시우
스이고, 수염이 있는 자는 플로렌티우스다. 본시는 해마다 두 수호성인을 위한
추모행사를 열고 있다.

뮌스터 성당은 베를린에 있는 '빌헬름 황제 추모 교회'의 모델이 됐다. 황태
자 때 본 대학교에서 공부했던 황제 빌헬름 2세는 뮌스터 성당에 매료됐다. 그
는 뮌스터 성당을 모델로 할아버지 황제 빌헬름 1세를 추모하기 위한 교회를
세웠다.

베토벤 하우스와 베토벤

독일은 의심할 여지가 없는 음악의 나라다. 오케스트라는 물론이고, 콘서트
홀과 오페라하우스 등 공연 시설이 많이 있다. 바흐, 헨델, 베토벤, 멘델스존,
슈만, 브람스, 바그너 등 이름난 음악가들도 많다. 본이 사랑하는 음악가는 루
트비히 판 베토벤Ludwig van Beethoven(1770~1827)이다.

베토벤은 위대한 음악가다. 왜 위대한가? 음악가로서 활동하기에 치명적
인 귀가 멀어 가는 고통 속에서도 좌절하지 않고 주옥같은 많은 작품을 남긴
데 있다. 〈교향곡 제3번〉 에로이카(영웅) Op.55, 〈교향곡 제5번〉 운명 Op.67,
〈교향곡 제6번〉 전원 Op.68, 〈교향곡 제9번〉 합창 Op.125 등 9곡의 교향곡
과 1편의 오페라 〈피델리오〉 Op.72가 있다. 또한 〈피아노 협주곡 제5번〉 황제
Op.73 등 피아노 협주곡, 〈피아노 소나타 제14번〉 월광 Op.27-2, 〈피아노 소
나타 제23번〉 열정 Op.57 등 많은 작품을 남겼다. Op.(Opus Number)는 음악
작품을 출판된 순서로 정리한 작품번호다.

본 시청에서 가까운 곳에 베토벤 생가(Bonngasse 20번지)가 있다. 박물관과 공연장이 있는 베토벤 하우스Beethoven-Haus로 운영되고 있다. 1888년 베토벤 생가와 호텔로 사용하던 옆 건물이 팔리게 되자 12명의 본 시민들이 '베토벤 하우스 협회'를 조직하여 이 두 건물을 구입했다. 보수공사 후 박물관을 만들어 베토벤 하우스를 열었다. 박물관은 베토벤이 마지막까지 사용했던 피아노, 현악 4중주 악기, 친필 악보, 서한, 초상화 등 세계에서 가장 많은 베토벤 자료를 전시하고 있다. 1989년에 200석 규모의 공연장도 들어섰다. 공연장은 오랫동안 '베토벤 하우스' 협회장이었던 이의 이름을 따 '헤르만 챔버 뮤직홀Hermann J. Abs Kammer Musik Hall'로 불린다.

베토벤은 1770년 12월 17일 본의 성 레미기우스 교회St. Remigiuskirche에서 세례를 받았다. 출생은 하루 전일 것으로 추측한다. 네덜란드에서 이주해 온 할아버지는 쾰른 선제후 궁정악단장이었고, 아버지는 궁정악단의 테너 가수였다. 이처럼 선제후나 제후들이 오케스트라, 극장과 오페라하우스를 운영하며 음악가들의 활동을 지원하여 오늘날 독일의 음악이 발달했다. 음악가 집안에서 태어난 베토벤은 어려서부터 피아노와 바이올린을 배웠다. 7세 때인 1778년 3월에 처음 무대에서 연주하며 신동이라는 소리를 들었다. 이때 아버지는 아들의 나이를 6세로 낮추려 했다고 한다. 모차르트Wolfgang Amadeus Mozart(1756~1791)가 6세 때 쇤브룬Schönbrunn 궁전에서 연주하며 천재라는 명성을 얻은 데 영향을 받은 것으로 보인다.

베토벤은 11세에 신임 궁정 오르간 연주자 네페Christian Gottlob Neefe의 추천으로 궁정악단에서 무급으로 연주하다 13세에 정식 제2오르간 연주자가 됐다. 베토벤의 재능을 알아본 선제후 막시밀리안 프란츠Maximilian Franz(재위: 1784~1794)는 베토벤이 빈에서 견문을 넓히도록 지원했다. 그는 오스트리아

베토벤 생가와 옆 건물을 합쳐 박물관과 공연장을 갖춘 베토벤 하우스. "이 집에서 루트비히 판 베토벤이 1770년 12월 17일에 태어났다."라고 쓰인 안내판이 있다.

합스부르크 가문 마리아 테레지아의 막내아들이었고, 황제 요제프 2세의 동생이었다. 17세에 베토벤은 빈으로 떠났지만 4월 7일부터 20일까지 2주간만 머물다 돌아와야 했다. 어머니가 위급하다는 연락을 받았기 때문이다.

이때 베토벤이 모차르트를 만났는가에 관해서는 논란이 있다. 그의 전기『베토벤Beethoven』을 쓴 후흐팅Detmar Huchting은 "모차르트와의 만남 여부는 베토벤 연구에서 오늘날에도 여전히 논란"이 되고 있다고 했다. "모차르트가 〈돈 조반니〉 작곡에 여념이 없어 베토벤을 만날 시간이 없었다."라는 것이다. 그러면서도 그는 모차르트가 베토벤의 피아노 연주를 듣고 "이 사람을 주목하라! 세상 사람들이 그에 관해 말을 할 것이다."라며 칭찬했다는 내용도 소개했다.

빈에서 돌아온 베토벤은 1789년에 본 대학교에 입학하여 미학 강의를 들었다. 이 당시 베토벤을 지원한 이가 있다. 발트슈타인Ferdinand Waldstein(1761~1823) 백작이다. 그는 베토벤에게 편지를 보내 "… 꾸준하게 부지런히 노력하여 모차르트의 천재성을 이어받고, 하이든의 손을 통해 모차르트의 영감을 받기를 바란다."라고 격려했다. 그는 하이든에게 베토벤을 소개했다. 베토벤이 빈으로 떠날 때는 리히노프스키Karl von Lichnowsky(1756~1814) 제후도 소개했다. 발트슈타인 백작에 대한 감사의 마음으로 베토벤은 1804년에 〈피아노 소나타 제21번 발트슈타인〉Op.53을 작곡하여 그에게 헌정했다.

1792년에 런던에서 빈으로 돌아가던 하이든Franz Joseph Haydn(1732~1809, 오스트리아의 음악가로 106곡의 교향곡을 작곡하여 '교향곡의 아버지'로 불림)은 베토벤을 만났다. 60세의 하이든은 정제되지 않은 다이아몬드 같은 베토벤을 잘 다듬어 완전한 다이아몬드로 만들고자 자기 학생으로 빈으로 초청했다.

빈에서의 베토벤

1792년 11월 2일 본을 떠난 22세의 베토벤은 8일 만에 빈에 도착했다. 베토벤은 첫 2년 동안은 선제후 프란츠의 지원으로 다소 여유 있게 지냈다. 2년 후에 지원금이 끊겼다. 1794년 프랑스가 쾰른과 본을 점령하며 쾰른 선제후를 폐위했기 때문이다.

다행히 발트슈타인 백작이 소개해 준 리히노프스키 제후의 지원을 받을 수 있었다. 그는 매주 금요일 집에서 음악 공연을 열 정도로 대단한 음악 애호가였다. 베토벤은 그의 집에서 금요 음악 연주를 했다. 그는 베토벤에게 연간 600 굴덴Gulden을 지원했다. 1800년경에는 베토벤에게 현악 4중주 악기 세트를 선물했다. 이 악기 4점은 본 베토벤 하우스에 있다. 마지막 한 점은 1995년에 돌아왔다. 베토벤이 악기 뒷부분에 그의 인장을 찍고, 악기 아래에는 이니셜 'B'를 표시해 놓아 가능했다. 오스트리아 태생의 한 여성이 나치의 박해를 피해 스위스 고모 집에 머무르다 미국으로 망명했다. 1992년에 고모로부터 바이올린을 물려받았는데 베토벤과 연관이 있는 것 같아 베토벤 하우스에 연락해 오게 된 것이다.

1793년 초 베토벤은 하이든에게서 음악 수업을 받기 시작했다. 그러나 두 사람 간에 자주 의견충돌이 있었다. 1793년 베토벤은 본의 궁중 오르간 연주자이자 음악 선생이었던 네페에게 쓴 편지에서 "언젠가 제가 위대한 사람이 된다면, 일부는 선생님 덕입니다."라고 했다. 하이든에게서 베토벤은 아버지와 같은 보호를 받기 원했으나 그러지 못했다. 1794년 하이든이 다시 영국으로 떠나면서 음악 수업은 끝났다.

하이든의 주선으로 베토벤은 슈테판 대성당 음악감독이자 종교음악의 권위자인 알브레히츠베르거Johann Georg Albrechtsberger로부터 교육을 받았다. 하지만 그는 베토벤의 자질을 낮게 보았고, 베토벤도 그의 교육에 흥미를 느끼지 못했다.

베토벤은 25세 때인 1795년 3월 19일 빈에서 피아노 연주로 데뷔했다. 남의 공연 중간 휴식 시간에 연주했다. 이 당시는 휴식 시간이 꽤 길었으며 종종 이런 식으로 데뷔 연주를 했다고 한다. 4월 1일자 『빈 신문Wiener Zeitung』은 "유명한 베토벤이 그가 작곡한 곡으로 피아노 연주를 하여 청중의 갈채를 받았다."라고 보도했다.

성공적인 데뷔 연주 후 베토벤은 1796년에 리히노프스키 제후와 함께 프라하, 드레스덴, 라이프치히, 베를린으로 연주 여행을 떠났다. 베를린에서 프로이센 왕 프리드리히 빌헬름 2세(재위: 1786~1797)를 만났다. 첼로를 연주했던 왕에게 베토벤은 베를린에서 작곡한 첼로 소나타 곡을 헌정했다(첼로 소나타 제1번 Op.5). 베토벤은 수입이 늘어나며 경제적으로 여유가 생겼다. 그는 예술의 도시 파리로의 이주를 여러 번 생각했다. 그러나 리히노프스키의 지원금을 비롯한 경제적인 여유로 빈에 머물렀다.

베토벤은 두 가지 병으로 힘들게 지냈다. 귀가 멀어 가는 것과 하복부 통증이었다. 1801년 6월 말 친구 베겔러Franz Gerhard Wegeler에게 쓴 편지에서 잘 드러난다. 의사였던 베겔러는 빈에서 잠시 머무르다 고향이 그리워 본으로 돌아간 베토벤의 어린 시절 친구였다.

> … 리히노프스키 백작의 지원으로 경제적으로 어려움을 덜었네. 또 내가
> 할 수 있는 것보다도 더 많은 작곡 요청이 들어와 잘하고 있네. … 좋지 않
> 은 건강이 문제네. 청력이 3년 전부터 점점 악화되고 있고, 하복부도 문제네.
> 1787년에 어머니가 위중하여 빈에서 본으로 돌아갈 때 생겼던 소화불량으
> 로 인한 것이지. … 청력이 나날이 악화되고 있어 2년 전부터 나는 모든 사회
> 활동을 피하고 있네. 사람들과 대화를 나눌 수 없기 때문이지. 나는 귀가 멀었
> 네. 장래 내가 어떻게 될지는 하늘만이 알고 있지. … 너에게 당부하는데, 네
> 아내는 물론이고 누구에게도 이 내용을 알리지 말게나….

베토벤은 한창 젊은 26세 때부터 귀가 멀기 시작하여 29세부터는 남들과 대화를 할 수 없을 정도로 악화됐다. 예술가로의 활동이 어려울 수 있어 귀가 먼 내용을 주위에 알리지 않았다. 베토벤은 32세 때인 1802년 10월 6일 빈 근교 하일리겐슈타트Heiligenstadt에서 동생(카를과 요한)들에게 쓴 유서에서 귀가 멀어 가는 고통을 비관했다.

> 오, 내가 악의적이고, 고집이 세고, 적대적이라고 생각하거나 말하는 이들
> 은 얼마나 나를 잘못 알고 있는가. 당신들은 내가 그렇게 보이는 비밀스런 원
> 인을 모르기 때문에 그렇게 말한다. 어려서부터 나의 마음과 영혼은 선의의
> 부드러운 감정으로 가득 차 있었다. 그러나 생각해 보시라. 나는 지난 6년 동
> 안 해마다 점점 좋아질 것이라고 했던 어리석은 의사에 속아 결국에는 영원
> 히 불행하게 됐다. … 이제 나는 곧 고립되어 평생 혼자 살 수밖에 없을 것이
> 다. … 들리지 않는 증상이 점점 심해지고 있어 결국은 죽게 될 것이다….

베토벤은 귀가 멀어 가는 중에도 작곡 활동을 계속했다. 〈교향곡 제3번〉을 나폴레옹을 위해 '보나파르테Bonaparte'라고 지었다. 베토벤은 나폴레옹을 민중의 해방자로 생각하고 평소 친하게 지냈던 프랑스 대사 베르나도트Berna-dotte의 제의로 작곡했다. 1804년 나폴레옹이 황제에 취임했다는 소식에 화가 난 베토벤은 악보 표지의 '보나파르테'를 지워 버렸다. 이 〈교향곡 제3번〉은 '영웅Eroica' 교향곡으로 불린다. 나폴레옹에 실망했지만 차마 '영웅'까지 버릴 수는 없었다.

괴테와의 만남에 관한 일화도 있다. 41세 때인 1811년 8월 베토벤은 테플리츠Teplitz(오늘날 체코 바트 테플리스)에서 괴테와 산책을 하고 있었다. 오스트리아 황제 일가가 오는 것을 본 괴테는 베토벤에게서 손을 빼어 모자를 벗고 정중히 인사했다. 베토벤은 아랑곳하지 않고 모자를 눌러쓰고 옷깃을 여미며 뒷짐을 지고 가던 길을 갔다. 이때 루돌프 대공이 모자를 벗고 베토벤에게 먼저 인사를 했고, 황후도 인사했다. 이 내용은 베토벤이 지인에게 보낸 편지로 알려졌다. 바이마르 공국의 고위 인사인 괴테와 자유분방한 베토벤의 성격이 잘 드러나는 만남이다. 루돌프 대공은 연금을 지급하며 베토벤을 후원했다. 베토벤은 감사한 마음으로 〈대공트리오〉 Op.97와 〈장엄미사〉 Op.123 등을 작곡하여 그에게 헌정했다.

베토벤은 48세(1818)에 귀가 완전히 멀어 남들과 의사소통을 위해 쓸 것을 목에 걸거나 들고 다녔다. 〈교향곡 제9번〉 Op.125을 1823년에 완성했다. 〈교향곡 제8번〉 Op.93을 작곡한 후 11년 만이고, 귀가 완전히 먼 5년 후다. 〈교향곡 제9번〉의 '환희의 송가'는 1990년 10월 3일 통일 기념식에서도 불렸다. 또한 유럽연합(EU)의 공식 국가이기도 하다('환희의 송가'에 관해서는 제14장 바이마르 – '실러와 실러 박물관' 참조).

　1826년에 베토벤은 조카(베토벤의 두 동생이 빈에 와서 지내다 큰 동생이 1815년에 죽은 뒤 그 아들을 돌보고 있었음)와 함께 막내 동생 요한을 만나러 그나이센도르프Gneixendorf(크렘스 부근의 마을)로 갔다. 11월에 베토벤은 병이 들어 급하게 빈으로 돌아왔다. 수술도 하며 몇 달간 앓았다. 프란츠 슈베르트가 문병을 왔다. 베토벤은 끝내 회복하지 못하고 1827년 3월 26일 56세의 나이로 숨졌다. 부검 결과 사인은 간경변이었으나, 최근 뼈와 머리카락 검사에 의하면 평생에 걸친 납중독으로 밝혀졌다. 3월 29일 오후 3시에 열린 장례식에 2만여 명의 시민들이 위대한 음악가의 마지막 가는 길을 함께했다. 그는 빈의 중앙 묘지에 모차르트와 슈베르트와 가까운 곳에 잠들어 있다.

　베토벤 사후에 그의 책상 서랍에서 몇 통의 편지가 발견됐다. 앞서 설명한

뮌스터 광장의 중앙우체국 앞에 있는 베토벤 동상

'하일리겐슈타트 유서'와 1812년 7월 6일과 7일에 쓴 '불멸의 여인에게 보내는 편지'도 있었다. 수취인 이름이 없는 이 편지를 소재로 1994년에 제작한 '불멸의 여인Immortal Beloved'이란 영화는 많은 이들의 사랑을 받았다.

1845년에 베토벤 동상이 뮌스터 광장Münsterplatz에 세워졌다. 베토벤을 존경했던 헝가리 피아니스트이자 작곡가 프란츠 리스트Franz Liszt(1811~1886)가 동상 건립 기금 1만 3000탈러Taler 중에서 2666탈러라는 거금을 기부했다(리스트는 8월 12일부터 여러 날 열린 동상 제막식과 축제 행사를 감독했음). 프리드리히 빌헬름 4세 프로이센 왕과 빅토리아 영국 여왕 부부가 참석하여 대음악가의 활동을 기렸다.

오늘날 본은 해마다 가을에 베토벤 축제를 열고, 2년마다 베토벤 국제 피아노 경연대회를 개최하며 베토벤을 기리고 있다. 이 피아노 경연대회에서 지금까지 2명의 한국인이 우승했다. 나는 2007년 겨울 본의 베토벤할레Beethoven-halle에서 열린 피아노 콩쿠르 결선에 진출한 유영욱 씨(현재 연세대학교 음악대학 교수)가 우승하는 장면을 현장에서 가슴 조이며 지켜보기도 했다.

베토벤은 갔으나 그의 음악은 많은 이들에게 위안과 감동을 주고 있다. 베토벤은 독일인들만이 아닌 세계인들에게 영원히 꺼지지 않을 불멸의 음악가로 남아 있다.

독일 현대사박물관

지난 20세기를 돌아보면 독일처럼 굴곡지고 파란만장한 역사를 겪은 나라도 드물다. 두 차례의 세계대전과 패전, 나치의 독재와 만행, 연합국의 점령 통치, 분단, 그리고 통일의 역사가 이를 잘 말해 주고 있다. 역사를 잊은 민족에게 미래는 없다고 한다. 역사의 중요성을 일컫는 말이다. 독일은 분단을 극복하고 통일을 이룩한 자랑스러운 역사는 물론이고 나치 독재의 부끄러운 역사도 감추지 않고 드러내 놓는다.

이러한 독일의 현대사를 한자리에서 돌아볼 수 있는 곳이 있다. '독일연방공화국 역사의 집Haus der Geschichte der Bundesrepublik Deutschland'이다(이하 독일 현대사박물관). 제2차 세계대전 이후부터 오늘날까지의 현대사에 중점을 둔 박물관이다. 박물관들이 몰려 있는 무제움스마일레에 있다. 지하철역(호이스알레/무제움스마일레Heussallee/Museumsmeile)과 연결되어 있어 바로 박물관으로 들어갈 수 있다.

현대사박물관은 헬무트 콜Helmut Kohl(재임: 1982~1998) 총리의 제의로 세워졌다. 그는 기억해야 할 것과 소중한 문화재들이 잊히고 사라지기 전에 보존해야 한다고 했다. 또한 청소년들에게 오늘날의 독일이 어떻게 발전해 왔는가를 이해할 수 있는 기회를 주어야 한다며 역사박물관 건립의 필요성을 제기했다. 독일 현대사박물관을 본에, 독일 역사박물관을 베를린에 세우기로 했다.

7년의 준비기간을 거쳐 1989년 9월에 착공하여 1994년 6월에 현대사박물관을 완공했다. 현대사박물관을 본에 세운 것은 박물관 건립 의의와 잘 들어맞았다. 박물관 전시 내용이 바로 본이 수도였던 시기의 역사이기 때문이다.

4000m^{2}의 전시 면적에 7000여 점의 정치, 경제, 사회, 문화 관련 역사 자료와 유물을 전시하고 있다. 초대 총리 아데나워가 탔던 자동차와 역대 연방 대통령과 총리들이 이용했던 기차도 있다. 박물관의 하이라이트는 초대 연방하원 의원들이 사용했던 의사당의 의자들이다. 이 의자에서 1950년대 하원에서 토론했던 영상들을 볼 수 있다. 또한 분단의 상징이었던 베를린 장벽도 옮겨와 세워 놓았다.

박물관은 일정 기간마다 전시 내용을 바꾼다. 1994년에는 통일에, 2011년

1989년 가을 동독 주민들의 시위. 동독 국기의 가운데 나라 문장을 오려내어 서독 국기와 같은 기를
들고 있는 모습이 왼편에 보인다.

서독 주재 동독 대표부에 걸려 있던 동독의
나라 문장(독일 현대사박물관, 본)

에는 냉전과 베를린 장벽 건설에 중점을 두었다. 2017년에 시작한 세 번째 전시 주제는 "우리의 역사. 1945년 이후의 독일Unsere Geschichte. Deutschland seit 1945"이다. 이를 여섯 시기로 나누어 전시하고 있다.

- 패전과 독일의 분단 시기(1945~1949): 전쟁 종료, 점령 통치와 베를린 봉쇄
- 동·서독 수립(1949~1955): 냉전, 의회민주주의, 동독의 1953년 6월 17일 봉기, 체육과 문화, 사회적 시장경제와 계획경제
- 냉전과 분단의 고착화 시기(1955~1963): 베를린 장벽 축조와 아데나워의 퇴진
- 지속과 변화의 시기(1963~1974): 학생운동, 서독의 빌리 브란트 총리와 동독의 에리히 호네커 서기장의 등장
- 새로운 도전의 시기(1974~1989): 석유 위기, 북대서양조약기구의 핵무기 배치와 긴장완화, 동유럽의 변화, 평화혁명과 베를린 장벽 붕괴
- 독일 통일과 글로벌 도전의 시기(1989~현재): 통일, 내적인 통일 노력, 현재에 대한 도전, 유럽 난민 문제에 중점을 두었다.

동독의 역사도 넓은 면적에 많은 부분을 전시하고 있다. 분단의 한쪽이었던 동독의 역사도 독일의 역사이기 때문이다. 신뢰와 절약의 상징이요 경제성장의 상징인 폴크스바겐의 캐퍼 자동차도 있다. 패전, 연합국 점령, 분단과 대치, 냉전, 1989년 동독 주민의 봉기와 통일에 이르기까지의 독일 현대사를 이해할 수 있는 박물관이다.

쾰른 대성당

독일 도시를 거닐다 보면 자주 눈에 띠는 건물이 교회다. 우리는 교회 하면 개신교회를 말하고 가톨릭교회를 성당으로 부른다. 유럽에서는 개신교와 가톨릭을 구분하지 않고 교회로 부른다. 주교가 상주하는 주교좌 성당을 대성당 Dom으로 부른다. 독일의 대표적인 성당의 하나가 쾰른 대성당이다. 쾰른 대성당Kölner Dom의 정식 이름은 성 베드로와 마리아 대성당Hohe Domkirche St. Peter und Maria이다. 쾰른 대성당은 쾰른의 상징이요 독일의 자랑이기도 하다. 쾰른은 향수(오 드 콜로뉴eau de cologne: 쾰른의 물)라는 단어가 나온 도시다.

쾰른 대성당은 시내 한복판에 있으며, 157.22m의 2개 탑으로 인해 시내 어디에서도 볼 수 있다. 독일에서는 울름 대성당Ulmer Dom에 이어 두 번째로 높고, 세계에서는 세 번째로 높은 성당이다. 고딕 양식으로 지은 가톨릭 대성당으로, 100m가 넘는 높은 탑과 높은 천장은 고딕 양식의 전형적인 특징이다. 높은 탑은 예루살렘의 시온Zion산을 표현한 것이다. 고딕 양식은 르네상스 시기에 나온 말로 중세 예술을 조롱하는 의미로 쓰였으나, 오늘날은 중세가 창조한 걸작으로 평가받고 있다.

지금의 대성당이 세워지기 전인 870년에 세운 성당이 있었다. 1164년 라인날트 폰 다셀Rainald von Dassel 대주교가 이탈리아 밀라노에서 동방박사 3인의 유해를 쾰른으로 모셔 왔다. 동방박사 3인의 유해를 모셔 오자 쾰른 성당은 인기 있는 순례지가 됐다. 점점 더 많은 사람들이 몰려들자 이들을 수용할 더 큰 교회가 필요했다. 쾰른인들은 그 당시 유행했던 로마네스크 양식이 아닌 프랑스 아미앵 대성당Cathédrale d'Amiens의 고딕 양식으로 세우기로 했다. 1248년에 공사를 시작하여 1322년에 합창대를 봉헌했다. 1510년에 공사와 중단을 반복하다가 1560년에 재정난으로 완전 중단됐다.

　1794년 프랑스가 쾰른을 점령하면서 대성당은 큰 피해를 입었다. 프랑스군은 동방박사 3인의 유골함을 프랑스로 가져갔다. 그리고 성당을 기병대 마구간과 창고로 사용했다. 다행히 유골함은 1804년에 돌아왔다. 1841년 프로이센왕 프리드리히 빌헬름 4세의 제의로 쾰른인들은 '중앙 돔 건설협회'를 조직하여 1842년에 공사를 재개했다. 중단된 지 280여 년 만이다. 현대 기술을 도입하여 2개의 탑을 세우며 1880년 10월에 완공했다. 1248년에 착공했으니 630여 년이 걸렸다. 준공식에 황제 빌헬름 1세가 참석했다. 성당의 주요 부분을 알

동방박사 3인의 유골을 보관하기 위해 1190~1220년에 금과 보석 등으로 만든 유골함

아본다.

- **성모 마리아상**: 성당 입구 중앙에 있다.
- **스테인드글라스**: 고딕 양식의 성당에는 대부분 스테인드글라스가 있다. 쾰른 대성당에는 13세기 초부터 최근 2007년에 제작한 다양한 형태의 스테인드글라스가 있다. 48명의 왕을 표현한 내용도 있다. 수염이 없는 젊은 왕은 구약성서에 나오는 24명의 유다 왕을, 수염이 있는 왕은 묵시록에 나오는 24명의 장로를 상징한다. 1800년대 초 바이에른 왕 루트비히 1세가 기증한 '바이에른 창'도 있다.
- **동방박사 3인의 유골함**: 동방박사 3인의 유골을 보관하기 위해 13세기 초에 제작한 함으로 중앙 제단 안쪽에 있다. 크기는 길이 2.2m, 폭 1.1m, 높이 1.5m이다. 금세공 기술자 7명이 40여 년에 걸쳐 만들었다고 한다. 황금과 보석으로 장식하여 중세 금세공 기술의 최고 걸작품으로 꼽히고 있다. 또한 동방박사 3인의 그림이 들어간 제단도 있다.
- **게로의 십자가**Gero-Kreuz: 976년에 게로 대주교가 콘스탄티노플에서 가져온 나무 십자가다. 예수가 부활, 승천한 직후 만든 십자가 중에서 가장 오래된 십자가라고 한다. 중앙 제단 오른쪽 게로 대주교의 무덤 위에 있다.
- **14개의 석상**: 성당 내부에 성모 마리아, 예수와 12제자의 상이 세워져 있다.

533개의 계단을 따라 올라가면 쾰른 시내를 내려다볼 수 있는 전망대에 오른다. 쾰른 대성당은 1996년에 유네스코 세계문화유산으로 지정될 정도로 서양 건축사에 중요한 위치를 차지하고 있다.

제6장

독일의 젖줄 라인강과 로렐라이

독일의 젖줄, 토이토부르크 숲 전투, 로렐라이,
돌하르방, 제주의 로렐라이 요정상

라인강은

고대로부터 오늘날에 이르기까지 강江은 인류 발전의 중요한 자원이다. 세
계 4대 문명으로 일컫는 이집트 문명, 메소포타미아 문명, 인더스 문명, 황허
문명이 일찍부터 발달할 수 있었던 가장 큰 요인은 강을 끼고 있었기 때문이
다. 이처럼 강은 인류 문명의 발달에 큰 영향을 끼쳤다. 그래서 강을 젖줄이라
고도 부른다. 오늘날 세계 주요 도시들도 강을 끼고 발전해 왔다.

독일에는 라인강, 엘베강, 도나우강, 모젤강, 마인강, 슈프레강, 네카어강 등
이 흐르고 있다. 이들 강은 장구한 세월 동안 흐르며 오늘의 독일이 있게 했다.
독일의 강 하면 단연 라인강Der Rhein이다. 라인강은 독일의 젖줄이다. 독일의

어느 강보다도 더 많은 역사와 문화를 간직하고 있는 강이다.

라인이란 이름은 켈트어 '레노스Renos(흐르는 것)'에서 유래했다. 라인강은 스위스 토마 호수에서 발원하여 샤펜하우젠Schaffenhausen의 폭포로 떨어진 후 바젤Basel을 거쳐 독일과 프랑스의 국경선을 따라 흐른다. 독일로 들어와서는 보름스, 만하임, 마인츠, 코블렌츠, 본, 쾰른, 뒤셀도르프, 뒤스부르크를 흐른다. 이어 네덜란드 암스테르담을 거쳐 북해로 흘러 들어간다. 강의 총길이는 1232km이며, 대부분이 독일 땅을 흐른다. 만하임에서 네카어강이, 마인츠에서 마인강이, 코블렌츠에서는 모젤강이 라인강과 합류한다. 라인강은 독일의 젖줄답게 이들 강을 모두 품을 만큼 넉넉하다.

라인강은 4개국을 흐르다가 북해로 흘러 들어간다. 이런 점으로 인해 1868년에 국제하천으로 인정되고 항행의 자유가 선언되어 일찍부터 선박 운항이 발달했다. 라인강에는 석탄을 실은 바지선을 비롯하여 컨테이너선이 분주히

관광객을 가득 실은 유람선이 운항하는 라인강. 강변에는 산책로와 자전거 길이 있다.

오가고 있다. 내륙수로 중에서 라인강이 처리하는 물동량은 북아메리카의 5대 호에 이어 세계 제2위다. 라인강에 화물 운송 기능이 없었더라면 수많은 트럭들이 도로를 달리느라 교통체증은 물론 환경도 더 오염시켰을 것이다. 화물선 이외에 유람선도 다니고 있어 라인강은 중요한 관광자원이기도 하다. 물을 제공하고, 화물 운송에 관광자원이기도 한 라인강은 독일의 젖줄로 손색이 없는 강이다.

독일 역사의 시작 - 토이토부르크 숲 전투

예로부터 강은 전쟁의 대상이었다. 또한 강은 국경선 역할도 했다. 라인강은 로마제국에게도 매우 중요한 강이었다. 로마제국은 라인강과 도나우강을 따라 군사기지를 세우며 방어선 겸 국경으로 삼았다. 그리고 강 건너 게르만 지역을 정복하여 방어선을 엘베강Die Elbe까지 넓히려고 했다. 서기 9년 초겨울로 가는 늦가을 게르만 지역 총독이자 사령관인 퀸틸리우스 바루스Quinctilius Varus 가 이끄는 로마군은 라인강을 넘어 게르만 지역을 이동하고 있었다. 정예군 3개 군단, 기병 3개 중대, 보조병 6개 대대 총 3만 명이었다. 『로마인 이야기』를 쓴 시오노 나나미는 비전투원 5000여 명을 포함하여 3만 5000명이라고 했다.

평소 게르만족 지도자들은 바루스의 통치 방식에 불만이었다. 바루스의 부장이자 게르만족 지도자의 한 사람인 헤르만Hermann(라틴어 이름은 아르미니우스 Arminius)도 그러했다. 그는 로마군을 토이토부르크 숲Teutoburger Wald(독일 중부 오스나브뤼크Osnabrück에서 데트몰트Detmold에 걸쳐 있는 산)으로 유인했다. 대낮에도 컴컴할 정도로 나무가 울창한 이 숲에는 헤르만이 이끄는 게르만 병사들이 매복해 있었다. 오늘날 바덴바덴에서 국도 500번을 따라가면 슈바르츠발트Schwarzwald를 지난다. 나무가 우거져 검게 보여 '검은 숲'이라고 부른다. 오늘날도 독일의 산은 잘못 들어가면 나오기 어려울 정도로 우거져 있다. 2천 년 전의 독일 숲이 어땠는지를 짐작할 수 있다.

지리에 어둡고 울창한 숲속에서 3만 5000명의 로마군은 갑작스런 공격을 당했다. 3일간 계속된 전투에서 살아 돌아간 자가 극소수일 정도로 로마군은 전멸했다. 이 전투를 '헤르만 전투' 또는 '토이토부르크 숲 전투'라고 한다. 이때 헤르만의 나이는 25세였다. 로마군을 격퇴한 서기 9년을 독일 역사의 시작으로 본다.

로마군이 토이토부르크 숲 전투에서 대패했으나 황제 아우구스투스Augustus(재위: B.C.27~A.D.14)는 차마 게르만 지역에서 로마군의 철수를 결정하지 못했다. 방어선을 라인강을 넘어 엘베강과 도나우강을 연결한 선으로 확장하는 것을 중요한 과업으로 여겼기 때문이다. 시오노 나나미는 『로마인 이야기』에서 이렇게 기술했다.

> 로마가 엘베강까지의 게르마니아 땅을 제국에 편입시키겠다는 확고한 의지만 갖고 있었다면 토이토부르크 숲에서 입은 타격쯤은 얼마든지 이겨 내고 그 과업을 계속 추진할 수 있는 상태였고, 그럴 수 있는 힘도 갖고 있었다. … 그런데 아우구스투스는 그렇게 하지 않았다. … 그가 군사적 재능이 결여되어 있었기 때문이다.

아우구스투스가 죽고 2년 뒤인 16년에서야 황제 티베리우스Tiberius(재위: 14~37)가 게르만 지역으로부터의 철수를 결정했다. 이 결정으로 로마제국의 방어선은 카이사르가 설정한 라인강과 도나우강으로 돌아섰다. 헤르만의 승리로 독일은 로마제국의 점령을 피할 수 있었다.

게르만 후손들은 로마제국의 침략으로부터 독일을 지켜 낸 헤르만의 업적

게르만 지역을 정복하여 영토를 넓히려는 로마군을 몰아낸 토이토부르크 숲 전투의 영웅 헤르만 동상 (데트몰트 토이토부르크 숲)

을 기리고 있다. 독일 영웅들의 흉상을 모신 발할라Walhalla 기념관(1842년 루트비히 1세가 레겐스부르크 인근에 건립)의 박공지붕에 '토이토부르크 숲 전투' 장면을 담았다. 기념관 안에는 영웅 헤르만의 흉상을 모셨다. 독일제국도 1875년에 데트몰트시 인근 토이토부르크 숲에 헤르만 동상을 세웠다. 동상의 높이는 26.57m다. 오른손으로는 길이 7m에 550kg의 검을 높이 치켜들고, 왼손으로는 무게가 1150kg인 방패를 들고 있다. 방패에는 '충성스러운'이 새겨져 있고, 검에는 다음과 같은 글이 새겨져 있다.

> 독일의: 통일: 나의: 강함
> 나의: 강함: 독일의: 힘

로렐라이

독일 하면 떠오르는 것 중의 하나가 아우토반Autobahn일 정도로 고속도로가 잘 발달되어 있다. 철도 노선도 잘 발달되어 있다. 독일에서 경관이 아름다운 열차 운행 구간을 꼽으려면 단연 마인츠-코블렌츠 사이의 라인강 구간이다. 유유히 흐르는 라인강, 강 양측으로 이어지는 나지막한 산, 산중턱에 세워진 고성古城, 산 아래 경사면으로 펼쳐지는 포도밭, 강변 양쪽에 들어선 아기자기한 주택이 잘 어우러져 있다.

1232km의 긴 라인강에 뛰어난 경관과 함께 슬픈 전설을 간직하고 있는 곳이 있다. 로렐라이Loreley다. 로렐라이는 라인강이 발원하는 스위스로부터 555km 지점인 장크트 고아르스하우젠St. Goarshausen의 해발 193m의 높이에 있다. 프랑크푸르트에서 북쪽으로 42번 국도를 따라 뤼데스하임Rüdesheim을 지나 코블렌츠 못미처에 있다. 로렐라이로 가는 길은 드라이브 코스로도 좋다.

로렐라이 언덕 위에서 내려다본 라인강. 라인강이 급하게 꺾어 흐른다(위). 로렐라이를 지나서 다시 왼편으로 굽어 흐른다(아래). 옛날의 뗏목배는 사라졌지만 컨테이너를 실은 화물선과 관광객을 실은 유람선이 다니고, 강 건너편에 기차들이 오가고 있다.

중간에 강변의 조그만 마을에서 휴식을 취하며 강을 바라보는 여유도 즐길 수 있다.

로렐라이 언덕 위에서 라인강을 내려다보면 뛰어난 경관이 눈앞에 펼쳐진다. 왼편에서 강물이 급격히 굽어 흐르다가 로렐라이를 지나 다시 왼편으로 굽어 흐른다. 『나의 문화유산 답사기』의 저자 유홍준 교수는 "본래 강물은 직선으로 곧게 흐를 때보다 곡선을 이루어 휘어져 돌아갈 때가 아름답다."라고 했다. 이곳이 바로 그런 곳이다. 굽어 흐르는 강은 강 건너편의 산과 함께 한 폭의 그림을 연상케 한다.

이처럼 자연경관이 뛰어나 라인강 발원 526km에서 593km까지의 67km 구간은 유네스코 세계문화유산이 됐다. 코블렌츠에서 마인츠까지 라인강을 건너는 다리가 없어 강을 건너려면 소형 페리를 이용해야 한다. 경치가 아름답고 로렐라이 전설을 간직하고 있어 연중 전 세계로부터 수많은 관광객들이 몰려들고 있다.

나라마다 여러 전설을 간직하고 있는데 독일에도 '니벨룽의 노래' 등 많은 전설이 있다. 당연히 라인강을 소재로 한 전설도 있다. 우리에게 잘 알려진 '로렐라이 전설'이다. '로렐라이 전설'은 클레멘스 브렌타노Clemens Brentano가 처음 발굴했다고 한다. 브렌타노는 1801년에 「라인강 변 바하라흐에 한 마녀가 살고 있었다네Zu Bacharach am Rhein, wohnte eine Zauberin」라는 담시를 발표했다.

아름다운 소녀가 한 소년을 사랑했는데 그 소년은 신의를 배반하고 떠나 갔다. 사랑에 대해 슬픈 경험을 한 소녀는 남성에 대해 불신의 감정을 갖게 되었다. 많은 남성들이 그녀의 아름다움에 매혹되어 그녀를 쫓으며 구애하려 고 하였다. 그러나 사랑의 상처로 요녀가 된 그녀는 마술적 힘으로 사람들을

숲속에서 길을 잃게 하거나 배가 벼랑에 부딪혀 실종되는 비운의 운명을 맞
게 했다. 그래서 남성들은 그녀를 마녀로 불렀다.

이러한 일로 그곳 주교가 그녀를 교회 법정에 세웠다. 주교도 그녀의 미모
에 반해 판결을 내릴 수 없어 화형 대신에 수도원으로 보내기로 했다. 기사
세 명이 그녀를 수도원으로 호송하지만 그녀는 첫사랑에 대한 실연으로 죽
음에 대한 동경에 사로잡혔다.

결국 그녀는 수도원으로 가는 도중에 로렐라이 암벽으로 기어올라 라인강
으로 몸을 던졌다. 그녀를 구하려고 했던 기사들도 강에 빠져 죽었다.

– 『아픔의 시인 하인리히 하이네』(오한진)에서 인용

브렌타노 이외에도 여러 사람들이 '로렐라이 전설'을 소재로 글을 남겼다. 하
인리히 하이네Heinrich Heine(1797~1856)도 1824년에 시를 썼다. 「로렐라이」다.

로렐라이
내가 이리도 슬픈 것이 무슨 영문인지 모르겠네.
아주 먼 옛날부터 전해 내려오는 전설이 내 마음을 떠나지 않네.
대기는 서늘하고 날은 어두워지는데 라인강은 고요히 흐르네.
강 건너 산봉우리는 석양의 햇살을 가득 받아 빛나고 있네.

이 세상에서 가장 아름다운 처녀가 저 언덕 위에 황홀하게 앉아 있네.
그녀의 금빛 장신구는 번득이고, 그녀는 금빛 머리를 빗고 있네.
그녀는 황금 빗으로 머리를 빗으며 노래를 불렀다네.
그 노래의 멜로디는 무척 감미로웠고 매혹적이었네.

작은 배의 뱃사공들은 힘껏 노를 저으면서도
날카로운 암벽은 바라보지 않고 언덕 위 높은 곳만 쳐다보고 있네.
그만 강물이 뱃사공과 배를 삼켰는데

그것은 그녀가 부른 로렐라이 노래가 저지른 일이었다네.

　시인의 힘은 위대하다. 로렐라이 전설은 하이네가 아니었더라면 단순히 독일인들 사이에 전해 오는 전설로 남아 있었을지도 모른다. 하이네가 쓴 「로렐라이」에 1838년 작곡가 프리드리히 질허Friedrich Silcher(1789~1860)가 곡을 붙여 노래로 불렀다. 나치 시대에 〈로렐라이〉 노래는 작자 미상으로 남아 있었다. 하이네가 유대인이라 금지하려고 했으나 가장 인기 있는 노래를 금지할 수

로렐라이 요정상

없었기 때문이다. 나치는 유대인을 학살했을 뿐만 아니라 이처럼 유대인의 문학작품이나 예술품도 금지시켰다.

오한진 한국외국어대학교 명예교수는 로렐라이는 "독일제국을 건설한 비스마르크 시대에 애국주의적 노래로 절정에 이르렀으며, 오늘날에도 독일 민요집에서 가장 중요한 위치를 차지하고 있는 노래"라고 했다.

로렐라이 언덕 위에 로렐라이 요정상이 서 있다. 아름다운 얼굴로 깊은 상념에 빠져 있으며, 머리를 길게 늘어트리고 한쪽 젖가슴을 풀어헤친 모습이다. '이러한 자태로 감미로운 노래를 부르는데 어떤 뱃사공이 한눈팔지 않고 노만 저을 수 있었겠나.' 하는 생각이 들게 한다. 언덕 아래 강이 흐르는 제방에도 또 다른 로렐라이 요정상이 있다. 언덕 위의 요정상과 달리 앉아 있는 모습이다. 1983년 외국 예술가가 장크트 고아르스하우젠시에 기증한 것이다.

로렐라이 언덕 위의 돌하르방과 제주의 로렐라이 요정상

이처럼 아름다운 경관과 슬픈 전설을 함께 간직하고 있는 로렐라이가 우리나라와 인연을 맺고 있다. '돌하르방'이 로렐라이 언덕에 우뚝 서 있다. '돌하르방'은 마을을 지켜 주는 수호신으로 제주도 민속자료 제2호로 지정된 문화재다. 매혹적인 노래로 뱃사공의 넋을 빼어 목숨을 잃게 했다는 로렐라이 요정상이 있는 곳에 마을을 지켜 주는 한국의 수호신 돌하르방이 들어선 것이다. 수호신 돌하르방의 인자함이 로렐라이 요정을 품어 주고 있다고 할까.

제주시는 2009년 11월 28일 로렐라이와 국제우호도시 협약을 맺고 로렐라이 언덕에 돌하르방 2점을 세웠다. 유네스코 세계문화유산 지역이라 강에서 위로 올려다볼 때 어떤 인공 조형물이 보이지 않아야 했기 때문에 입구 넓은

로렐라이 언덕 위의 돌하르방 제막 행사(2009. 11. 28, 오른쪽에서 세 번째가 강택상 제주 시장, 저자는 가운데)

곳에 세웠다. 제막식은 초겨울에 비까지 내려 다소 쌀쌀한 가운데 열렸다. 강택상 제주시장과 디터 클라젠Dieter Clasen 로렐라이시장, 라인란트-팔츠주 문화부 차관 등이 참석했다. 마침 나는 본 총영사로 재직하고 있어 참석하여 축사도 했다.

돌하르방이 로렐라이 언덕 위에 세워진 데에는 한 동포의 노력이 있었다. 로렐라이에 거주하는 우리 동포의 주선으로 로렐라이의 한 음악단체가 제주시가 주최한 음악제에 참가했다. 답례로 제주시가 로렐라이 불꽃축제에 참가하면서 두 도시의 교류가 이어졌다고 한다. 그분의 이름이 남아 있지 않아 언급하지 못해 아쉽다. 제주시와 로렐라이시는 유네스코 세계문화유산 도시라는 공통점이 있다.

2010년 8월 17일 로렐라이시는 제주시 용담동 어영해안공원 바닷가에 로렐라이 요정상을 세웠다. 높이 80cm의 요정상은 독일에서 제작되었고, 높이 160cm의 받침대는 독일 조각가 미르코 바인가르트Mirko Weingart가 미리 제주도에 와서 제주 현무암으로 만들었다. 나는 독일에서 있은 돌하르방 제막식에 참석했기에 제주시에 세워진 로렐라이 요정상이 어떤 모습을 하고 있는지 보고 싶었다. 마침 2016년 3월 말 제주도에 며칠 머무르는 동안 로렐라이 요정상을 찾아갔다.

로렐라이 요정상이 바닷가에 세워지기는 했으나 좀 쓸쓸하다는 느낌이 들었

로렐라이 요정상(제주시 용담동 어영해안공원)

다. 로렐라이 언덕 위에 세워진 돌하르방은 언제나 많은 관광객들로 인해 쓸쓸할 겨를이 없는 것과 비교가 됐다. 로렐라이 요정이 먼 외국에서 쓸쓸하지 않도록 제주도에 오는 이들이 자주 찾아 주면 좋겠다는 생각을 하면서 발길을 돌렸다.

제2부

남부 바이에른의 도시

뮌헨, 뉘른베르크

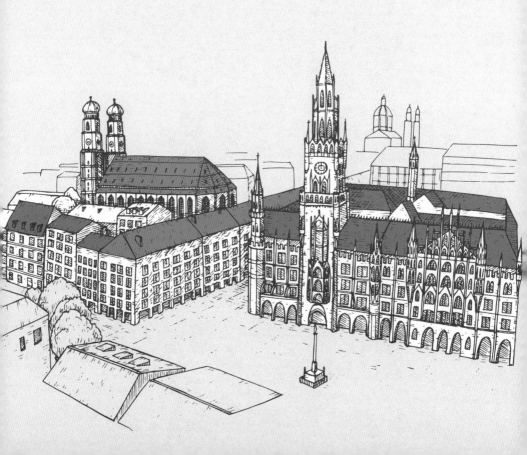

뉘른베르크

뮌헨

제7장

뮌헨

바이에른 공국, 선제후국, 왕국의 수도, 30년 전쟁, 프라우엔 교회, 시청사, 마리아 탑, 호프브로이 하우스, 뮌헨 궁전, 알테 피나코테크, 개선문, 숄 남매 광장, 님펜부르크 궁전, 다하우 강제수용소 기념관, 바이에른주의 수도

뮌헨은

남부 독일 하면 바이에른Bayern을 떠올릴 정도로 바이에른은 남부 독일의 중심이다. 바이에른에서 돌아볼 도시는 주도 **뮌헨**과 제2의 도시 **뉘른베르크**(신성로마제국 도시, 황제성, 뒤러, 파헬벨, 뉘른베르크 전범재판) 두 곳이다. 뮌헨은 800년 가까이 바이에른 공국과 왕국의 수도였으며, 오늘날에도 바이에른의 전통과 문화가 강하게 남아 있는 도시다.

뮌헨은 1158년 6월 14일 황제 프리드리히 1세 바르바로사Friedrich I Barbarossa (재위: 1152~1190, 붉은 수염으로 유명했으며 제3차 십자군 전쟁에 참가했다가 터키 안탈리아 지역의 살레프강에 빠져 죽었음)의 중재 문서에서 '작은 수도원'을 뜻하는 '무니헨Munichen'으로 처음 나타났다. 작센의 하인리히 사자 공작Heinrich der Löwe(1129~1195)과 프라이징Freising(뮌헨 동북쪽 40km 지점의 도시)의 주교 간에 세금 분쟁 조정 문서에서였다. 프라이징의 주교 오토 1세는 이자르강Der Isar 위의 다리를 통과하는 베르히테스가덴Berchtesgaden의 소금 무역상들에게 세금을 징수하고 있었다. 뒤늦게 하인리히 공작이 오토 1세가 놓은 다리를 걷어내고 뮌헨의 이자르강 위에 다리를 놓아 세금을 걷자 분쟁이 발생한 것이다.

이 분쟁을 황제 프리드리히 1세가 해결했다. 황제는 중재 문서에서 하인리히의 손을 들어 주면서 뮌헨을 '무니헨Munichen'으로 표기한 것이다. 뮌헨이 수도승들이 세운 도시라는 뜻이다. 오늘날 뮌헨시의 휘장에는 수도승이 그려져 있다. 바이에른주 문장에는 여러 마리의 사자가 들어 있다.

1180년 이래 프라이싱의 주교가 다스렸던 뮌헨을 1240년부터 비텔스바흐 Wittelsbach가家의 바이에른 공국이 지배하기 시작했다. 1255년 바이에른 공국이 둘로 갈라지면서 뮌헨은 오버바이에른Oberbayern 공작의 거주지가 됐다. 바이에른 공작 루트비히 4세Ludwig IV가 1314년에 독일 왕이 된 데 이어 1328년에 황제(재위: 1328~1347)로 즉위하며 뮌헨은 20여 년 동안 신성로마제국의 수도가 됐다.

26년의 공사를 거쳐 1494년에 완공한 프라우엔 교회Frauenkirche는 뮌헨의 상징이 됐다. 황제 막시밀리안 1세Maximilian I(재위: 1493~1519)가 둘로 갈라졌던 바이에른 공국을 하나로 통합했다. 1506년에 뮌헨은 공국의 수도가 됐다.

루터의 종교개혁 영향으로 16세기 초 바이에른과 뮌헨에 개신교도들이 늘어났다. 가톨릭교도인 공작 알브레히트 5세Albrecht V가 1555년에 칙령을 발표하며 개신교도의 활동을 금지하자, 1570년경 개신교도는 거의 사라졌다.

1740년 합스부르크가 출신의 황제 카를 6세가 아들이 없이 죽었다. 이 기회

530년의 역사를 간직한 뮌헨의 상징 프라우엔 교회

를 이용하여 1742년에 바이에른 선제후 카를 알브레히트는 황제 카를 7세Karl VII로 즉위했다. 알브레히트의 황제 즉위에 분노한 합스부르크가는 뮌헨을 점령했다. 카를 7세는 뮌헨으로 돌아오지 못하고 프랑크푸르트에 머물며 통치했다. 그는 일찍 세상을 떠나 3년이란 짧은 기간 재위했다. 1745년 프랑크푸르트에서 마리아 테레지아Maria Theresia의 남편 프란츠 1세Franz I가 황제로 즉위하며 이후 합스부르크가가 계속 황제를 배출했다.

바이에른 왕국의 출범과 신성로마제국의 해체

1794년에 프랑스는 라인강 서쪽 지역을 점령했다. 1799년 쿠데타로 권력을 잡은 나폴레옹 보나파르테Napoléon Bonaparte(1769~1821)는 1800년 6월에 바이에른과 뮌헨마저 점령했다. 1805년 10월 나폴레옹의 강요로 프랑스와 동맹을 맺은 바이에른 선제후국은 1806년 1월 1일에 왕국이 됐다. 선제후 막시밀리안 4세 요제프가 막시밀리안 1세 요제프Maximilian I Joseph로 왕위에 올랐다.

1806년 7월 12일 파리에서 바이에른 국왕, 마인츠 대주교 등 16명의 신성로마제국의 제후들은 나폴레옹의 강요로 라인동맹 결성 문서에 서명했다. 라인동맹 참가국들은 8월 1일 레겐스부르크 제국의회에서 신성로마제국에서의 탈퇴를 선언했다. 나폴레옹의 최후통첩을 받은 황제 프란츠 2세는 1806년 8월 6일 하야를 선언하며 신성로마제국은 해체됐다. 황제의 실정, 오스트리아와 프로이센의 적대감, 개혁 능력 부족, 느슨한 연방제에 군사력이 약했던 신성로마제국으로서는 프랑스를 대적하기 어려웠다. 962년에 출범한 제국은 844년 만에 멸망했다. 프란츠 2세는 오스트리아 황제(프란츠 1세)로 남았다.

바이에른 왕 루트비히 1세 재위(1828~1848) 전후로 뮌헨은 문화와 예술 도시로 발전했다. 1818년에 바이에른 국립오페라하우스가, 1836년에는 알테 피나코테크Alte Pinakothek 미술관이 세워졌다. 루트비히 1세는 신성로마제국이 해체되고, 나폴레옹의 점령으로 추락된 독일의 기상을 되찾고자 했다. 1842년 10월 레겐스부르크 인근에 독일인 명예의 전당인 발할라Walhalla 기념관을 세웠다. 오늘날 이 기념관에는 독일의 기상을 높인 190여 명의 흉상이 세워져 있다. 바이에른 왕국의 궁전인 뮌헨 궁전이 그의 재임 시 오늘날의 모습을 갖추었다. 그의 지시로 착공한 개선문이 1850년에 세워졌다.

1871년 1월 프로이센이 독일을 통일하여 바이에른 왕국은 독일제국에 편입됐으나 왕국의 지위는 유지했다. 제1차 세계대전에서 독일이 패하며 혁명의 물결 속에 1918년 11월 8일 바이에른 왕국은 성립 112년 만에 해체됐다.

1920년 2월 뮌헨에서 히틀러의 주도로 독일노동자당은 국가사회주의 독일

노동자당(NSDAP, 나치당)으로 당 이름을 바꾸었다. 1933년에 나치는 정치적 불안과 경제적 어려움 속에서 정권을 잡았다. 이후 독일은 12년 동안 암흑기를 보냈다. 1942~1943년 숄Scholl 남매가 주도한 '백장미단Die Weiße Rose'은 나치 독재와 만행에 저항했다.

뮌헨은 독일에서 세 번째로 큰 도시이며 바이에른주의 수도다. 바이에른의 중심지로서 찬란했던 바이에른 왕국의 전통과 문화를 지켜 나가고 있다.

30년 전쟁과 베스트팔렌 조약

1555년 아우크스부르크 종교화의(제3장 보름스 참조)에서 루터의 개신교가 인정됐으나 가톨릭과의 갈등은 계속됐다. 개신교에 대한 탄압이 계속되자 1608년 개신교 제후들은 팔츠 선제후 프리드리히 4세(재위: 1583~1610, 하이델베르크 성 프리드리히 건물을 세운 제후)를 대표로 내세우며 황제와 가톨릭에 대항하는 동맹을 결성했다. 이에 대항하여 가톨릭 측은 1609년에 바이에른 공작 막시밀리안 1세를 중심으로 가톨릭 연맹을 결성했다. 30년 전쟁은 카톨릭의 합스부르크가와 개신교가 압도적인 보헤미아 귀족 간의 분쟁에서 시작됐다.

1617년 오스트리아 대공 카를 2세의 아들 페르디난트 2세(합스부르크 가문 출신으로 가톨릭 신자)가 보헤미아의 왕이 됐다. 그는 개신교가 우세한 보헤미아에서 개신교도들을 탄압하며 가톨릭을 강요했다. 1618년 5월 23일 개신교 탄압에 항의하기 위해 프라하 왕궁에 들어갔던 보헤미아 의원들은 항의 도중 황제 대리인 3명을 창문 밖으로 던져 버렸다(프라하 창문 투척 사건). 개신교도 측의 계획적인 이 '창문 투척 사건'은 독일은 물론 유럽 역사에서 처참하고 기나긴 30년 전쟁(1618~1648)의 발단이 됐다. 1619년 8월 왕 페르디난트 2세가 황제로 즉위하자, 보헤미아는 팔츠 선제후 프리드리히 5세(재위: 1610~1623)를 왕으로 선출하고 황제와 가톨릭 세력에 대항했다.

30년 전쟁은 일반적으로 네 시기로 나눈다. 개신교 맹주인 프리드리히 5세는 황제를 상대로 싸웠으나 1620년 11월 백산 전투에서 황제군에게 크게 패해 네덜란드로 망명했다(1기: 1618~1625). 1623년 황제는 그의 선제후 지위를 박탈하고, 바이에른 공작 막시밀리안 1세를 선제후로 지정했다. 전쟁 패배로 열세에 처한 개신교 측을 지원하기 위해 1629년에 덴마크 왕 크리스티안 4세 Christian IV가 영국과 네덜란드의 지원을 받으며 전쟁에 개입했다. 하지만 그마저 패하여 조약을 체결하고 물러났다(제2기: 1625~1629). 이로 인해 발트해 연안의 북부 독일 국가들은 가톨릭 세력에 편입됐다.

끝날 것 같던 전쟁은 1630년에 스웨덴 국왕 구스타브 2세 아돌프Gustav II. Adolf가 개입하며 장기화됐다(제3기: 1630~1635). 발트해 연안 지역의 주도권을 잡고, 독일 개신교 제후들을 지원하기 위해서였다. 프랑스가 그를 지원하면서 전쟁은 유럽의 주도권을 잡기 위한 국제전으로 확대됐다. 구스타브 2세는 개신교 제후들과 연합하여 승리를 거두었다. 1632년 5월에 가톨릭의 중심지인 뮌헨과 바이에른을 점령했다. 그러나 그는 11월 뤼첸Lützen 전투에서 전사했다. 1634년 9월 바이에른 선제후 막시밀리안 1세는 오스트리아군, 황제군, 가톨릭 세력과 연합하여 아우크스부르크 근교 뇌르틀링겐Nördlingen 전투에서 스웨덴군을 격파하고 뮌헨과 바이에른을 탈환했다.

1635년에 프랑스가 합스부르크가의 세력 확대를 저지하기 위해 참전하고, 스페인은 황제를 지원하며 전쟁이 또다시 길어졌다(제4기: 1635~1648). 페르디난트 2세의 뒤를 이어 1637년에 황제가 된 페르디난트 3세가 1641년에 휴전을 제의하여 1644년에 협상이 시작됐다. 1648년 10월 24일 뮌스터와 오스나브뤼크에서 '베스트팔렌Westfalen 조약'을 체결하여 30년 전쟁은 끝났다.

베스트팔렌 조약으로 프랑스는 라인강 유역까지 영토를 넓히고 스웨덴도 발트해와 북해 지역을 차지했다. 네덜란드와 스위스는 독립국이 됐다. 루터파와 칼뱅파는 신앙의 자유를 얻어 농민이나 일반인은 영주나 제후가 믿는 종교와 다른 종교를 믿을 수 있게 됐다. 황제와 카톨릭 세력은 약화됐다.

장기간 전쟁으로 독일 전 지역은 황폐화됐고, 전염병과 굶주림이 만연했다. 또한 약탈과 살인, 강간 등이 전쟁 내내 도처에서 일어났다. 제국 전체 인구는 1700만 명에서 900만~1000만 명으로 약 1/3이 줄어들었다. 바이에른, 브란덴부르크의 피해가 컸으며, 개신교의 중심 지역인 팔츠 선제후국은 인구의 90%가 줄어들었다.

뮌헨은 전쟁과 1634~1635년에 발생한 페스트(흑사병)로 2만 2000명이었던 인구가 9000명으로 크게 줄었다. 전쟁의 피해가 이루 말할 수 없이 컸다.

프라우엔 교회

뮌헨의 상징 건물은 프라우엔 교회Frauenkirche(성모 교회)다. 뮌헨 프라우엔 교회의 정식 이름은 '우리들이 사랑하는 성모 성당Dom zu Unserer Lieben Frau'이나 일반적으로 프라우엔 교회라 한다. 뮌헨-프라이싱의 대주교가 있는 뮌헨 대성당이다.

13세기에 이미 비텔스바흐가家가 세운 마리아 교회가 있었다. 이 교회에서 1271년 이래 신부가 집전했으며, 비텔스바흐가의 납골당으로도 이용했다. 1472년에 낡은 마리아 교회를 헐고, 건축가 할스바흐Jörg von Halsbach의 설계로 공사를 시작했다. 착공 22년 만인 1494년 4월에 고딕 양식으로 완공한 교회가 프라우엔 교회다.

교회는 길이 109m, 폭 40m에 3랑廊으로 웅상하다. 초록빛을 띤 2개의 큰 탑으로 눈에 잘 띈다. 99m인 북탑보다 100m인 남탑이 조금 더 높다. 1525년에 탑의 꼭대기를 뾰쪽하게 하지 않고 르네상스 양식의 양파 모양을 한 초록빛 돔으로 했다. 돔은 예루살렘의 바위 돔 교회를 모델로 했다.

성당 입구에 '악마의 발자국Teufelstritt'이 있다. 이와 관련해 전해 오는 이야기가 있다. 한 악마가 교회가 세워지는 것을 알고 파괴하려고 했다. 교회에 창문(하느님의 빛을 받아들이는 문)을 만들지 않겠다는 조건으로 악마를 설득했다. 공사가 끝나 교회에 들어온 악마는 자기 뜻대로 창문이 없는 것을 알고 좋아 발을 구르다가 발자국이 생겨났다. 실은 창문이 많이 났는데, 기둥에 가려 창문을 보지 못했을 뿐이다. 나중에 이를 안 악마는 교회를 파괴하려고 했으나 뜻대로 되지 않았다고 한다.

성당 안에 관棺이 하나 있다. 1328년에 비텔스바흐가 출신으로 첫 황제가 된 루트비히 4세의 관으로 1622년에 만들어졌다. 황제가 칼을 들고 정면을 응시하고 있다. 관 주위에는 갑옷을 입은 장군들이 황제의 휘장을 들고 지키고 있다. 황제의 유골은 이 관에 있지 않고 지하 납골당에 있다.

교회 안에 성모 마리아가 승천하는 모습을 담은 제단화가 있다. 서쪽 벽 제단 중앙에는 전쟁에서 죽은 아들을 위로하며 비탄에 잠긴 어머니의 모습을 담은 그림이 있다. 제1차 세계대전 중인 1916~1917년에 제작한 그림이다. 또한 교황 베네딕토 16세Benedictus XVI(재위: 2005. 4.~2013. 2.)와 미카엘 폰 파울하버 Michael von Faulhaber 추기경 등 이 성당에서 재직했던 대주교들의 동판도 있다. 베네딕토 교황은 교황이 되기 전에 뮌헨-프라이징 대주교(1977~1982)로 재직했었다. 그는 독일인으로는 482년 만이고, 또 여덟 번째 독일인 교황이었다. 교황직은 종신직인데 2013년에 그만두었다. 교황의 중도 사임은 그레고리오 12세 이후 598년 만이고 역사상 다섯 번째다. 2019년에 개봉한 영화 '두 교

루트비히 4세 황제의 관. 중앙의 칼을 들고 있는 이가 루트비히 4세다.

뮌헨 대성당에 있는 교황 베네딕토 16세의 동판

황The Two Popes'은 베네딕토 16세의 사임과 후임 교황 프란치스코를 다루고 있다.

교회 지하에는 비텔스바흐 가문의 납골당이 있다. 납골당에는 왕족 46명과 교회 건축가 등 3명의 유골이 안치되어 있다. 중세 시대의 종 5개와 바로크 시대의 종 2개도 있다. 무게가 8톤이나 되는 중세의 종은 울림이 무척 좋다고 한다. 뮌헨의 상징인 프라우엔 교회는 뮌헨 시민의 마음의 안식처다.

시청사

뮌헨에 도착하여 시청으로 발걸음을 옮겼다. 5월 말 일요일 오후인데도 시청 앞 마리아 광장에는 많은 이들이 모여들고 있었다. 전날 FC 바이에른 뮌헨 축구팀이 독일 축구컵(2018/2019 DFB 포칼) 결승에서 승리하여 축하연이 열리기 때문이었다. 이처럼 시청 광장은 시민들이 즐기는 축제의 마당이기도 하다. FC 바이에른 축구팀은 분데스리가에서도 28회(2018/2019 시즌 기준)나 우승할 정도로 독일 제일의 강팀이다.

19세기 중반 들어 신청사 건립 필요성이 꾸준히 제기됐다. 건축가 게오르크 폰 하우베리서Georg von Hauberrisser의 설계로 1867년에 착공하여 1905년에 신고딕 양식의 청사를 완공했다. 족히 몇백 년은 됐을 정도로 고색창연한 형태를 띠고 있지만, 이제 겨우 120여 년이 됐다. 가운데 85m의 높은 탑은 브뤼셀 시청사의 탑을 모델로 했다. 400여 개의 사무실이 있고 시장도 이곳에서 집무한다.

마리아 광장 쪽 청사 정면 외벽에는 많은 장식물과 다양한 인물들이 새겨져 있다. 뮌헨시를 창건한 하인리히 사자 공작 등 바이에른 제후와 왕들이다. 청사 왼편 길 바인슈트라세와 인접한 모퉁이 벽에는 과거에 창궐했던 페스트에

뮌헨 시청. 가운데 높은 탑에서 매일 인형들의 공연이 있다.

겁먹은 거대한 용을 연상시키는 형상도 있다. 이외에 괴물 모습의 낙수구, 추한 얼굴, 비유적인 그림, 성화와 전설 속의 인물 등 다양한 모습이 있다.

시청사는 청사를 찾는 이들에게 색다른 볼거리도 제공한다. 가운데 높은 탑에서 인형이 43개의 종소리에 맞춰 펼치는 놀이Glockenspiel다. 매일 11시와 12시 두 차례(3~10월에는 17시에도 공연) 공연이 있다. 이 공연은 뮌헨과 관련된 2개의 역사를 표현하고 있다. 하나는 1568년 2월 빌헬름 5세 공작과 라이나테 폰 로트링겐의 결혼식에서 있었던 기사들의 시합에서 바이에른 기사들이 이긴 것을 기념하는 내용이다. 다른 하나는 1515~1517년 뮌헨을 공포로 몰아넣었던 페스트가 사라지자 수많은 생명을 잃어 겁에 질린 이들을 위로하기 위해 거리로 나와 춤을 추었는데, 이를 표현한 것이다. 페스트는 쥐벼룩을 통해 감염되며 피부에 검은 반점이 생겨 흑사병으로도 불렸다. 1400년경 유럽의 인구는

1300년경에 비해 절반일 정도로 흑사병은 치사율이 높은 병이었다. 사람들이 흑사병을 얼마나 두려워했는지를 알 수 있다.

밤 9시에도 2분간의 공연이 펼쳐진다. 왼쪽에서 야경꾼(리하르트 바그너의 오페라 〈뉘른베르크의 명가수〉에 나오는 야경꾼)이 나오고, 이어 브람스의 자장가가 들려온다. 오른쪽에는 수호천사를 동반한 뮌헨의 어린이가 나온다. 어린이가 야경꾼의 보호 아래 무사히 탑에 다다르면 조명도 꺼지고 뮌헨 시내는 어둠에 묻힌다.

시청사에는 제1, 2차 세계대전과 나치에 의해 정치적 박해를 받은 이들을 위한 추모관도 있다. 탑 꼭대기에는 엘리베이터로 올라갈 수 있는 전망대가 있다. 뮌헨 시내는 물론 날씨가 좋은 날에는 남쪽 멀리 알프스산도 볼 수 있다.

마리아 탑

뮌헨의 중심은 시청이 있는 마리아 광장이다. 광장 가까이 가면 한복판에 반짝이는 황금빛 탑이 눈에 들어온다. 마리아 탑Mariensäule이다. 30년 전쟁에서 나라와 왕가를 구한 데 대한 감사의 표시로 세운 탑이다.

30년 전쟁 중이던 1632년 5월 바이에른과 뮌헨은 스웨덴군에 점령됐다. 이에 선제후 막시밀리안 1세(공작: 1597~1651, 선제후: 1623~1651)는 바이에른이 전쟁의 참화를 이겨 낸다면 신神의 마음에 드는 건축물을 세우겠다고 맹세했다. 2년 후인 1634년 9월 그는 오스트리아 대공, 가톨릭 세력과 함께 뇌르틀링겐 전투에서 승리하며 스웨덴군을 몰아냈다. 이 맹세에 따라 1638년 11월 7일 세운 탑이 마리아 탑이다. 11월 7일은 그가 1620년 백산白山, Weissenberg 전투(황제와 가톨릭 군대가 팔츠 선제후를 주축으로 한 개신교 측과 프라하 근처 백산에서 벌인 전투)에서 승리한 날이다.

나라와 왕가를 구한 감사의 표시로 세운 마리아 탑. 뱀(왼쪽)과 바실리스크(오른쪽) 등 4가지 재앙을 격퇴하는 아기 용사상이 있다.

11m 높이의 탑 꼭대기에는 왕관을 쓴 성모 마리아상이 있다. 성모 마리아는 '바이에른의 수호신'으로 마리아상은 믿음과 희망의 표현이다. 동으로 만들어 금도금했다. 마리아는 왼손으로는 왕홀王笏(군주의 지휘봉으로 종교적으로는 신성함을 표시)을 들고 있고, 오른손으로는 십자가가 달린 지구의(지배자의 상징)를 든 아기 예수를 안고 있다. 발 아래에는 초승달이 있다. 탑 받침대에는 무기, 방패와 갑옷으로 무장한 4명의 아기 용사들이 지난날 있었던 4가지 재앙을 격퇴하는 모습을 담았다. 4가지 재앙은 이단異端(뱀), 전쟁(사자), 기아飢餓(용), 페스트(바실리스크: 닭과 두꺼비 사이에서 태어났다는 괴물)이다.

마리아 탑을 찾은 교황들도 있다. 비오 6세(1782), 요한 바오로 2세(1980)와 베네딕토 16세(2006)다. 탑 아래에는 교황 이름과 방문 날짜가 새겨져 있다. 전통적으로 뮌헨-프라이징의 대주교는 취임과 이임 행사를 마리아 탑에서 해 오고 있다. 나라와 왕가를 구한 기념과 감사의 표시로 세운 마리아 탑은 오늘날 공공 미사와 기도 장소로 이용되고 있다. 뮌헨과 바이에른의 역사를 간직하고 있는 마리아 탑은 오늘도 뮌헨과 바이에른을 지켜 주고 있다.

호프브로이 하우스와 맥주순수령

독일을 흔히 자동차의 나라, 음악의 나라, 축구의 나라라고 부르나 맥주의 나라이기도 하다. 분데스리가 축구 경기장에는 물론이고, 공공기관이나 정당이 주관하는 행사에서도 맥주를 마실 정도로 독일인들은 맥주를 좋아한다. 맥주를 좋아하기도 하지만, 두 가지 점에서 맥주의 나라라고 할 수 있다.

맥주를 맥주순수령Reinheitsgebot에 따라 제조한다는 점이다. 맥주순수령은 1487년 11월 30일 공작 알브레히트 4세가 제정한 맥주 제조 규정이다. "맥주 제조에는 오직 보리Gersten, 홉Hopfen, 물Wasser만 사용해야 한다."라는 내용이다. 1516년 4월 23일 공작 빌헬름 4세Wilhelm IV(재위: 1508~1550)는 모든 이들이 이 순수령을 지켜야 한다고 공표했다. 오늘날 맥주순수령은 사실상 폐지되었으나 대부분의 독일 양조장은 이 규정에 따라 맥주를 생산하며 한결같은 맥주 맛을 유지해오고 있다. 또한 옥토버페스트Oktoberfest라는 세계적인 대형 맥주축제가 열린다는 점이다. 옥토버페스트는 원래 1810년 10월 루트비히 1세의 결혼을 축하하기 위해 열린 축제였다. 1872년 이래 9월 중순~10월 초까지 2주 동안 계속된다.

뮌헨에 독일의 맥주 문화를 즐길 만한 곳이 있다. 호프브로이 하우스Hof-bräuhaus다. 밀맥주, 흑맥주, 필스 등 다양한 맥주를 취향에 따라 마실 수 있다. 밀맥주는 발효가 가장 잘된 이스트로 제조된 맥주다. 슈바인스학세Schwein-shaxe(돼지족발 요리), 자우어크라우트Sauerkraut(양배추를 묽은 소금물에 절여 발효시

바이에른 전통복장 차림으로 민속음악을 연주하는 호프브로이 하우스의 악단

킨 뒤 잘게 썬 것으로 약간 새콤한 맛이 남)와 바이스부르스트Weisswurst(송아지고기와 베이컨을 갈아 만든 뮌헨의 전통 흰 소시지로 물에 삶아서 먹음)를 곁들여 마시면 좋다.

전 세계에서 매일 약 3만 5000명의 관광객들이 찾을 정도로 호프브로이 하우스는 뮌헨의 명소다. 바이에른 전통 복장을 한 6~7명으로 구성된 악단이 민속음악을 연주하니 흥까지 난다. HB(호프브로이의 약자)의 로고가 들어간 잔에 맥주를 부어 마시며 독일의 정취를 느낀다. 2000여 명이 들어가는 초대형 맥줏집은 어떻게 세워졌나?

독일에는 5500여 개 이상의 등록된 상표 맥주가 있다. 맥주 산업은 전국에 고르게 분포되어 있으나 뮌헨을 중심으로 한 바이에른이 중심지다. 바이에른 주에는 다른 주보다 월등히 많은 600여 개의 맥주 회사가 있을 정도다. 맥주순수령이 바이에른에서 나온 것도 우연이 아니다. 바이에른은 16세기 초엽까지만 해도 맥주를 니더작센과 카셀에서 수입했다. 맥주 수요가 늘어나며 수입 비용이 증가하자 옛 궁전(알터 호프Alter Hof)과 플라츨Platzl 거리에 바이스비어 Weissbier 맥주 양조장을 세웠다. 오늘날 호프브로이 하우스의 전신이다.

17세기 들어 일반인들에게도 맥주를 보급했다. 사업 수완이 있었던 막시밀리안 공작은 1610년에 일반 술집에 맥주 판매를 허용하면서 호프브로이Hofbräu 맥주 판매를 의무화했다. 이로 인해 공국의 수입이 크게 늘어났다.

그럼에도 일반인들은 여전히 호프브로이 하우스에서 맥주를 마실 수 없었다. 이에 1828년에 왕 루트비히 1세는 일반인들도 호프브로이 하우스에서 맥주를 마실 수 있도록 했다. 1844년에는 군인과 노동자들도 건강한 음료인 맥주를 저렴하게 마실 수 있게 가격을 크게 내렸다(당시에는 맥주를 건강한 음료로 여겼다고 함). 가격이 내리자 수요가 늘어나면서 플라츨에 있던 양조장을 정원이 딸린 빈 거리로 옮겼다. 양조장이 있던 플라츨에는 1897년 9월에 2000여 명을 수용할 수 있는 르네상스 양식의 대형 호프브로이 하우스를 세워 오늘에 이르고 있다.

호프브로이 하우스에는 어두운 역사도 있다. 아돌프 히틀러가 1920년 2월 24일 이곳에서 독일노동자당을 국가사회주의 독일노동자당(NSDAP, 나치당)으로 바꾸고 25개항의 당 강령을 채택했다. 이후 나치당이 세력을 확대하여 집권하며 1933년부터 1945년까지 독일은 12년의 어두운 역사를 보냈다.

호프브로이 하우스는 바이에른주의 수입에 크게 기여하고 있다. 바이에른 통치자의 소유였던 호프브로이 하우스는 1806년 왕국이 수립되면서 왕국이, 1852년부터 바이에른주가 운영하고 있다. 맥주의 나라이지만 독일에서는 맥주 소비가 꾸준히 줄고 있다. 술을 덜 마시고 포도주 등 다른 음료를 마시기 때문이다.

뮌헨 궁전

800년 가까이 공국, 선제후국, 왕국의 수도였던 뮌헨에는 3개의 궁전이 있다. 옛 궁전Der Alte Hof, 신 궁전인 뮌헨 궁전Die Münchener Residenz과 여름 궁전인 님펜부르크 궁전Schloss Nymphenburg이다. 뮌헨 궁전과 님펜부르크 궁전을 돌아본다.

뮌헨 궁전은 410년(1508~1918) 동안 바이에른 공작, 바이에른 선제후(1623년부터), 바이에른 왕(1806~1918)의 거주지요 통치의 중심지였다. 또한 궁전은 귀중한 문화예술품과 보물을 간직했던 곳이다. 한 왕조의 건축 기술을 보여 주는 곳이기도 하다.

15세기 중반에 새로운 성Die Neue Veste을 짓기 시작하여 1508년에 신궁전으로 이전했다. 이후 보물실Die Schazkammer(1597)을 시작으로 궁전 성당Die Hofkirche(1607), 궁전 정원Das Hofgarten(1613)과 분수대 궁전Der Brunnenhof

왼쪽이 뮌헨 궁전이고, 오른쪽이 바이에른 국립오페라하우스다. 오른쪽 동상은 바이에른 마지막 선제후이자 왕국 초대 왕인 막시밀리안 1세 요제프의 동상이다.

(1615)이 차례로 세워졌다.

뮌헨 궁전은 루트비히 1세(재위: 1825~1848) 때에 이르러 오늘날의 모습을 갖추었다. 300여 년에 걸쳐 확장하면서 르네상스, 바로크, 로코코와 고전주의 양식이 혼합되어 있다.

1918년 왕정이 무너지면서 뮌헨 궁전은 왕의 거주지와 통치 중심지로서의 기능을 잃었다. 보수공사를 거쳐 1920년에 예술박물관으로 탈바꿈했다. 전쟁 중에 폭격으로 궁전이 크게 파괴됐으나 다행히 유물과 가구들을 미리 안전한 곳으로 옮겨 피해를 입지 않았다. 전쟁이 끝나고 1953년에 헤라클레스 홀을 시작으로 순차적으로 복구했다. 2003년에는 궁전 성당을 재개관했다. 오늘날은 궁전 전체를 박물관으로 사용하고 있으며, 130여 개의 방을 돌아볼 수 있다.

• 보물실Die Schatzkammer: 1597년에 만든 보물실은 중세부터 고전주의 시대의 금세공 예술품을 전시하고 있다. 왕관, 왕가의 표장標章, 금세공 제품이

뮌헨 궁전 보물실에 있는 바이에른 왕국의 왕관 등 왕가의 표장(1806년 제작)

나 귀금속으로 제작한 장검, 작은 입석상, 크리스털 용기, 장식품 등 1200여
점의 보물이 있다. '성 게오르크 성물함'(1586/1597), '바이에른 왕국의 왕관'
(1806)을 볼 수 있다.

• 헤라클레스 홀Der Herkulessaal: 홀의 벽지에 헤라클레스(그리스 신화에 나오는
영웅) 전설이 담겨 있어 헤라클레스 홀로 불린다. 1825년 이 홀에서 루트비
히 1세가 왕으로 즉위했다. 제2차 세계대전 중에 대부분 파괴되었으나 1953
년에 복구했다. 오늘날은 주로 음악 공연(좌석 1000여 석)이 열리고 있다.

• 청동 홀Die Bronzesäle: 16세기 후반~17세기 초에 제작한 약 40여 개의 동銅
조소를 전시하고 있다. 1년에 여러 차례 일반에 공개한다.

• 쿠빌리에 극장Das Cuvilliés-Theater: 1753년에 완공한 4층 규모의 쿠빌리에
극장은 진한 붉은색과 금으로 장식되어 독일 내에서 가장 아름다운 로코코
양식의 극장으로 평가받고 있다. 오늘날 콘서트 또는 작은 규모의 오페라 공
연이 열리고 있다.

• 궁전 정원Das Hofgarten: 17세기 초 막시밀리안 1세 공작 때 이탈리아 르네
상스 양식의 정원을 모델로 만들었다. 화단, 분수, 자갈길이 있다. 의자도 많
아 거닐다 잠시 쉬기도 좋다.

뮌헨 궁전 앞 막스-요제프 광장에는 막시밀리안 1세 요제프의 동상이 있다.
그는 바이에른의 마지막 선제후이자 바이에른 왕국의 초대 왕이었다. 이 광장
에서 해마다 1회의 오페라 공연이 열리고 있다. 뮌헨 궁전은 800년의 찬란했던
바이에른 왕국의 영광을 보여 준다. 콘서트와 소규모 오페라 공연을 통해 일반
인들에게 가까이 다가서고 있는 박물관이기도 하다.

알테 피나코테크

도시의 생명력은 문화와 예술이다. 바이에른 왕국의 오랜 수도였던 뮌헨은
유럽의 어느 도시 못지않게 문화와 예술 시설이 풍부한 도시다. 특히 비텔스바
흐 가문의 관심과 지원으로 문화와 예술을 일찍부터 꽃피웠다.
뮌헨의 대표적인 미술관은 피나코테크다. 피나코테크는 그리스어로 '그
림 수집'이라는 뜻이다. 그림을 모아 보존하는 곳을 부르던 말이 르네상스 이
후 갤러리, 미술관을 뜻하게 됐다. 피나코테크는 알테(옛) 피나코테크Alte Pina-
kothek, 노이에(신) 피나코테크Neue Pinakothek, 피나코테크 데어 모데르네(현
대)Pinakothek der Moderne의 3개의 미술관으로 되어 있다.
3개의 피나코테크는 시기별로 작품을 특화하여 전시하고 있다. 알테 피나코
테크는 14~18세기 유럽의 미술품을, 노이에 피나코테크는 18~19세기 미술품
을, 피나코테크 데어 모데르네는 19~20세기의 미술품을 각각 전시하고 있다.
이 3개의 피나코테크는 가까이 모여 있어 관람하기에 편하다. 세계에서도 손

14~18세기 유럽의 미술품을 전시하고 있는 알테 피나코테크

꼽히는 알테 피나코테크 한 곳을 보기로 했다.

　루트비히 1세는 열정적인 예술품 수집가였다. 1820년경 그는 수집한 예술품을 일반인들에게 공개하기로 하고 궁중 건축가인 크렌체Leo von Krenze에게 품격 있는 미술관 설계를 지시했다. 1826년 공사를 시작하여 10년 만인 1836년에 개관한 미술관이 알테 피나코테크다. 루트비히 1세는 소장했던 작품 이외에 비텔스바흐 왕가가 소유했던 예술품도 기증했다. 이후 보유 미술품이 꾸준히 늘어났다.

　알테 피나코테크는 제2차 세계대전 중에 크게 파괴됐다. 미술품은 미리 안전한 곳으로 옮겨 보관했기에 피해를 입지 않았다. 파괴된 미술관을 헐고 다시 세워야 한다는 의견도 있었으나 복원공사를 하여 1957년에 재개관했다.

〈모피 코트를 입은 자화상〉과 〈알렉산더 전투〉(알테 피나코테크, 뮌헨)

알테 피나코테크에 들어서면 로비 중앙에 걸려 있는 루트비히 1세의 전신 초상화가 눈에 들어온다. 세계적인 미술관을 만들었으니 이 정도 대접을 받을 만하다. 님펜부르크 궁전에 '미녀 갤러리'를 만들 정도로 예술에 관심이 많았던 왕이다. 알브레히트 뒤러, 레오나르도 다빈치, 알브레히트 알트도르퍼, 렘브란트, 보티첼리, 루벤스, 무리안, 티지안 작품 등 중세부터 르네상스, 바로크 미술품 700여 점을 전시하고 있다.

특히 〈카네이션을 든 성모〉(레오나르도 다빈치, 1478/1480), 〈모피 코트를 입은 자화상〉(알브레히트 뒤러, 1500), 〈알렉산더 전투〉(또는 〈이수스 전투〉, 알브레히트 알트도르퍼, 1529), 〈청년 시기의 자화상〉(렘브란트, 1629) 등이 걸작으로 꼽히고 있다. 〈모피 코트를 입은 자화상〉을 그린 뒤러는 독일만이 아닌 중세와 르네상스 시대를 대표하는 화가다. 대부분의 자화상은 옆면을 바라보고 있는데 뒤러의 자화상은 정면을 응시하고 있다. 자화상 옆에 라틴어로 "나, 뉘른베르크 출신의 알브레히트 뒤러는 자연에 충실한 색으로 28세의 나 자신을 그렸다."라는 글이 있다.

옆면을 바라보고 있는 13~14세 때의 자화상(189쪽)과는 달리 청년기의 자화상은 자신만만하게 정면을 바라보고 있다. 정면을 바라보는 자화상을 그릴 만큼 뒤러는 화가로 성공했다. 또한 모피 코트를 입을 만큼 상당한 재산도 축적했다. 이미 작품 위조를 방지하기 위해 그림에 로고 A와 D(Albrecht Dürer의 이니셜)를 사용했을 정도로 그의 그림은 수요가 많았다(뒤러에 관해 제8장 뉘른베르크에서 다시 다룬다).

〈알렉산더 전투〉는 B.C.333년 마케도니아의 알렉산드로스 3세Alexandros III (알렉산더 대왕)가 페르시아 다리우스 3세Darius III와의 이수스Issus 평원 전투에서의 승리를 그린 그림이다. 이 전투에서 알렉산더 대왕은 1대 4의 수적인 열세에도 불구하고 승리했다.

알테 피나코테크는 전시회 이외에 독서회, 콘서트, 워크숍, 세미나 등을 개최하며 일반인들의 미술에 대한 이해를 높이고 있다. 특히 일요일에는 7유로인 입장료를 1유로만 받는다. 미술에 관심이 있는 이라면 하루 종일 지낼 수 있겠다.

개선문

뮌헨 번화가인 루트비히 거리가 끝나는 지점에 슈바빙Schwabing이 시작된다. 슈바빙 하면 우리나라에 독일 문화를 전파한 한 여성이 떠오른다. 1950년대 뮌헨에서 유학했던 전혜린(1934~1965)이다. 유학 생활 중에 슈바빙에 살았다. 1959년에 귀국한 그녀는 대학에서 강의하며 유학 중에 겪은 내용을 소재로 많은 글을 발표했다. 안타깝게도 그녀는 31세에 스스로 목숨을 끊었다. 그녀가

라이프치히 전투에서 보여 준 바이에른 군대의 용맹을 기리기 위한 개선문

발표한 글을 모아 1966년에 출간된 『그리고 아무 말도 하지 않았다』는 베스트셀러가 되며 우리나라에 독일 문화를 알렸다.

  슈바빙 시작 지점이자 뮌헨 대학교(정식 학교명은 루트비히-막시밀리안 대학교) 부근에 거대한 문이 우뚝 서 있다. 승리의 문인 개선문Siegestor이다. 이 개선문은 1813년의 라이프치히 전투(나폴레옹 해방전쟁이라고도 함, 제13장 라이프치히 – '라이프치히 전투기념비' 참조)에서 바이에른 군대가 보여 준 용기를 기리기 위해 세운 문이다.

  1806년 10월 나폴레옹이 프로이센 왕국마저 점령하면서 독일 전역은 그의 지배에 들어갔다. 치욕을 겪은 프로이센은 1813년 10월 오스트리아, 러시아와 동맹을 맺고 라이프치히 전투에서 승리하며 나폴레옹 군대를 몰아냈다. 그리고 프랑스 파리까지 공격했다. 바이에른은 1805년에 나폴레옹의 강요로 프랑스와 동맹을 맺었으나, 라이프치히 전투에서는 반反나폴레옹 전선에 섰다. 바이에른 왕 루트비히 1세는 이 전투에서 나폴레옹 군대를 격퇴한 바이에른 군대의 용맹을 기리고자 했다. 또한 그는 1842년에 레겐스부르크 인근에 독일의 기상을 높인 영웅들의 흉상을 모신 발할라Walhalla 기념관을 세우기도 했다.

1840년 루트비히 1세의 지시로 건축가 게르트너Friedrich von Gärtner가 로마의 콘스탄티누스 개선문을 모델로 설계했다. 1850년에 높이 21m, 길이 24m, 폭 12m에 3개의 문이 있는 개선문을 완공했다. 이 개선문을 막시밀리안 2세 Maximilian II가 부왕父王 루트비히 1세의 이름으로 뮌헨시에 기증했다.

슈바빙 쪽에서 보면 개선문 꼭대기에 바바리아Bavaria 여신이 4마리 사자가 끄는 전차를 몰고 있다. 동물의 왕이며 바이에른의 상징인 사자가 끄는 전차를 모는 바바리아 여신의 위용을 잘 보여 주고 있다. 바바리아 여신은 저 멀리 벌판과 목초지(개선문이 세워질 당시만 해도 이 지역은 벌판과 목초지였음)를 응시하며 용맹스럽게 달려가는 형상이다. 그러면서 "바이에른 군대에게DEM BAYER-ISCHEN HEERE"라는 문구도 응시하고 있다. "바이에른 군대에게"라는 문구는 개선문이 바이에른 군대의 위용을 기리기 위한 것임을 나타내고 있다.

남쪽 벽에 여러 개의 부조가 있다. 그 아래 열列에는 바이에른 군대의 용맹을 나타내는 전투 장면을 담았다. 이런 문구도 있다. "승리에 헌정되고, 전쟁으로 파괴되고, 평화를 상기시키는Dem Sieg geweiht, vom Krieg zerstört, zum Frieden mahnend." 제2차 세계대전 중에 파괴된 개선문을 전후에 복구하면서 새겨 넣은 문구다. 전쟁이 승리뿐만 아니라 죽음과 파괴도 가져온다는 것을 경고하고 있다.

나치 저항의 상징 숄 남매 광장

독일에 어두운 역사가 있다. 큰 전쟁을 두 번이나 일으켰고, 600만 명의 유대인을 포함한 수많은 사람을 학살한 나치의 독재와 만행도 있다. 독일인들은 서슬 시퍼렇던 나치의 독재와 만행에 침묵하지만은 않았다. 나치 독재에 저항했고, 비록 실패했지만 1944년 7월 클라우스 폰 슈타우펜베르크Klaus von Stauffenberg 대령의 히틀러 암살 시도도 있었다. 나치에 저항한 자들 중에 젊은 숄 남매도 있다.

뮌헨 대학교 입구 앞에 '숄 남매 광장Geschwister-Scholl-Platz'이 있다. 한스 숄 Hans Scholl(1918~1943)과 조피 숄Sophie Scholl(1921~1943) 남매의 저항 정신을 기리기 위한 광장이다. 숄 남매는 '백장미단Die Weiße Rose'을 조직하여 나치 독재에 저항하다 숨졌다. 크지 않은 평범한 광장이지만 숄 남매가 체포되기 직전에 뿌렸던 전단을 새긴 타일을 바닥에 장식해 놓았다. 전단은 이곳이 숄 남매 광장임을 말해 주고 있다.

나치에 저항했던 한스는 역설적이게도 어렸을 때에는 히틀러유겐트Hitler-Jugend(히틀러가 1926년에 조직한 10대 청소년들의 친나치 단체로 10세가 되는 모든 어린이들에게 가입하도록 했음)의 열성적인 단원이었다. 17세 때인 1935년 뉘른베르크에서 열린 나치 전당대회에 히틀러유겐트의 울름Ulm 지부 기수 대표단의 일원으로 참가할 정도였다.

한스는 군 복무 후 1939년에 뮌헨 의과대학에 입학했다. 1940년 방학 중에 위생하사관으로 차출된 프랑스 전선에서 전쟁의 참상을 목격하면서 나치에 저항감을 갖게 됐다. 1941년 숄 남매는 나치가 유럽인의 유전자를 보호한다는 이름 아래 추진하는 안락사 정책을 비난하는 주교의 강론을 듣고 나치에 더욱 반감을 갖게 됐다.

나치에 저항했던 숄 남매의 활동을 기리기 위해 조성된 숄 남매 광장. 광장에는 체포되던 날 뿌렸던 전단이 타일로 제작되어 있다.

나치의 만행을 알리기 위해 한스는 1942년 프롭스트Christoph Probst, 슈모렐 Alexander Schmorell 등 학생들과 함께 '백장미'라는 단체를 조직했다. 백장미단에는 그들의 지도교수 쿠르트 후버Kurt Huber도 있었다. 한스는 슈모렐과 함께 나치 독재와 정책을 반박하는 네 종류의 전단을 제작하여 '백장미'라는 이름으로 배포했다. 나치 독재를 배격하고 유대인 배척주의와 인종차별에 반대하는 내용이었다. 한스는 1942년 7월 말 다시 차출되어 바르샤바 야전병원에서 15주 동안 근무했다. 이곳에서 나치에 의해 희생된 유대인을 목격하고, 병원에서 참상을 겪으면서 나치를 더욱 증오하게 된다.

제2차 세계대전에서 가장 참혹했던 스탈린그라드 전투(1942. 8.~1943. 2.)에서 독일군이 패배하자 백장미단은 활동을 재개했다. 1943년 2월 18일 뮌헨 대학교에서 한스와 조피는 여섯 번째 전단 배포에 나섰다. 운명의 날이었다. 2,000여 장의 전단을 뿌리다가 나치 당원인 대학 관리책임자에게 붙들렸다. 바로 나치 비밀경찰인 게슈타포에 넘겨졌다. 조피는 프롭스트가 기초한 전단 초안도 갖고 있었다. 한스는 단원들을 보호하기 위해 모든 활동을 자신이 했다고 했다. 그럼에도 많은 단원들이 체포됐다.

나치 재판부는 2월 22일 3시간 30분의 약식 재판을 거쳐 숄 남매에게 사형을 선고했다. 체포한 지 4일 만이다. 숄 남매와 프롭스트는 선고받은 당일 감옥에서 처형됐다. 한스는 25세, 조피는 22세였다. 처형 전에 한스는 "자유여, 영원하라!", 조피는 "태양은 아직도 빛난다."라는 말을 남겼다. 나머지 백장미 단원들은 두 번째 공판에서 처형됐다. 숄 남매를 중심으로 한 백장미단의 활동은 나치 독재와 잔혹함에 침묵하지 않았던 독일 젊은이들의 용기 있는 행동의 표상이다.

숄 남매의 활동은 영화로도 만들어졌다. '백장미단Die Weiße Rose'(1982)과 '조피 숄의 최후의 날들Sophie Scholl-die letzte Tage'(2005)이다. '조피 숄의 최후의 날들'은 베를린 국제영화제(세계 3대 국제영화제)에서 은곰상을 받았다. 조피 숄의 흉상은 2003년에 발할라 기념관에도 세워졌다. 흉상 아래에는 "제3제국의 불의, 폭력과 테러에 용감하게 저항했던 모든 이들을 추모하며."라는 글이 있다.

숄 남매 광장을 돌아보는 중에 비가 간간히 내려 기온이 내려갔다. 가는 비가 내렸지만 이곳까지 와서 영국공원을 그냥 지나칠 수 없었다. 공원을 향해 내려가다 한 카페Cafe Königin 43(Königin strasse)에 들러 커피와 케이크 한 조각에 잠시 쉬며 몸을 따뜻하게 했다. 대학 부근이라 그런지 학생과 선생들이 많았다. 이들을 보고 있으니 하이델베르크에서 보냈던 젊은 시절이 떠올랐다. 이어 영국공원으로 갔으나 평일인 데다 비가 내려서 한적했다. 숄 남매의 활동을 떠올리며 한적한 공원을 잠시 걸었다.

님펜부르크 궁전

뮌헨 궁전에 이어 여름 궁전인 님펜부르크 궁전Schloss Nymphenburg을 돌아본다. 선제후 페르디난트 마리아Ferdinand Maria(재위: 1651~1679)가 아내 아델아이트Henriette Adelaide에게 선물로 1679년에 세운 궁전이다. 아내가 결혼 후 10년 만에 아들 막스 에마누엘Max Emanuel(막시밀리안 2세 선제후로 즉위)을 낳았기 때문이다.

님펜부르크 궁전은 교외에 있다. 궁전에 가려면 뮌헨 중앙역에서 트램(전철) 17번을 타고 님펜부르크 궁전 정류장에서 내려 5분 정도 걸어 들어간다. 입구에 들어서면 넓은 호수가 나타나고, 그 뒤 좌우로 길게 늘어선 저택들이 눈에 들어온다. 호수에는 분수가 힘차게 솟아오르고 있고, 백조와 오리가 한가롭게 헤엄치고 있다.

님펜부르크 궁전은 처음에 이탈리아식 5층 저택이었다. 페르디난트의 아들 선제후 막시밀리안 2세Maximilian II(재위: 1679~1726)가 4채의 작은 저택과 여러 채의 아케이드를 지어 5층 저택과 연결했다. 이어 그의 아들 선제후 카를 알브레히트Karl Albrecht(재위: 1726~1745)가 본 건물 앞에 원형 모양의 화단, 그리고 호수와 공원을 조성하면서 여름 궁전이 됐다. 마찻길, 운하, 분수대는 전체적으로 조화를 잘 이루고 있다. 궁전 뒤편에 호수와 호수를 운하로 연결하고 거대한 공원도 조성했다. 사냥용 별장으로 지은 아말리엔부르크Amalienburg도 있다.

궁전 이름 '님펜부르크'는 그레이트 홀(석실)의 천정화 '님프Nymph'에서 유래했다. 님프는 '요정'이라는 뜻으로 그리스·로마 신화에 나오는 여신이다. 자연에 머물며 산, 강, 숲 등을 수호하는 신이다. 1845년 8월 25일 이 궁전에서 루트비히 2세가 태어났다. 음악가 바그너를 좋아했으며 노이슈반슈타인 Neuschwanstein 성(백조의 성)을 세운 왕이다.

- 그레이트 홀Der Festsaal(석실): 그리스 신화에 나오는 헬리오스Helios가 다른 신들과 함께 태양 마차를 타고 지구를 도는 장면을 그린 프레스코화가 천장에 가득하다. 꽃의 여신인 플로라Flora와 요정 님프 그림도 있다.
- 루트비히 1세의 미녀 갤러리: 님펜부르크 궁전에서 가장 잘 알려진 홀로 관람객이 많은 곳이다. 루트비히 1세가 미모가 뛰어나다고 여긴 공주, 귀부인, 무희 등 여성들의 초상화 36점이 걸려 있어 '미녀 갤러리'로 불린다. 루트비히 1세가 한때 사랑했던 스페인 댄서 롤라 몬테츠Lola Montez의 초상화도 있다. 그녀는 루트비히 1세의 연인으로서 권력을 휘두르다 결국에는 루트비히가 퇴위해야 했다. 검은 눈썹과 눈동자가 눈길을 끈다. 루트비히 1세는 알테 피나코테크 미술관, 발할라 명예의 전당, 개선문을 세운 왕이다.
- 궁정 말馬 박물관과 도자기 박물관Marstallmuseum und Museum Nymphen- burger Porzellan: 선제후 막시밀리안 2세가 1719년에 완공한 건물이다. 중앙의 궁전을 나와 오른쪽으로 건물을 따라가면 말 박물관이 나온다. 1층에 바이에른 선제후와 왕들이 즉위식이나 행사 등에 이용했던 호화로운 마차, 썰매, 말안장 등 각종 마구를 전시하고 있다. 루트비히 2세가 이용했던 호화로운 썰매와 마차가 눈길을 끈다.

박물관에서 뜻밖의 그림을 보았다. 선제후 알브레히트가 황제(카를 7세)로 취임하기 위해 1742년 뮌헨에서 프랑크푸르트로 가는 마차 행렬도다. 조선

바이에른 왕국의 여름 궁전인 님펜부르크 궁전 전경

루트비히 1세가 아름답다고 여긴 여성 36명의 초상화가 걸려 있는 '미녀 갤러리'

궁정 말 박물관에 있는 호화로운 마차들

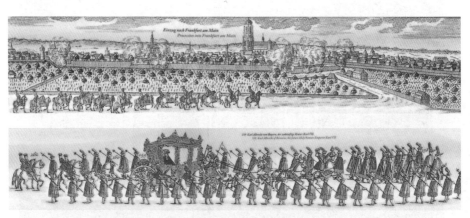

1742년 황제 대관식에 참석하기 위해 프랑크푸르트로 가는 선제후 알브레히트의 행렬. 166대의 마차 행렬 중에 159번째가 황제 마차다(맨 아래). 그는 카를 7세로 황제에 즉위했다.

정조 대왕의 능陵행차도를 보는 것 같았다. 제1장 프랑크푸르트 편에서 대관식 장으로 이동하는 황제 행렬과 대관식 장면에서 본 바와 같이 독일도 이렇게 역사적인 주요 행사를 그림으로 그려 보관했음을 알 수 있다.

2층에는 선제후 막스 요제프가 1749년에 세운 도자기 박물관이 있다. 세계적으로 유명한 도자기 1,000여 점을 전시하고 있다.

• 궁전 정원: 님펜부르크 궁전은 정원으로 더 잘 알려져 있다. 가까운 강에서 정원으로 물을 끌어들이기 위해 중앙에 수로를 파서 운하를 만들었다. 1792년에 조성하여 일반인들에게 개방했다. 1972년 뮌헨 올림픽 때 승마 마장 경기가 열렸었다.

히틀러와 다하우 강제수용소 기념관

독일 역사의 어두운 부분인 나치가 운영했던 강제수용소 두 곳을 돌아본다. 먼저 돌아볼 곳은 다하우Dachau 강제수용소 기념관이다. 국가사회주의 독일 노동자당(나치당)에 의해 희생된 자들을 추모하고 나치의 만행을 경고하기 위해 강제수용소 해방 20주년이 된 1965년 5월에 세운 기념관이다.

다하우 강제수용소 기념관은 뮌헨에서 북서쪽으로 16km 떨어진 곳에 있다. 뮌헨 중앙역에서 페터스하우젠Petershausen 방향의 에스반 2번(S2)을 타고 다하우역에서 내려 버스(726번)를 갈아타면 된다. 중앙역에서 35~40분 정도 걸린다. 강제수용소 설치는 히틀러가 집권하면서부터 시작됐다.

아돌프 히틀러Adolf Hitler는 1889년 4월 20일 오스트리아의 브라우나우Braunau에서 태어났다. 세무공무원이었던 아버지는 술꾼에 폭력적이었다. 10대에 부모를 잃은 히틀러는 그림에 소질이 있어 18세에 빈 예술대학 미술학교에 지원했으나 합격하지 못해 꿈을 접었다. 제1차 세계대전에 독일군으로 참전했다가 부상을 당해 제대했다.

히틀러는 1919년 9월에 작은 극우정당에 가입한 후 1920년 2월 24일 나치당 행사에서 전면에 나섰다. 민주공화제 타도, 독재정치 실시, 베르사유 조약의 폐기, 반反유대주의 등의 내용이 담긴 25개조의 강령을 발표하며 나치당을 과격하게 이끌었다. 히틀러는 인플레이션이 절정이었던 1923년 11월 8일 정부를 전복시키려고 쿠데타를 시도했으나 실패했다. 5년 징역형을 선고받았으나 9개월 복역 후 1924년 12월에 석방됐다.

나치당은 처음에는 이렇다 할 주목을 받지 못했다. 제1차 세계대전 패전 이후 계속되는 정치 불안을 이용하여 세력 확대를 꾀했으나 1924년 총선에서 472석 중 32석을 얻는 데 그쳤다. 1929년 미국 월가의 주가 폭락으로 시작된 대공황이 독일에 밀려왔다. 나치당은 이 기회를 이용하여 1932년 7월의 총선에서 608석 중 230석을 얻어 제1당이 됐다. 1933년 1월 30일 히틀러는 제국 총리가 됐다. 2월 말 발생한 제국의회 의사당 화재를 공산당의 소행으로 몰아 공산주의자들을 대거 제거했다. 3월 총선에서 288석을 얻었으나 과반수에 미달했다. 3월 24일 제국의회는 나치당의 압력으로 나치 정부가 의회의 동의를 받지 않고도 법률을 제정할 수 있도록 한 수권법을 통과시켰다. 바이마르 헌법이 사실상 사문화되면서 나치당의 일당독재가 시작됐다. 1933년 11월 총선에서 661석 중 639석을 얻은 나치당이 1당이 됐다. 1934년 8월 파울 폰 힌덴부르크 Paul van Hindenburg 대통령이 87세의 고령으로 사망하자, 히틀러가 총리와 대통령을 겸하는 총통이 되면서 독일은 독재의 길로 들어섰다.

히틀러가 제국총리가 된 한 달 반 후인 3월 21일, 나치는 다하우 소재 화약·탄약 공장이 있었던 곳에 강제수용소를 설치했다. 막사 32개, 가스 화장터, 감시탑, 전기 철조망 이외에 넓이 2.4m, 깊이 1.2m의 도랑과 높은 장벽으로 수용소를 둘러쌌다. 한번 들어오면 탈출은 거의 불가능했다. '국가의 안전을 위해서'라고 했으나, 나치에 반대하는 정치인들을 수용하기 위한 목적이었다.

수용소 출입문에는 "노동이 자유롭게 하리라Arbeit macht frei"라는 문구가 있다. '자유'라는 말을 사용했으나 노동을 할 수 없으면 죽음이 기다린다는 경고다. 수용자들은 이 문구를 보며 노동만이 삶을 이어 가는 길임을 받아들여야 했다. 이 문구는 이후에 설치된 아우슈비츠Auschwitz와 작센하우젠Sachsenhausen 등 거의 모든 강제수용소에 걸려 있었다.

수용소 설치 다음날 나치에 반대하는 공산당과 사민당 정치인들을 수용했다. 이후 나치에 반대하는 종교인, 여호와의 증인, 동성애자, 거지들도 수용했다. 2대 수용소장 아이케Theodor Eicke는 무척 악독했다. 그는 "관용은 허약함을 의미한다Toleranz bedeutet Schwäche."라는 모토 아래 수감자들을 가혹하게 대했다. 다하우 수용소가 여타 수용소들이 따라야 할 '모델 수용소'일 정도로

다하우 강제수용소 출입문에 "노동이 자유롭게 하리라"라는 문구가 있다.

가혹행위가 심했다.

1938년 11월 파리에서 한 유대인 가족이 아우슈비츠 수용소로 끌려가자 그 아들이 파리 주재 독일 외교관을 살해했다. 이 사건을 계기로 나치의 유대인 학대는 노골화됐다. 11월 9일 밤부터 다음날까지 유대인 소유 7000여 개의 상점, 29개의 백화점, 171동의 주택, 193개소의 유대인 교회당 시나고그synagoge가 불타거나 파괴됐다(수정의 밤Kristallnacht). 이어 독일 내 유대인들을 시작으로 체코슬로바키아 내 유대인들도 수용소에 수용했다. 제2차 세계대전이 일어나면서 폴란드, 소련, 네덜란드, 프랑스에 살던 유대인들도 수용했다.

강제수용소는 나치가 얼마나 잔혹했는가를 잘 보여 주고 있다. 수감자들을 대상으로 갖가지 생체실험을 했다. 고압과 고도 실험에서는 인간이 어느 정도의 압력과 높이에서 살아남을 수 있을지, 고온과 저온 실험에서는 수감자를 발가벗겨 얼음물에 집어넣어 추위를 어느 정도 견디는가 등 온갖 실험을 했다. 더 이상 쓸모가 없는 이들은 가스실에서 처형했다. 이 수용소에 나치 집권 12년 동안 30여 개국 출신 20만 6000명을 수용했다. 그중에서 약 4만 1500명이 죽었다. 이들 중에는 1942~1943년에 처형한 소련 전쟁포로 약 4000명도 있다

다하우 수용소는 1945년 4월 29일 미군에 의해 해방됐다. 살아서 나가리라고는 전혀 생각하지 못했던 3만 2000여 명의 수감자들이 자유를 찾았다. 250명을 수용하도록 설계한 1개 막사에 1600여 명을 수용할 정도로 매우 열악한 상황에 있었다.

강제수용소 기념관에는 수용소 설치 역사와 잔혹했던 나치의 역사를 사진과 함께 설명해 놓았다. 수용소 안의 침대, 화장실 등 당시의 시설들을 그대로 남겨 놓았다. 매년 80만 명이 방문하는 이 기념관에 독일 정부는 운영비를 지원하고 있다.

기념관 한 곳에 있는 "이런 일이 다시는 없기를Never again, Nie wieder"이라는 문구는 독일이 반성하는 모습을 보여 주고 있다. 2013년 8월 20일 앙겔라 메르켈Angela Merkel 총리는 이 기념관을 방문하여 나치의 만행에 대해 반성했다. 비록 선대가 저지른 잘못이지만 후대도 책임이 있으며 다시는 이러한 일이 일어나지 않도록 노력해야 한다고 강조했다.

"나치 독일이 인류에게 이루 말할 수 없는 죄악을 끼쳤습니다. 우리 독일인들은 이 장소를 남겨 놓아 반성하고 또 반성합니다. 독일 젊은이들은 과거 독일에 의해 어떠한 고통이 일어났는지를 알아야 합니다. 또한 극단주의 경향에 대해 어떻게 맞서 대항하여야 할지도 배워야 합니다."

강제수용소 기념관을 돌아보는 도중에 고무적인 광경을 보았다. 여러 그룹

다하우 강제수용소 기념관에서 나치의 만행에 관해 설명을 듣고 있는 독일 청소년들(2019. 5. 27)

의 초등학교와 김나지움 학생들이 나치의 만행에 관해 안내인의 설명을 듣고 있었다. 기념관이 제 역할을 하고 있었다. 독일 정부는 더 나아가 학생들이 학교를 졸업하기 전에 강제수용소 기념관 한 곳 방문을 의무화하도록 할 예정이다. 현장 견학을 통해 자라나는 세대들이 인종 차별과 반유대주의 정책의 결과가 어떠했는지를 알도록 하기 위해서다. 이들은 독일의 역사를 좀 더 올바로 이해하게 될 것이다.

제8장

뉘른베르크

신성로마제국의 도시, 황제성, 알브레히트 뒤러,
요한 파헬벨과 카논 음악, 〈뉘른베르크의 명가
수〉, 게르만 민족박물관, 뉘른베르크 전범재판,
바이에른주 제2의 도시

뉘른베르크는

뉘른베르크Nürnberg는 1050년 7월 16일 지게나Sigena 농노해방 문서에 누
오렌베르크Nuorenberc로 처음 나타났다. 1062년경 시장개설권, 동전주조권과
관세권을 얻으며 신성로마제국의 주요 도시로 발전했다. 붉은 수염으로 유명
했던 황제 프리드리히 1세를 비롯하여 왕과 황제들이 자주 방문하며 머물렀던
곳이다.

뉘른베르크는 1219년에 황제 프리드리히 2세로부터 자유시(제국시)의 지위
를 확인받으며, 독자적인 조세권과 무역권도 얻었다. 1256년에는 라인 도시동
맹(제2장 마인츠 참조)에 가입하여 입지를 넓혀 갔다. 뉘른베르크는 남북 무역 도

로와 동서 무역 도로가 교차하는 곳에 위치한 유리한 지리적 여건으로 일찍부터 중요한 원거리 무역도시로 발전했다.

1356년 황제 카를 4세가 공표한 〈금인칙서Die Goldene Bulle〉로 뉘른베르크는 신성로마제국의 주요 도시가 됐다. 제국의 헌법인 〈금인칙서〉에 새로 선출된 황제에게 즉위 후 첫 제국의회Der Reichstag를 뉘른베르크에서 열도록 했기 때문이다. 〈금인칙서〉는 황제를 선출하는 7명의 선제후도 지정했다.

황제의 빈번한 방문과 경제적으로 유리한 지리적 여건으로 인해 뉘른베르크는 15세기에 이미 부유한 도시였다. 증권소도 개설되고, 베네치아와 안트베르펜 등 유럽의 주요 도시들과 교류했다. 1500년경 신성로마제국 안에서 인구 4만 명을 넘는 도시가 쾰른, 뉘른베르크, 아우크스부르크 3개 도시에 불과할 정도로 뉘른베르크는 대도시였다. 1470~1530년의 60년 동안 경제적으로나 예술적으로 황금기를 누렸다. 금세공 기술도 발달했다.

15세기에 뉘른베르크 시의회는 무역으로 상당한 부富를 축적했으며 권한도 강했다. 1424년에 지기스문트Sigismund(독일 왕: 1411~1437, 황제: 1433~1437)는 황제의 표장(황제의 관과 휘장 등 황제의 상징물)을 뉘른베르크 시의회에 보관하도록 했다. 이러한 전통은 제국이 멸망하기 전인 1796년까지 이어졌다.

1471년에 뉘른베르크에서 르네상스 시대 최고의 화가인 알브레히트 뒤러Albrecht Dürer가 태어났다. 뉘른베르크에는 그의 발자취가 강하게 남아 있다. 회중시계를 최초로 발명한 페터 헨라인Peter Henlein도 1480년(또는 1485년) 이 도시에서 태어났다.

1524년에 뉘른베르크는 자유시 중에서 최초로 루터교를 받아들였다. 30년 전쟁 중(1618~1648)에 뉘른베르크는 빈번하게 격전지가 되면서 황폐화됐다. 특히 1632~1635년 동안 구스타브 아돌프 스웨덴 국왕과 황제군 간의 장기전으로 인해 인구의 2/3를 잃었다. 부채도 크게 늘었다. 더구나 해상무역이 발달하

르네상스 시대의 대표적 화가인 알브레히트 뒤러 동상

고 육로무역이 퇴조하면서 경제적으로 더 어려워졌다. 정치·경제적으로 어려워지자 결국 제국의회는 1663년에 도나우강 변의 레겐스부르크로 이전했다.

그동안 제국의회는 프랑크푸르트, 보름스, 슈파이어, 뉘른베르크, 레겐스부르크, 아우크스부르크 등에서 돌아가며 여러 달 동안 열렸었다. 레겐스부르크로 옮기면서 상시로 열렸다(예외적으로 아우크스부르크와 프랑크푸르트에서 두 번 열림). 상시로 열리며 황제의 참석이 줄어들면서 황제의 영향력은 약화된 반면에 제후와 의원들의 세력은 커졌다.

1800년에 뉘른베르크는 뮌헨과 마찬가지로 프랑스군에 점령됐다. 뉘른베르크는 350년 이상을 특수 관에 보관해 오던 카를 대제(카롤루스 대제)의 황제관冠을 황제가 있는 빈으로 옮겼다. 나폴레옹의 손에 들어가지 않도록 하기 위해서

카를 대제가 썼다는 황제관의 복제품(뉘른베르크시 박물관, 펨보하우스 소장). 진품은 나폴레옹에 빼앗기지 않기 위해 오스트리아로 옮긴 이후 빈에 있다.

였다. 1871년 통일 후 황제 빌헬름 1세가 황제관을 되찾으려고 했으나 오스트리아의 거부로 뜻을 이루지 못했다.

이 황제관을 신성로마제국 말까지 카를 대제가 대관식 때 쓴 것으로 믿었다. 그런데 이 관은 카를 대제 사후인 10세기에 만들어진 것으로 밝혀졌다. 황제관을 되돌려 받기 어렵게 되자 뉘른베르크 시민들은 1985~1986년에 복제품을 제작하여 시 박물관에 전시하고 있다.

1806년 신성로마제국이 멸망하자 뉘른베르크는 바이에른 왕국에 편입되면서 지방도시로 전락됐다. 1866년 프로이센과의 전쟁에서 오스트리아가 패한 후 뉘른베르크는 프로이센 왕국의 지배를 받았다.

1933년에 집권한 히틀러는 나치당 대회를 여는 등 뉘른베르크를 나치의 중심도시로 삼았다. 제2차 세계대전 중 폭격으로 뉘른베르크는 대부분 파괴됐다. 1945년 11월부터 1949년 4월까지 뉘른베르크에서 전쟁범죄자에 대한 국제재판이 두 차례 열렸다.

뉘른베르크는 리하르트 바그너Richard Wagner의 오페라 〈뉘른베르크의 명가수Die Meistersinger von Nürnberg〉로도 잘 알려져 있다. 16세기 중반 뉘른베르크에서 있었던 예술과 노래를 사랑하는 수공업에 종사하는 장인들의 모임인 마이스터징거Meistersinger들의 노래 경연대회를 소재로 한 사랑 이야기를 담고 있는 오페라다. 중세 시대에 뉘른베르크가 금세공 기술과 도제제도가 발달했던 도시임을 보여 주는 작품이다.

뉘른베르크는 크리스마스 시장市場으로도 유명하다. 크리스마스 시장은 독일 전 지역에서 크리스마스 4주 전인 강림절부터 이브까지 한시적으로 열리는 시장이다. 많은 관광객들이 방문할 정도로 뉘른베르크의 크리스마스 시장은 인기 있다.

독일은 도시마다 특색 있는 소시지를 생산한다. '뉘른베르크 소시지Nürn-
berger Bratwurst 또는 Nürnberger Rostbratwurst'는 잘 알려져 있다. '뉘른베르크
소시지'는 유럽연합 차원의 법적 보호를 받고 있다. 즉 정해진 제조법에 따라
뉘른베르크에서 생산된 제품만이 '뉘른베르크 소시지'라는 이름을 쓸 수 있도
록 했다. 성인 남자의 손가락만 한 굵기의 크기로 작지만 맛이 좋은 소시지다.
같은 바이에른 지방이지만 뮌헨의 흰 소시지와는 다른 소시지다.

황제성

뉘른베르크의 상징은 황제성皇帝城, Kaiserburg이다. 뉘른베르크에 오는 이들
이 꼭 들르는 곳이다. 성으로 바로 가기보다는 옛 시가지를 거닐며 성모 교회,
성 로렌츠 교회St. Lorenzkirche, 아름다운 분수대와 성 제발두스 교회St. Sebal-
duskirche 등을 보면서 여유 있게 올라가는 것이 좋다. 황제성에 오르면 뉘른베
르크 시가지가 한눈에 들어온다.

뉘른베르크에서 가장 높은 언덕의 사암砂巖 위에 세워졌고, 두꺼운 성벽이
감싸고 있어 황제성은 안전에도 좋았다. 성안에 깊이 53m의 우물도 있어 적에
게 포위되어도 중요한 식수를 확보할 수 있었다. 이런 이유로 왕이나 황제들이
뉘른베르크에 오면 황제성에 머물렀다. 1050년 이후부터 1571년까지 32명의
황제와 왕들이 머물렀다. 프리드리히 1세는 가장 많은 12번이나 머물렀다.

신성로마제국은 300개가 넘는 제후국, 공국, 주교국, 자유시들로 나누어졌
기 때문에 황제는 이곳저곳으로 다니며 다스렸다. 황제가 체류하는 곳이 바로
수도였다. 영국이나 프랑스의 왕처럼 일정한 거주지가 없었다. 독일의 역사와
문화가 영국이나 프랑스와 다른 이유 중 하나이다.

뉘른베르크의 상징인 황제성(위)과
성안의 진벨탑(아래)

황제성이 세워지기 전인 11세기에 잘리어Salier 왕조(1024~1125년 동안 4명의 황제를 배출한 왕조)의 왕궁이 있었다. 이 자리에 1139년에 황제 콘라트 3세 Konrad III가 황제성을 세웠다. 12세기 말에 프리드리히 1세가 도펠카펠레Dop-pelkapelle를 세우는 등 후임자들이 확장하며 성은 커졌고 호화로워졌다. 도펠카펠레는 '이중 교회'란 의미로 한 건물에 교회가 나누어진 형태를 말한다. 즉 2층은 황제와 귀족용으로, 1층은 일반 신자용으로 구분됐다. 황제가 다른 이들과 만나지 않도록 출입구도 따로 만들었다.

1192년에는 성 관리인들과 성백成伯들이 거주하는 부르크그라펜 성Burg-grafenburg을 세웠다. 황제성은 구조상 부르크그라펜 성 등 모든 건물을 일컫는다. 황제성 안의 내부 저택은 황제가 공적업무 수행과 거주 목적으로 이용했다. 황제가 제국의 제후들을 만났던 곳이기도 하다. 외부 저택은 행정용과 마구간으로 사용했다. 황제성은 황제가 체류할 때에만 운영했다.

13세기 후반에 진벨탑Sinwellturm을 세웠다. 망루가 높은 언덕 위에 있어 적의 공격을 미리 알 수도 있었다. '진벨Sinwell'은 중세 고지 독일어로 '육중하게 둥근'이라는 의미이다. 1560년대 보수공사를 하면서 발사체를 갖춘 뾰쪽한 지붕도 만들었다.

황제성은 1420년에 이어 제2차 세계대전 중에도 크게 파괴됐으나 원형에 가깝게 복원했다. 오늘날 진벨탑에서는 전쟁 중 도시와 성이 파괴된 사진 자료들을 전시하고 있다. 전망대 역할도 한다.

황제성에서 내려오면서 황제관(182쪽)을 관람했다. 황제관은 펨보하우스 Fembo-Haus에 있는 뉘른베르크시 박물관(Bürgerstrasse 15)에 있다. 아쉽게도 이 황제관은 복제품이고, 진품은 오스트리아 빈의 호프부르크Hofburg에 있다.

알브레히트 뒤러 하우스와 뒤러

지금까지 독일 역사와 문화에 큰 발자취를 남긴 정치인(아데나워, 브란트), 음악가(베토벤, 파헬벨), 문인(괴테), 과학자(구텐베르크), 종교인(성 보니파티우스, 루터)을 다루었다. 이제 화가 알브레히트 뒤러Albrecht Dürer(1471~1528)에 관해 알아본다. 우리는 이미 알테 피나코테크에서 뒤러의 그림 한 점을 감상했다(제7장 뮌헨 – '알테 피나코테크' 참조).

뉘른베르크는 1470~1530년의 60여 년 동안 경제적으로나 예술 분야에서나 황금기를 누렸다. 뒤러는 정확히 이 시기에 활동했다. 뒤러는 뉘른베르크가 낳은 가장 위대한 예술가로 독일 중세와 르네상스를 대표하는 화가다. 그가 살았던 집은 황제성 바로 아래에 있는 알브레히트 뒤러 하우스다.

알브레히트 뒤러 하우스Albrecht-Dürer-Haus는 뉘른베르크시가 뒤러 출생 400주년인 1871년에 조성한 기념관이자 박물관이다. 뒤러는 이 집에서 20년을 살았다. 전체 4개 층이며 아래 2개 층은 사암으로, 위 2개 층은 전통 목조가옥 형태다. 꼭대기에는 귀마루 지붕이 있다. 1층에는 뒤러 가족이 사용했던 부엌이 원형대로 보존되어 있다. 3층에는 뒤러가 사용했던 작업실도 있다.

뒤러는 1471년 5월 21일 뉘른베르크에서 금세공사의 아들로 태어났다. 뒤러는 어려서 금세공 기술을 배웠다. 아버지는 아들이 그림에 소질이 있자 직접 가르쳤다. 그러다가 아들의 재능이 비범함을 알고는 본격적으로 회화 수업을 받도록 했다. 나중에 뒤러의 재능을 안 황제 막시밀리안 1세와 카를 5세가 도움을 주었다.

이 당시 화가들은 주로 후원자나 황제, 제후 등을 위해 그림을 그렸다. 뒤러는 주로 판매 목적으로 그렸으며, 상업적으로도 크게 성공했다. 외국에 작품을 팔기 위해 대리상을 고용할 정도였다. 특히 수요층을 겨냥하여 목판화와 동판화를 제작하여 큰 명성을 얻었다. 뒤러는 남프랑스, 이탈리아, 네덜란드 등으로 다니며 작품을 팔았다. 이탈리아에서 작품 활동을 하며 르네상스 문화를 독일에 들여오기도 했다.

뒤러의 그림에 대한 수요가 늘어나자 가짜 작품이 나돌았다. 뒤러는 위조를 방지하고 자신의 그림임을 증명하는 표시를 생각해 냈다. 그는 자신의 이니셜

뒤러가 1509년부터 1528년까지 20년 가까이 살았던 알브레히트 뒤러 하우스

뒤러의 가장 오래된 자화상(13~14세 때, 알베르티나 미술관 소장, 빈)

'A'와 'D'를 이용하여 'A' 아래에 'D'를 조그맣게 넣었다. 영국의 미술사학자 닐 맥그리거Neil MacGregor는 "로고가 독일의 발명품"이라며, 그 로고를 뒤러가 발명했다고 주장했다.

뒤러가 관심을 기울였던 분야는 종교였다. 1498년에 출간한 『요한계시록』에 대한 수요가 많아 큰돈을 모았다. 뒤러는 네덜란드 여행(1520~1521)의 후유증으로 1528년 57세에 뉘른베르크에서 숨졌다. 23세에 결혼했으나 자식이 없어 대가 끊겼다.

뒤러의 주요 작품으로는 황제 막시밀리안 1세의 의뢰로 제작한 〈막시밀리안 1세의 개선문〉, 〈아담과 이브〉, 〈네 명의 사도Die vier Apostel〉, 〈자화상〉, 〈예술가의 어머니〉, 〈철갑 코뿔소〉, 〈멜랑콜리아 1〉, 〈기사, 죽음 그리고 악마〉 등이 있다. 자화상은 13세와 22세 때도 있으나, 28세 때의 〈모피 코트를 입은 자화상〉이 잘 알려져 있다. 뒤러는 코뿔소를 직접 보지 못했으나 설명을 듣고 그렸다고 한다.

뒤러가 성공할 수 있었던 데에는 여러 요인이 있었다. 재능도 뛰어났지만 뒤러가 활동했던 시기는 뉘른베르크가 경제적으로나 예술적으로 전성기였다. 뉘른베르크가 베네치아, 안트베르펜, 쾰른 등 주요 도시와 교류하여 그림 판매가 용이했다. 또한 그림을 판화와 동판화로 제작하여 고객의 수요를 맞출 수 있었기 때문이다.

뒤러 하우스에는 뒤러의 그림이 여러 점 있으나 원본이 아닌 모사품이다. 뉘른베르크는 뒤러의 도시답게 1600년까지만 해도 그의 작품을 많이 소장하고 있었다. 뒤러는 1526년에 〈네 명의 사도〉를 영구 보존한다는 조건으로 뉘른베르크시에 기증했다. 이 그림을 탐냈던 선제후 막시밀리안 1세가 1627년에 뮌헨으로 가져갔다. 오늘날 〈네 명의 사도〉는 뒤러의 최고 걸작 중의 하나로 꼽히고 있다. 이후 1805년까지 점차 뒤러의 작품이 뮌헨 등지로 넘어갔다. 그러다 보니 뉘른베르크에는 작품이 남아 있지 않았다.

그래서 뉘른베르크시는 아이디어를 냈다. 1928년에 여러 미술관으로부터 뒤러의 작품을 대여받아 전시회를 열었다. 그러면서 화가들로 하여금 모사품을 그리도록 했다. 이렇게 하여 뒤러 하우스는 〈모피 코트를 입은 자화상〉을 비롯하여 뒤러의 주요 작품을 모사품이나마 전시할 수 있게 됐다. 〈모피 코트를 입은 자화상〉 원본은 뮌헨의 알테 피나코테크에 있다.

성 제발두스 교회와 요한 파헬벨

뉘른베르크의 역사와 문화 산책을 준비하면서 성 제발두스 교회St. Sebal-duskirche를 추가했다. 성 제발트St. Sebald와 관련이 있고, 카논Kanon 음악의 대가인 요한 파헬벨Johann Pachelbel(1653~1706)이 오르간 연주자로 활동했던 교회이기 때문이다.

성 제발두스 교회는 뉘른베르크에서 가장 오래된 교회다. 1225년에 짓기 시작하여 약 250년 후인 1480년경에 오늘날의 모습을 갖추었다. 두 개의 높은 탑은 성 제발두스 교회의 상징이다. 가까운 밤베르크Bamberg의 대성당을 모델로 지었으며, 종교개혁 이후 개신교회가 됐다. 제2차 세계대전 중 크게 파괴됐으나 전후에 복구했다.

교회 안에 뉘른베르크 성인인 제발트의 관棺이 있어 성 제발두스 교회로 불린다. 성 제발트에 관해 여러 전설이 내려온다. 8세기경 프랑크 지방의 귀족 출신이라고 하고, 또 다른 전설은 덴마크 왕자라고 하며 프랑스 유학생이라고도 한다. 그는 프랑스 공주와 결혼했으나 첫날밤에 신부를 버리고 로마로 순례를 떠났다. 로마에서 교황의 명을 받고 뉘른베르크 근교로 이주해 와 선교활동을 하다 숨졌다고 한다.

제발트는 뉘른베르크의 수호신이 된 데 이어, 1425년 3월 26일에 교황 마르틴 5세에 의해 성인의 반열에 올랐다. 1519년에 그의 유해를 조각가이자 금세공사인 페터 피셔Peter Vischer가 동으로 만든 관에 안치하여 교회에 두었다. 관 둘레에 예수 12제자의 조각상이 있다. 가톨릭 성인이지만 뉘른베르크의 수호신이라 그의 관을 개신교회에 계속 두고 있는 것이다.

성 제발두스 교회에 들어서니 누군가가 파이프오르간을 연주하고 있었다. 카논 음악이라고 한다. 카논 음악 하면 요한 파헬벨을 떠올릴 정도로 그는 카

성 제발두스 교회(아래)와 성 제발트의 관(위)

파헬벨이 성 제발두스 교회에서 오르간
연주자로 활동했다는 안내판

논 음악의 대가였다. 바로크 시대의 작곡자이자 카논 음악의 대가인 파헬벨은
1653년 뉘른베르크에서 태어났다. 그는 오르간 연주자로 활동하며 세속음악
과 종교음악을 작곡했다. 에르푸르트, 슈투트가르트, 고타, 오스트리아의 빈에
서 음악 활동을 했다. 42세 때 고향인 뉘른베르크로 돌아와 성 제발두스 교회
에서 오르간 연주자로 활동했다. 1706년 53세를 일기로 세상을 떠났다. 주요
작품으로 〈세 대의 바이올린과 지속 저음을 위한 카논과 지그 D-장조〉 P.37
이 있다.

　파헬벨은 카논 음악으로 인기를 얻었으나, 그의 음악은 20세기에 들어와 뒤
늦게 빛을 보았다. '카논'은 오늘날 많은 음악가들에 의해 변주곡으로도 사랑을
받는 곡이다. 교회 벽에는 "뉘른베르크의 작곡가 요한 파헬벨(1653~1706)이 성
제발두스 교회에서 1695년부터 1706년까지 오르간 연주자로 활동했다."라는
안내판이 있다.

아름다운 분수대

도시의 분수대는 삭막함을 덜어 주고 운치도 높여 준다. 성 제발두스 교회에서 가까운 하우프트마르크트Hauptmarkt 광장 가장자리에 아름다운 분수대Der Schöner Brunnen가 있다. 1385~1396년에 석공石工이자 건축가인 베하임Heinrich Beheim이 제작한 인기 있는 분수대다. 이후 여러 차례 개축하여 1903년에 세운 분수대를 토대로 1912년에 지금의 분수대를 새로 제작했다. 높이는 19m이며 고딕 양식의 교회탑 모양이다. 제2차 세계대전 중에는 보호막을 씌워 폭격으로부터 보호했다.

이 분수대가 인기 있는 이유는 분수대를 둘러싼 쇠창살 사이에 끼어 있는 황동 반지 때문이다. 이 황동 반지는 쇠창살에 끼어 있음에도 불구하고 이음쇠가 없어 돌릴 수 있다. 못 이룬 사랑 이야기와 함께 행운을 가져온다는 이야기가 전해지는 반지다.

분수대를 둘러싼 쇠창살을 제작한 장인匠人인 쿤Kuhn에게 마르그레트라는 딸이 있었다. 쿤의 도제가 딸을 사랑했으나 쿤은 가난한 도제에게 딸을 주고 싶지 않아 그를 내쫓았다. 그러면서 "분수대 쇠창살에 넣어 돌릴 수 있는 반지를 만들 재능이 있다면 몰라도…"라는 말을 남기고 멀리 여행을 떠났다.

도제는 무엇인가를 할 수 있다는 것을 보이고자 비밀리에 반지를 만들었다. 반지를 잘라 분수대 쇠창살에 끼워 납땜질에 이어 망치질을 한 다음 이음쇠가 보이지 않을 때까지 오랫동안 줄로 다듬었다. 반지를 완성한 후 도제는 뉘른베르크를 떠났다.

한참 후에 쿤이 돌아와 도제가 만든 반지를 보고는 자신이 너무 엄격했음을 깨닫고 후회했다. 도제를 다시 받아들이고 딸과 결혼시키고자 했다. 그러나 도제는 돌아오지 않았다. 이후 도제가 만든 황동 반지가 행운을 가져온다

아름다운 분수대(아래)와 반지를 돌리면 행운을 가져온다는 황동 반지(위)

고 믿게 되었다.

분수대는 또 다른 의미가 있다. 신성로마제국의 도시답게 4개 층의 분수대에 성서 속 인물이나 중세의 영웅 40명이 조각되어 있다. 맨 아래층부터 철학자와 7명의 예술가, 4명의 복음서 저자(마태오, 마르코, 루가, 요한), 4명의 교회 아버지, 7명의 선제후, 9명의 영웅, 맨 위층에는 모세와 7명의 예언자 등 40명이다. 이러한 분수대를 제작할 수 있었던 것은 뉘른베르크가 금세공 기술이 발달했기 때문이다.

게르만 민족박물관

뉘른베르크는 크기에 비해 박물관이 많이 있는 도시다. 시 박물관, 철도·통신 박물관, 장난감 박물관 등 다양한 박물관이 있다. 모든 박물관이 의미가 있지만 꼭 들러야 할 곳을 든다면 '게르만 민족박물관Das Germanische National-museum'이다. 독일어권 최대의 문화사 박물관으로 선사시대부터 현재까지 문화와 예술 관련 자료 약 130만 점(25만 점은 출판된 자료)을 보유하고 있다. 그중에서 2만여 점만 전시하고 있다

1846년 프랑크푸르트에서 독일 언어와 역사학자들이 독일어 사용 지역의 예술과 문화를 통합하는 문제를 협의했다. 그림 형제Brüder Grimm, 레오폴트 폰 랑케Leopold von Ranke, 야코프 부르크하르트Jacob Burckhard 등 쟁쟁한 학자들이 참석했다. 두 번째 회의는 1847년 북독일 뤼베크에서 열렸다.

통일된 입헌 민주국가를 세우려고 했던 1848~1849년의 국민의회의 노력이 실패하자 지식인들의 실망이 컸다(제1장 프랑크푸르트 - '독일 민주주의의 요람 바울교회' 참조). 이에 1852년 8월 드레스덴에서 열린 회의에서 독일 역사학자와 고

독일어권 최대의 문화사 박물관인 게르만 민족박물관

고학자들은 전 독일어권의 예술과 문화를 아우르는 박물관을 세우기로 합의했다. 이를 뉘른베르크 지역의 귀족 아우프제스Hans Freiherr von und zu Aufseß (1801~1872)가 받아들여 박물관을 세웠다. 1857년 바이에른 왕국은 뉘른베르크의 카르토이저 수도원Kartäuserkloster을 박물관 장소로 제공하고 일부 비용도 부담했다. 이후 계속 확장되어 오늘날의 박물관이 됐다.

박물관 이름에 있는 '게르마니시germanisch'는 지난날 잠시라도 독일어를 사용했던 지역, 즉 '독일어 문화권'을 뜻한다. 또한 '나치오날National'은 어느 한 나라가 아닌 독일어권의 '문화민족'을 뜻한다.

전시 자료는 선사와 초기 역사 자료, 중세, 르네상스, 바로크, 계몽주의 시대와 19~20세기 회화, 조각 작품, 장식품 등이다. 특히 종교를 소재로 한 예술품이 주를 이루고 있다. 이외에 민속학, 과학기기, 각종 무기와 사냥용품, 동전,

게르만 민족박물관 입구에 조성한 '인권 거리'. 27개의 기둥에 세계인권선언문을 각국 언어로 새겨 놓았다.

악기, 의상과 가구, 장난감도 있다. 음악관에는 피아노, 바이올린, 첼로, 기타 등 다양한 악기들이 있다. 층별 전시 내용은 다음과 같다.

- **1층**: 선사 및 고대, 중세, 중세 후기의 악기 및 응용 미술관, 무기와 사냥 도구, '금 모자'(B.C.10~9세기), '독수리 뼈'(500년경)
- **2층**: 르네상스, 바로크, 계몽주의 예술, 과학 기계, 의료기기, 1700년 이후의 의복과 패션, 1800년 이전의 장식미술, 〈카를 대제〉(뒤러, 1511/1513), 〈자화상〉(렘브란트, 1629년경), '회중시계'(헨라인, 1530년경)
- **3~4층**: 19~20세기 회화, 민속예술, 〈아마존 전투〉(포이어바흐, 1873), 〈자화상〉(키르히너, 1914), 〈하인리히 하이네의 작은 기념물〉(폰 고센, 1898)

박물관은 전시와 출판을 통해 독일어권 문화사를 광범위하게 조명하는 연구기관이자 교육기관의 기능도 수행하고 있다.

박물관 조금 못미처 길이가 170m인 '인권 거리Strasse der Menschenrechte'가 있다. 과거 나치의 만행을 사죄하는 의미에서 조성한 거리다. 이스라엘 예술가 다니 카라반Dani Karavan의 설계로 1993년 10월 24일 27개의 흰 콘크리트 기둥을 일직선으로 세웠다. 기둥에는 1948년의 세계인권선언문을 독일어와 여러 나라 언어로 새겨 놓았다. 이를 계기로 뉘른베르크시는 인권 증진에 기여한 인사나 단체에게 '뉘른베르크 국제인권상'을 시상하고 있다.

뉘른베르크 전범재판 기념관

뉘른베르크 하면 떠오르는 것 중의 하나가 전범재판이다. 전범재판은 '주요 전쟁범죄자에 대한 재판'과 '국제군사재판'을 함께 일컫는다. 전범재판이 열렸던 곳에 '뉘른베르크 전범재판 기념관Memorium Nürnberger Prozesse'이 있다. 뉘른베르크 중앙역에서 지하철 1번(U1)을 타고 다섯 번째 역인 베렌산체Bären-schanze역에서 내린다. 약 3분쯤 걸으면 기념관이 보인다. 전범재판 65주년이된 2010년 11월에 개관했다.

1945년 5월 8일 독일의 무조건항복으로 전쟁이 끝났지만, 전쟁범죄자에 대한 처벌이 뒤따라야 했다. 3개월 후인 8월 8일 미국, 영국, 소련은 런던 헌장London Charter을 체결했다. 국제군사재판소를 설치하여 전쟁범죄자들을 재판한다는 내용이다. 런던 헌장에 따라 10월 18일 베를린에 군사재판소를 설치했다. 판사 8명과 검사 4명으로 법원을 구성했다. 미국, 영국, 프랑스, 소련에서 각각 판사 2명(수석판사 1명, 대리판사 1명)과 검사 1명씩 참여했다. 재판은 11월

뉘른베르크 법정에 선 전쟁범죄자들. 앞줄 왼쪽부터 괴링, 헤스, 리벤트로프, 카이텔, 뒷줄 왼쪽부터 되니츠, 래더, 폰 시라흐, 샤우켈

20일 뉘른베르크의 정의의 궁전Justizpalast이라는 법원에서 열렸다.

그러면 재판이 왜 뉘른베르크에서 열렸는가? 나치 전당대회가 열렸고, 유대인을 차별하는 뉘른베르크 법(독일 내 모든 유대인의 국적을 박탈하고, 활동을 엄격히 제한하는 반反유대주의 법으로 1935년에 제정)이 제정되는 등 뉘른베르크가 나치의 주요 활동 거점이었기 때문이다. 또한 베를린에는 장기간 재판을 진행할 적절한 건물이 없으나, 뉘른베르크에는 바이에른주에서 가장 큰 정의의 궁전이라는 법원이 있었기 때문이다.

나치의 핵심 인사인 히틀러를 비롯하여 나치 친위대장 힘러Heinrich Himmler, 나치 선전장관 괴벨스Joseph Goebbels는 이미 자살했다. 재판은 공군 총사령관이자 제국 원수였던 헤르만 괴링Hermann Göring, 나치 부총통 루돌프 헤스

전쟁범죄자에 대한 재판이 열렸던 600호 법정

Rudolf Heß, 외무장관 요하임 폰 리벤트로프Joachim von Ribbentrop, 히틀러 사후 정부수반이었던 카를 되니츠Karl Dönitz 등 24명에 대해 진행했다. 장소는 600호 법정(Saal 600)이었다. 이들에 대한 죄는 평화에 대한 죄, 전쟁범죄, 그리고 인권 위반죄의 세 가지로 분류했다.

22명의 전쟁범죄자들에 대한 판결에서 판결 사유와 판결문을 읽는 데에만 이틀이 걸렸다. 1946년 9월 30일 시작하여 10월 1일 오후에 판결이 내려졌다. 괴링 등 12명에게는 사형을, 7명은 10년 형부터 종신형을, 3명에게는 무죄를 선고했다. 2명은 판결을 피했다. 1명은 공판 전에 자살로, 또 다른 1명은 질병으로 출석을 연기했다가 병사했기 때문이다.

사형이 선고된 자는 교수형으로 처형할 예정이었다. 괴링은 총살형을 원했으나 받아들여지지 않자 밀반입한 독약을 먹고 자살했다. 되니츠는 10년 복역

후 1956년에 석방됐다. 종신형을 선고받은 헤스는 형무소에서 복역 중 1987년 8월 17일 숨졌다. 뉘른베르크 재판 내용은 2000년에 개봉한 '뉘른베르크'란 영화로도 알려졌다.

이어서 제2차 국제군사재판이 1946년 12월 9일~1949년 4월까지 12회 열렸다. 관료, 법률가, 의사 등 총 185명이 재판을 받았다. 25명에게 사형을, 20명에게 무기징역을 선고했다.

전범재판이 열렸던 정의의 궁전 일부가 2010년 11월 전범재판 기념관으로 탄생했다. 3층에는 파괴된 뉘른베르크 시가지 사진을 비롯하여 제1차 재판을 받은 24명의 인적 사항, 죄목, 재판 진행 과정, 판결 내용 등을 전시하고 있다. 또한 1946년부터 1948년 11월까지 열린 극동 군사재판 관련 내용도 전시하고 있다.

2층에는 재판이 열렸던 600호 법정이 있다. 나치가 집권하며 도피했던 빌리 브란트가 1946년 3월 11일 노르웨이와 스웨덴 언론인으로 활동한 등록증도 있다. 1933년 1월에 히틀러가 정권을 잡자 브란트는 노르웨이와 스웨덴으로 망명했었다. 역사의 아이러니다.

제3부

자유와 한자동맹의 도시

함부르크, 뤼베크, 브레멘

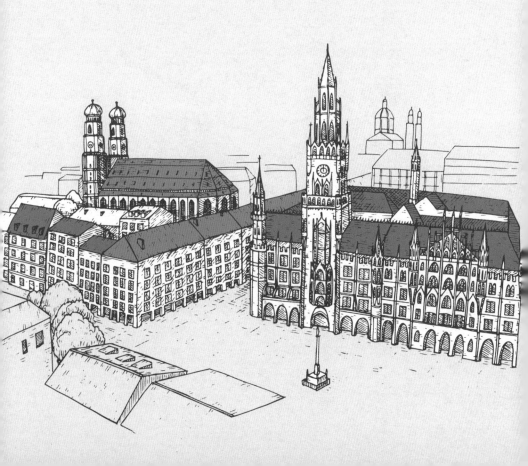

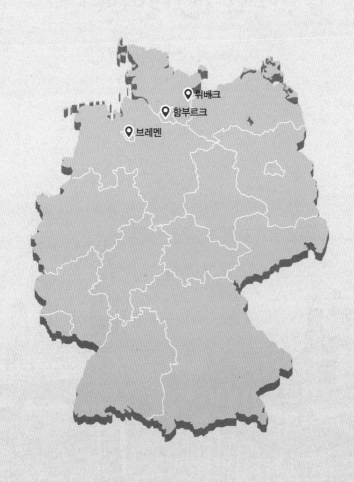

뤼배크

함부르크

브레멘

제9장

함부르크

항구, 자유와 한자동맹, 제후나 성이 없는 도시, 시청, 마태의 만찬, 성 미카엘 교회, 요하네스 브람스, 헬무트 슈미트, 엘프필하모니, 독일 제2의 도시

함부르크는

제3부에서는 발길을 북쪽으로 돌려 북부 독일의 역사와 문화를 돌아본다. 돌아볼 도시는 **함부르크**, **뤼베크**(한자동맹의 맹주, 홀슈텐토어, 성모 마리아 교회, 3명의 노벨상 수상자), **브레멘**(자유와 한자동맹의 도시, 롤랑상, 브레멘 도시 음악대) 3개 도시다. 이 도시들의 역사와 문화는 프랑크푸르트, 뮌헨, 베를린의 역사와 문화와는 전혀 다르게 형성되고 발전해 왔다.

이 세 도시에는 다른 도시에 있었던 제후나 왕이 없었다. 이로 인해 그 흔한 성城도 없다. 이 지역의 특징을 1803년에 교육자 쿠리오Johann Carl Daniel Curio 가 잘 표현했다. "함부르크에는 귀족이나 노예가 없고, 신하도 없다. 우리에게

함부르크 시민들의 휴식처인 알스터 호수. 유람선이 오가고 있다.

는 하나의 신분만 있는데 바로 시민이다. 우리 모두는 더도 덜도 아닌 똑같은 시민이다." 독일의 다양한 역사와 문화가 잘 드러나는 도시들이다.

함부르크Hamburg 하면 항구가 먼저 떠오를 정도로 항구의 이미지가 강하다. 함부르크는 문헌상 834년에 처음 나타났다. 808년 말 프랑크 왕국의 카를 대제가 알스터Alster 호수와 엘베강 사이에 거주하던 작센 농민들을 몰아내고 하마부르크Hammaburg라는 성을 세우도록 지시했다는 기록이다. 831년에 루트비히 경건왕Ludwig der Fromme이 함부르크에 교구敎區를 세웠고, 이 교구는 834년에 대교구가 됐다. 초대 대주교 안스가르Ansgar는 시장개설권과 화폐(동전)주조권을 갖고 있었으며, 함부르크를 북방의 콘스탄티노플(오늘날 터키의 이스탄불)로 만들고자 했다. 그러나 845년에 바이킹족이 쳐들어오자 안스가르가 브레멘으로 피신하며 함부르크-브레멘 대주교국이 됐다.

함부르크는 엘베강Die Elbe으로 인해 일찍부터 발달했다. 1189년에 황제 프

해마다 5월에 엘베강에서 열리는 항구개항 축제. 여러 종류의 배들이 퍼레이드를 벌인다.

리드리히 1세로부터 개항권을 얻었다. 1265년에는 해상무역에서 어업권, 관세권을 인정받고, 전쟁 복무 의무도 면제받았다. 또한 엘베강에서 북해까지 자유항해권을 얻으며 함부르크는 국제무역항으로 발전할 수 있었다. 오늘날 함부르크는 해마다 5월이면 대규모 항구개항 축제Hafengeburtstag를 연다.

　1241년에 함부르크는 이웃 도시 뤼베크와 방위조약을 체결했다. 이 조약은 한자동맹Die Hanse이 탄생하는 토대가 됐으며, 함부르크는 14세기에 한자동맹의 일원이 됐다. 1410년에는 심문 없는 체포 금지, 조세 상한액 설정, 시민의 동의 없는 전쟁 금지 등의 내용을 담은 '함부르크 대헌장'을 채택했다. 이로 인해 '도시의 공기가 자유롭게 한다Die Stadtluft macht frei.'라는 속담이 생겨났다. 즉 도시는 영주가 다스리는 지역보다는 좀 더 자유스러웠다. 1510년에 함부르크는 도시국가로 독립된 주권을 인정받았다.

자유 성향이 강했던 함부르크를 비롯한 북부 도시들은 종교개혁 과정에서 루터의 개신교를 지지했다. 황제와 교황의 간섭을 덜 받고자 했기 때문이다. 무역과 상업의 발달로 1558년 함부르크에 독일에서 최초의 증권거래소가 개설됐고, 1619년에는 은행이 설립됐다. 프랑크푸르트보다도 앞섰다.

1806년 11월 함부르크는 나폴레옹에 점령되며 가장 힘든 시기를 보냈다. 7년 반 후인 1814년 5월에야 프랑스군이 퇴각했다. 함부르크는 지리적으로 가까운 이유로 덴마크와 수백 년 동안 분쟁과 갈등 상태에 있었다. 분쟁과 갈등은 1864년 프로이센이 덴마크와의 전쟁에서 승리하면서 종식됐다.

이후 함부르크는 독자적인 대외정책과 통상정책을 추진하며 자체 깃발을 내걸고 전 세계 7대양에 279개의 대표부를 운영했다. 1871년에 함부르크는 통일된 독일제국에 속했으나, 자유시의 지위를 유지하며 '무역과 관세 자유권'은 계속 갖고 있었다.

함부르크는 자주 화재와 질병에 시달렸다. 1350년에 페스트(흑사병)로 6000여 명이 사망했다. 1842년 5월에 화재로 도시의 1/4이 파괴됐고, 1892년에는 콜레라로 8600여 명이 숨졌다. 전쟁으로도 큰 피해를 입었다. 1943년 7월 25일~8월 3일 동안 미국·영국군의 폭격 작전인 고모라 작전Operation Gomorrah으로 3만 7000여 명이 사망했고, 27만 7000여 채의 주택이 파손됐다. 전쟁 중 사망한 함부르크 시민 4만 1000여 명 중 90%가 고모라 작전으로 목숨을 잃었다. 폭격의 규모가 어느 정도였는지를 짐작할 수 있다. 1962년 대홍수로도 315명이 숨졌고, 1700여 채의 주택이 파손됐다.

함부르크는 자유와 한자 도시Freie und Hansestadt라는 데에 긍지를 갖고 있다. 이러한 긍지가 자동차 번호판에도 남아 있어 '한자 도시 함부르크'를 뜻하는 HH를 사용한다(뤼베크는 HL, 브레멘은 HB). 함부르크는 독일에서 가장 부유

함부르크 중심 하펜시티에 있는 부산교 다리 팻말

한 도시이며 언론 도시이기도 하다. 독일 최대 시사주간지 『슈피겔Der Spiegel』
을 비롯하여 『슈테른Stern』, 주간신문 『디 차이트 Die Zeit』 등이 발행되고 있다.
제1공영 TV 아에르데(ARD)의 모든 뉴스는 함부르크(NDR 방송)에서 제작, 전국
에 방영되고 있다. 인구는 185만 명으로 독일 제2의 도시다. 또한 시市이면서
독일 16개 주州의 하나다.

　함부르크에는 한국을 상징하는 상징물이 있다. 신도시 '하펜시티Hafencity'에
'코레아슈트라세Koreastraße'라는 한국 거리와 '부산교Busanbrücke'도 있다. 부
산교는 이미 있던 다리를 '부산교'로 명명한 인도교다. 독일에서 거리 이름에
한국이 들어가고, 다리 이름에 우리 도시 이름이 들어간 도시는 함부르크가 유
일하다. 그만큼 함부르크는 개방된 도시다.

시청사

자유Frei와 한자동맹Die Hanse, 이 두 단어는 함부르크의 역사와 정체성을 가장 잘 표현하는 단어다. 30년 전쟁이 끝난 1648년에 있었던 51개의 자유시 중에서 함부르크가 가장 큰 자유시였다. 함부르크에는 왕이나 제후 등 귀족이 없었기에, 호화로운 성은 물론이고 대저택도 없다. 함부르크에서 가장 크고 웅장한 건물은 시청Rathaus이다.

건물이 약간 고색창연한 모습을 띠고 있지만 이제 130여 년 가까이 됐다. 알스터 호숫가에 있던 옛 청사는 1842년 대화재로 사라졌다. 오랜 준비 끝에 1884년에 공사를 시작하여 네오르네상스 양식으로 1897년에 지금의 청사를 완공했다. 함부르크 주정부Senat와 주의회Bürgerschaft가 함께 사용하고 있다.

시청사는 좌우 길이 111m에, 가운데 탑 높이 112m다. 뮌헨 시청보다도 더 크다. 가운데 탑의 대형 시계 아래 발코니에 날개가 2m인 피닉스(불사조) 상이 있다. 피닉스 아래에는 옛 청사 문양과 함께 금도금한 라틴어 "RESURGEM"이 쓰여 있다. 화재로 무너졌지만 "나는 다시 일어섰다."라는 의미다.

청사 외벽에는 20명의 역대 독일 왕과 황제 조각상이 있다. 하마부르크 성을 세우도록 한 카를 대제(샤를마뉴, 재위: 768~814), 항구 개항을 허가한 붉은 수염의 황제 프리드리히 1세, 마지막 황제 프란츠 2세 등의 상이다. 독일에서 가장 부유한 함부르크의 위상에 걸맞은 청사다. 황제상 위에 시민의 4가지 덕목인 '용기', '경건·진실', '단결', '현명'이란 글이 있다. 황제상 위에 시민의 덕목을 새긴 이유는 함부르크의 자유가 황제의 관冠 위에 있다는 것을 뜻한다.

청사 정문으로 들어가면 넓은 홀이 나오고, 홀을 지나 정원에 커다란 분수대가 있다. 건강과 순수를 상징하는 그리스 여신의 이름을 딴 '히기에이아 분수대Hygieia-Brunnen'다. 1892년 여름 함부르크를 휩쓸었던 콜레라 대재앙을 상기

함부르크 시청(위). 가운데 탑의 시계 아래에 피닉스상이 있다. 해마다 강림절에 시청 광장에서 열리는 크리스마스 시장(아래). 북유럽에서 규모가 가장 크다.

하기 위해 세운 분수대. 1만 7000여 명이 감염되어 8605명이 사망한 대참사였다.

"함부르크에는 신하도 없고, 시민이라는 하나의 계급만 있다."라는 1000년을 내려온 전통과 관련한 일화가 있다. 1895년에 황제 빌헬름 2세가 카이저-빌헬름 운하(오늘날의 노르트-오스트제 운하) 개통식 참석차 함부르크를 방문했다. 베를린의 황제실은 시장이 청사 입구에서 황제를 영접해 줄 것을 요청했다. 그러나 시장은 황제가 청사 안으로 들어오자 1층과 2층 계단 중간에 서서

1892년 함부르크를 휩쓸었던 콜레라 재앙을 되새기며 세운 히기에이아 분수대

전통에 따라 "우리의 고귀하신 동맹자여!"라고 하여 황제는 크게 화가 났다. 함부르크시는 '황제실Kaisersaal'이라는 동판을 황제가 시장을 접견한 방에 미리 달아 놓아 화가 난 황제를 진정시켰다고 한다.

세계에서 가장 오래된 만찬 '마태의 만찬'

시청사에는 런던 버킹엄 궁전보다 6개나 더 많은 647개의 방이 있다. 가장 큰 홀은 길이가 약 50m나 되는 대연회실이다. 이 홀에서 해마다 2월 말이면 세계에서 가장 오래된 만찬 행사인 '마태의 만찬Matthiae-Mahlzeiten'이 열린다. 1356년 마태의 날인 2월 24일에 시의원을 새로 선출한 후 주요 인사들을 초청하여 만찬을 한 데서 유래했다. 670년이 된 행사다. 처음에는 참석자가 40명이었는데 오늘날은 420여 명으로 늘어났다. 남성만 참석하다가 1622년 이래로

세계에서 가장 오래된 만찬 행사인 '마태의 만찬'. 사진은 저자도 참석했던 2013년의 '마태의 만찬' 행사(2013. 2. 22, 함부르크 시청)

여성도 참석하고 있다. 장소 문제로 더 늘리기도 어렵다고 한다.

마태의 만찬 행사는 전식, 수프, 메인, 후식, 커피 또는 차의 다섯 코스로 진행된다. 화이트 와인과 레드 와인도 제공된다. 서브 인원만도 100명이 넘는다. 오후 7시에 시작하여 중간중간에 함부르크주 총리와 주빈(보통 외국의 정상, 총리 또는 독일 정부 고위인사 등)의 연설이 있어 밤 12시가 넘어야 끝난다. 오케스트라가 만찬 내내 연주를 한다. 행사가 끝나도 대부분이 로비에서 와인 또는 커피를 들며 대화를 이어 간다. 대화를 즐기는 민족임을 새삼 느끼곤 한다. 나는 이 만찬 행사에 세 번 참석했었다. 행사가 장시간 계속되기 때문에 정치, 경제, 문화 등 대화 소재가 풍부해야 함을 느끼곤 했다.

성 미카엘 교회

함부르크 시민들은 여행을 떠났다가 함부르크로 들어오면서 기차나 고속도로 위에서 교회의 높은 탑을 찾는다고 한다. 함부르크의 상징인 성 미카엘 교회St. Michaelis Kirche의 132m의 탑이다. 대천사大天使 미카엘에게 봉헌하기 위해 1669년에 세운 교회다. 미카엘 대천사는 다니엘서에서 '일품제후 천사' 또는 '대 제후 천사'로 불린 천사로 악마와 싸우는 천상 군대의 대장이다.

성 미카엘 교회는 지난날 선원들이 항해의 안전을 기원하며 예배를 드렸던 북부 독일의 대표적인 바로크 양식의 개신교회다. 입구 왼편에 마르틴 루터의 동상이 있다. 애칭으로 '미셸Michel'이라고 부른다. 길이 52m, 폭 44m, 높이 27m로 2500명을 수용하는 대형 교회다.

성 미카엘 교회는 화재와 폭격으로 세 번이나 파괴되고 복원하는 수난을 겪었다. 1750년 3월에 천둥을 동반한 번개와 화재로 전소됐고, 1906년 7월 3일에는 지붕 납땜공사 중에 발생한 화재로 타 버렸다. 1943년에 연합군의 대규모

1833년에 함부르크에서 태어나 1897년 빈에서 숨진 요하네스 브람스가 이 교회에서 세례를 받았다는 동판.

함부르크의 상징인 성 미카엘 교회. 중앙에 미카엘 대천사상이 있다.

폭격을 비껴갔으나 전쟁 막바지인 1945년 3월에 있은 폭격으로 파괴됐다. 마지막으로 1952년에 복구했다.

성 미카엘 교회에 6,674개의 파이프와 연결된 오르간이 있다. 1833년에 함부르크에서 태어나 1897년 빈에서 숨진 요하네스 브람스가 이 교회에서 세례를 받았다는 동판도 있다. 유럽의 교회 종탑에는 대형 시계가 있다. 미카엘 교회 종탑에는 독일에서 가장 큰 시계가 있다. 직경 8.0m, 시침 3.6m, 분침 5.0m, 무게는 130kg으로 웬만큼 먼 곳에서도 볼 수 있을 정도다.

452개의 계단을 오르거나 2층에서 엘리베이터를 이용하면 105.7m의 전망대에 오른다. 전망대에서 엘베강, 항구, 알스터 호수와 함부르크 시가지를 볼 수 있다. 테라스에서 매일 트럼펫 연주(찬송가)가 있다. 평일에는 오전 10시와 오후 9시 두 차례, 휴일과 공휴일에는 낮 12시에 한 차례 있다. 헬무트 슈미트 전 총리(재임: 1974~1982)의 장례식이 2015년 11월 23일 이 교회에서 있었다.

브람스와 브람스 박물관

함부르크는 음악 도시다. 엘프필하모니와 라이츠할레 등의 연주홀이 있고, 뮤지컬이 10~15년 장기 공연되는 뮤지컬 도시다. 함부르크가 낳은 음악가도 있다. 요하네스 브람스Johannes Brahms(1833~1897)와 펠릭스 멘델스존 바르톨디Felix Mendelssohn-Bartholdy(1809~1847)다. 멘델스존에 관해서는 제13장 라이프치히에서 다룬다.

작곡가이자 브람스의 친구였던 뷜로브Hans von Bölow는 브람스를 바흐, 베토벤과 함께 독일의 '3대 B'라고 불렀다. 바흐보다는 148년, 베토벤보다는 63년 늦게 태어났으니 3B 중에서 막내다. 어려운 환경에서 태어나 주로 오스트리아 빈에서 활동했다. 그런 점에서 베토벤의 생애와 비슷하다고 할 수 있다.

브람스는 1833년 5월 7일 함부르크에서 요한 야코프 브람스의 아들로 태어났다. 성 미카엘 교회에서 세례를 받았다. 아버지는 선원 선술집을 돌아다니며 연주를 하다 극장 관현악단의 콘트라베이스 연주자로 활동했다. 브람스는 아버지에게서 음악 교육을 받다가 7세부터는 전문가에게서 수업을 받았다. 그것도 잠시였다. 가정 형편이 어려워 학교를 중퇴하고 연회장이나 식당에서 피아노를 연주하며 집안 살림을 도왔다. 16세 때 데뷔 연주를 했다.

20세였던 1853년은 브람스에게 인생의 전환점을 가져온 해였다. 연주 여행 중 하노버에서 그 당시 최고의 바이올린 연주자인 요제프 요아힘Joseph Joachim을 만났다. 브람스보다 두 살 더 많았던 요아힘은 프란츠 리스트Franz

후반기의 브람스. 수염이 많이 나 있다.

Liszt와의 만남을 주선했다. 로베르트 슈만Robert Schumann(1810~1856)에게도 편지를 보내 브람스를 소개했다. 슈만은 브람스가 음악가로 성장하는 데 결정적으로 도움을 준 이다.

브람스는 그해 9월 30일 그가 작곡한 피아노 악보(Sonata in fis-Moll und C-Dur)를 들고 슈만의 집을 방문했다. 슈만과 아내 클라라Clara는 단번에 브람스가 음악적 재능이 있음을 알아냈다.

슈만은 그가 창간한 『음악 신보Neue Zeitschrift für Musik』 잡지에 '새로운 진로Neue Bahn'를 발표하여 브람스를 소개했다. 슈만의 소개로 브람스는 독일과 유럽 음악계에 알려지면서 중심권으로 들어올 수 있었다. 브람스는 클라라를 알게 되어 그가 작곡한 피아노곡을 주면서 가깝게 지냈다.

정신질환이 있던 슈만은 1854년 2월 라인강에 투신했으나 어부가 구했다.

본 근교 요양병원에 입원했다. 7명의 자녀가 있는 클라라는 임신 중이었다. 21세의 브람스는 뒤셀도르프로 이사 와 병원을 오가며 슈만 가족을 돌보았다. 브람스는 어린 나이에도 열네 살 더 많은 클라라를 사랑하게 된다. 이후 클라라가 숨질 때까지 긴밀한 관계를 유지하며 지냈다.

함부르크 음악극장 대학장을 역임한 헤르만 라우헤Hermann Rauhe는 『음악도시 함부르크Musikstadt Hamburg』(2010)에서 "두 사람의 관계가 얼마나 긴밀했는지는 어둠에 가려 있다. 두 사람이 주고받은 많은 편지를 클라라의 딸 오이게니Eugenie가 없애 버렸기 때문이다."라고 했다. 관계가 긴밀했던 것만은 분명하다.

브람스는 24세에 데트몰트Detmold 궁정 합창단에서, 26세부터는 함부르크 여성 합창단에서 지휘자로 활동했다. 29세 때인 1862년 함부르크 필하모니 지휘자 공모에서 친구에 밀려 탈락하자 실망하여 빈으로 떠났다. 빈으로의 이주는 브람스에게 음악 재능을 개발하기 위해 꼭 필요했다. 이듬해 징아카데미 Singakademie 합창단 지휘자로 빈에 정착했다.

브람스는 어머니가 세상을 떠난 3년 후인 1868년에 어머니의 죽음을 추모하는 〈독일 진혼곡Deutsches Requiem〉 Op.45를 완성했다. 죽은 자가 아닌 남아 있어 슬픔에 빠진 이들을 위로하기 위한 곡이다. 〈독일 진혼곡〉이 브레멘의 성 베드로 성당에서 있은 초연에서 대성공을 거두면서 브람스는 작곡가로 이름을 떨치게 됐다. 1872년 아버지가 세상을 떠난 이후 빈에서 정착하며 음악 생활에 몰두했다.

브람스는 62세 때인 1895년에 오스트리아 황제로부터 '예술과 과학 대훈장'을 받았다. 1897년에 간암으로 64세의 나이에 빈에서 숨을 거두었다. 클라라가 죽은 다음 해다. 그는 빈 중앙묘지에 슈베르트와 베토벤 옆에 영원히 잠들어 있다.

브람스의 주요 작품에 4곡의 교향곡이 있다. 〈교향곡 제1번〉 Op.68은 작곡자 뷜로브가 베토벤 교향곡 10번이라며 극찬했던 곡이다. 〈교향곡 제3번〉 Op.90 3악장은 영화 'Goodbye Again'의 OST로 나온다. 프랑스 소설가 프랑수아즈 사강Françoise Sagan의 『브람스를 좋아하세요…』를 소재로 한 영화다. 실내장식가인 40세의 폴라(잉그리드 버그먼 역)에게 돈 많은 사업가인 연인 로제(이브 몽탕 역)이 있으나 25세의 필립(앤서니 퍼킨스 역)이 나타나며 삼각관계의 사랑을 그린 영화다. 브람스와 클라라의 관계를 연상하게 한다.

그외에 〈피아노 협주곡 제1번 d단조〉 Op.15, 〈피아노 협주곡 제2번 b장조〉 Op.83, 〈독일 진혼곡〉 Op.45, 〈대학축전서곡Akademische Festovertüre〉 Op.80, 〈환상곡〉 Op.116 등 200여 작품을 남겼다. 〈대학축전서곡〉은 브람스가 1879년에 브레스라우Breslau(1945년까지 독일 영토였으나 현재는 폴란드 영토임) 대학교에서 명예박사학위를 받은 뒤 감사 표시로 작곡한 작품이다.

함부르크에 브람스의 음악 세계를 돌아볼 수 있는 브람스 박물관Das Brahms-Museum Hamburg이 있다. 브람스의 음악 생애를 기리기 위해 1971년에 브람스 협회가 설립한 박물관이다. 브람스가 태어난 집은 1943년에 폭격으로 파괴되어 생가에서 가까운 페터슈트라세Peterstrasse 39번지에 세웠다.

박물관은 브람스의 친필 악보를 비롯하여 문서, 콘서트 프로그램, 각종 사진을 전시하고 있다. 박물관에 들어서면 브람스의 흉상이 반갑게 맞이한다. 브람스가 1861~1862년에 수업 시 사용했던 피아노의 일종인 타펠피아노Tafelklavier도 있다. 함부르크 피아노 제작사인 바움가르텐과 하인스가 1859년에 제작한 피아노다. 그리고 브람스의 주요 작품을 CD로 비치하고 있어 구입할 수도 있다.

브람스의 음악 세계를 돌아볼 수 있는 브람스 박물관. '젊은 시절의 브람스'(위)와 수염이 덥수룩한 '노년의 브람스'(아래)가 대조를 이루고 있다.

함부르크 주정부는 1928년 이래 함부르크의 음악 발전이나 브람스 음악에 공헌한 인사에게 '브람스 메달'을 수여해 오고 있다. 브람스 사망 100주년을 맞이한 1997년에 라이츠할레 연주홀이 있는 광장을 '브람스 광장'으로 바꾸었다. 브람스의 업적을 기리고, 음악 도시 함부르크를 알리기 위한 것이다.

나는 2011년 8월에 브람스 박물관을 관람했었다. 코스만Joachim Kossmann 박물관장의 요청으로 독일어로 된 브람스 생애에 관한 안내 자료를 공관이 한글로 번역해 준 일이 있다.

로베르트 슈만과 클라라 슈만

함부르크 출생은 아니지만 브람스와 떼어 놓을 수 없는 두 음악가가 있다. 로베르트 슈만Robert Alexander Schumann과 그의 아내 클라라 슈만Clara Josephine Schumann이다. 슈만은 1810년 6월 작센주 츠비카우에서 7남매의 막내아들로 태어났다. 어려서부터 음악적 재능이 뛰어났다. 딸의 자살에 충격을 받은 아버지가 세상을 떠나자 16세의 슈만은 음악을 접었다. 그리고 어머니의 희망에 따라 라이프치히 대학교에서 법학을 공부했다.

20세이던 슈만에게 큰 변화가 왔다. 슈만은 라이프치히에서 있은 니콜로 파가니니Niccolò Paganini(1782~1840)의 바이올린 공연을 관람한 후 '피아노의 파가니니'가 되겠다고 결심했다. 슈만의 음악적 재능을 알아본 프리드리히 비크Friedrich Wieck 집에서 숙식을 하며 교육을 받았다. 피아노의 대가가 되겠다고 하루에 7~8시간씩 연습에 몰두했다. 오른손 넷째 손가락이 마비 증세가 오는데도 연습을 계속했다. 그러다가 넷째 손가락이 부러졌다. 슈만은 피아노의 대가가 되려는 꿈을 접고 작곡가와 음악평론가의 길을 가기로 한다. 24세이던 1834년에 음악 잡지 『음악 신보』를 창간했다.

슈만은 비크에게서 교육을 받으면서 한 여인을 만난다. 선생 비크의 딸 클라라다. 그러나 비크는 장래성이 없는 슈만과의 교제를 반대했다. 클라라는 이미 10대 때에 유럽 순회 연주를 다닐 정도로 피아노 신동이었다. 두 사람은 여러 해 동안 몰래 교제했으나 끝내 아버지가 허락하지 않자 1년여의 법정 분쟁을 거쳐 결혼한다. 슈만은 30세, 클라라는 21세였다.

33세에 슈만은 라이프치히 음악원의 교수로 일했다. 40세이던 1850년에 뒤셀도르프 시립교향악단 지휘자 겸 음악감독으로 초빙되어 활동했다. 안타깝게도 20세 때부터 있던 정신질환 증상이 심해지자 감독직을 수행하기 어려웠다.

결국 3년 만인 1853년 11월에 감독직을 그만둔다. 3개월 후인 1854년 2월 정신발작으로 라인강에 투신했으나 다행히 어부가 그를 구했다. 본 근교 요양소에 입원한 슈만은 건강을 회복하지 못하고 1856년 7월 29일 병원에서 숨졌다. 그의 나이 46세였다.

슈만의 주요 작품으로 〈어린이의 정경〉 Op.15, 〈시인의 사랑〉 Op.48, 〈피아노 협주곡 A단조〉 Op.54 등이 있다. 〈어린이의 정경〉은 순수하고 아름다운 어린 시절을 느낄 수 있는 피아노 소품 13곡으로 되어 있다. 일곱 번째 '트로이메라이(꿈)'는 가장 많은 사랑을 받는 곡이다.

슈만의 아내 클라라는 1819년 9월 라이프치히에서 태어났다. 아버지 프리드리히 비크는 악기점을 운영하며 딸에게 피아노를 가르쳤다. 아내와 이혼한 비크는 클라라를 훌륭한 예술가로 만드는 데 열성이었다. 이미 11세에 라이프치히 게반트하우스Gewandhaus에서 첫 데뷔 연주회를 한 후 유럽의 주요 도시로 연주 여행을 했다. 연주회마다 큰 호응을 얻으며 명성을 얻었다. 그만큼 재능이 있었다. 클라라의 연주를 들은 괴테는 "남자아이 여섯 명이 치는 것과 같이 힘 있는 연주였다."라고 칭찬했다.

클라라는 아버지의 제자 슈만과 사랑에 빠진다. 아버지는 슈만과의 교제를 반대하며 게반트하우스 음악감독이 된 멘델스존과 사귀도록 권유했다. 클라라는 마음을 돌리지 않았다. 부친의 반대에도 불구하고 슈만과 결혼했으나 행복은 오래가지 못했다.

클라라는 계속되는 임신과 출산에도 생활비를 벌기 위해 공연을 했다. 슈만이 정신질환으로 라인강에 투신했다가 구조된 후 병원에 입원하자 병원비와 여덟 명이나 되는 아이들의 양육비를 벌기 위해 연주회를 강행해야 했다. 슈만이 죽은 뒤에는 더 이상 작곡을 하지 않고 연주에 전념했다.

100마르크 지폐에 들어 있는 클라라 슈만

피아니스트로 작곡가로 아내로 엄마로 4인 역을 하며 살았던 클라라는 1896년 77세를 일기로 숨졌다. 장례식에 브람스도 참석했다. 〈로망스 변주곡〉 Op.3, 〈저녁 음악〉 Op.6, 〈3개의 프렐류드와 푸가〉 Op.16, 〈슈만 주제에 의한 변주곡〉 Op.20 등의 작품을 남겼다.

클라라는 떠났지만 그녀는 1990년 10월에 도입한 100마르크 지폐에 들어 있었다. 그녀는 여전히 독일인들은 물론 전 세계 음악 애호가들로부터 사랑받는 피아니스트다.

엘프필하모니

독일은 음악의 나라다. 바흐, 베토벤, 슈만, 멘델스존, 브람스, 바그너 등 우리에게 잘 알려진 음악가들이 많다. 헤르베르트 폰 카라얀Herbert von Karajan 이 35년간 지휘했던 베를린 필하모니 오케스트라, 작센 드레스덴 국립관현악단, 라이프치히의 게반트하우스 오케스트라 등 유명 오케스트라도 많이 있다. 도이체 슈타츠 오페라(베를린), 바이에른 슈타츠 오페라(뮌헨), 젬퍼 오페라(드레스덴)도 있다.

함부르크에도 전 세계에 내세울 만한 공연홀이 있다. 엘프필하모니Elbphil-harmonie이다. 함부르크의 젖줄인 엘베강 가에 있어 엘프필하모니라고 한다. 함부르크에 새로운 상징물을 조성하고, 문화적으로 기념비적인 건축물을 조성하기 위해 세운 공연홀이다. 엘베강 가에 콘서트홀을 세우겠다는 발상은 2001년 10월 한 건축가이자 투자가가 함부르크 주정부에 브리핑하며 시작됐다. 공사비 7700만 유로로 2010년에 완공 예정이었으나, 공사비가 2배, 3배 늘어나면서 공사는 몇 차례 중단되는 우여곡절을 겪었다. 결국 착공 10년 만인 2016년 11월에서야 완공했다.

26층 규모에 높이가 110m다. 아래 붉은 부분은 기존의 벽돌로 된 물류창고

함부르크의 새로운 상징이 된 엘프필하모니. 벽돌로 된 창고 건물(붉은 부분)을 살리고 위의 푸른 부분을 새로 세웠다. 붉은 부분과 푸른 부분 사이에서 엘프필하모니를 둘러볼 수 있다.

를 살려 개조했고, 그 위의 푸른 부분은 새로 세웠다. 대형 콘서트홀 하나(2100개의 좌석)와 중·소 콘서트홀 2개(550석과 170석) 등 3개의 홀이 있다. 대형 콘서트홀은 4765개(이 중 380개는 목제)의 파이프와 연결된 오르간이 있다.

호텔, 고급 아파트, 식당 등의 부대시설도 갖추었다. 총 공사비 8억 6600만 유로로 최초 예상액의 11배나 더 들었다. 공사비가 너무 많이 들어 앞으로 몇십 년 동안은 적자운영이 불가피하다고 한다. 오스트레일리아 시드니 오페라하우스도 공사비가 많이 들었다. 공사비 700만 달러로 1963년에 완공 예정이었으나 10년 늦은 1973년에 14배 많은 1억 200만 달러가 들었다고 한다.

엘프필하모니는 2017년 1월 11일 개관했다. 개관식에는 요아힘 가우크 Joachim Gauck 연방대통령과 앙겔라 메르켈 총리가 참석할 정도로 독일인들의 관심을 받는 공연홀이다. 함부르크에 소재한 '북독일방송NDR 오케스트라'는 건물 이름과 같이 '엘프필하모니'로 이름을 바꾸었다.

엘프필하모니의 일부 내부 시설을 볼 수 있다. 붉은 벽돌 부분과 푸른 건물 중간 부분의 건물을 한 바퀴 돌며 엘베강과 주변 경관을 돌아보는 코스다. 엘프필하모니는 음악을 접할 수 있는 더 많은 기회를 제공하고, 음악 도시로서의 함부르크의 위상도 높여 주고 있다. 이와 함께 함부르크의 새로운 상징으로 자리 잡아 가고 있다.

헬무트 슈미트와 헬무트 슈미트 하우스

함부르크가 낳은 위대한 정치인이 있다. 독일의 제5대 총리 헬무트 슈미트 Helmut Schmidt(1918~2015)다. 슈미트는 총리 재임(1974~1982) 시 중동 오일쇼크 극복, 주요 7개국(G7) 정상회의 창설, 적군파 테러에 적극 대처, 소련의 동구권 핵무기 배치에 대한 대처 등 많은 업적을 이루었다. 슈미트는 독일은 물론 유럽 현대사에서 큰 발자취를 남겼으며, 세상을 떠난 뒤에도 사랑을 받는 정치인이다.

슈미트는 1918년 12월 23일 함부르크에서 태어났다. 21세에 하사관으로 복무하던 중 제2차 세계대전이 발발하자 동부전선의 전차사단 장교가 됐다. 1945년 4월 영국군의 포로가 되었다가 8월에 석방됐다. 대학 졸업 후 사민당(SPD)에 입당했다.

35세에 연방하원 의원에 당선되어 활동했다. 43세에 함부르크로 돌아와 주 내무장관으로 재직하던 1962년에 비시네테 대홍수가 함부르크를 강타했다. 그가 적극적으로 대처했으나 사망자 315명, 주택 파손 1700여 채로 피해가 컸다. 이때 보여 준 대처능력과 용기로 슈미트는 정치인으로서의 명성을 얻었다.

헬무트 슈미트 동상(라이너 페팅 작, 헬무트 슈미트 하우스, 함부르크)

슈미트는 47세에 다시 연방하원 의원으로 중앙 정치무대에 돌아왔다. 1969년 10월 빌리 브란트가 총리가 되자 국방장관(1969~1972)과 재무장관(1972~1974)으로 활동했다. 1974년 5월 자신의 보좌관이 동독 간첩으로 드러나 브란트가 사임하자 슈미트는 총리가 됐다. 그의 나이 56세였다. 1976년과 1980년 두 차례 총선에서 승리하며 연임에도 성공했다.

슈미트는 총리로서 많은 업적을 이루었다. 1975년에 지스카르 데스탱Giscard D'Estaing 프랑스 대통령과 함께 주요 선진국 정상회의인 G7을 창설했다. 또한 소련이 동독과 체코에 중거리 핵무기(SS-20)를 배치하자 슈미트는 적극 대응했다. 그의 제의로 북대서양조약기구(NATO)는 1979년 12월에 이중결의를 채택했다. 소련이 동구권에 배치한 핵무기를 철수하지 않자, 이중결의에 따라 서독은 1983년 11월에 핵무기를 배치하며 소련과 동독에게 안보에 대한 단호한 의지를 보여 주었다.

1982년 9월 실업자 문제와 재정적자 문제로 자유민주당(약칭 자민당)이 연정을 탈퇴한 데 이어 불신임안이 가결되어 슈미트는 총리직에서 물러났다. 이듬해인 1983년에 함부르크에서 발행되는 독일 최대 주간신문 『디 차이트Die Zeit』지의 공동발행인으로 언론에 종사했다.

슈미트는 정치인이자 학자였다. 『인간과 권력』, 『미래의 권력』, 『현직을 떠나서』 등 그의 저서는 베스트셀러였다. 특히 2008년 90세에 출간한 『현직을 떠나서Ausser Dienst』는 독일 젊은이와 정치인들에 대한 조언과 독일이 나아가야 할 방향을 다양한 분야에서 제시하여 큰 인기를 얻었다. 나도 이 책을 읽었다. 마침 한 국내 일간지의 요청으로 이 책에 관해 독후감 형식으로 아래와 같은 글을 썼다.

…슈미트는 젊은이들에게 급격히 변화하는 세계를 이해하기 위해 여행과 적어도 2개의 외국어를 배울 것을 권했다. 정치인들에게는 모든 민주적인 결정은 타협에 대한 의지와 능력이 전제되며 타협의 원칙이 의회민주주의의 핵심임을 강조했다. 정치인은 공동의 안녕이 자신의 경력보다 소중하고, 국민의 성공이 자신이나 소속 정당의 성공보다 더 중요함을 명심해야 한다고 역설했다.

21세기 급변하는 국제정치·경제 환경에서 독일이 끊임없이 변화하여 경쟁력을 높여야 함을 강조했다. 정부에도 조언했다. 점점 늘어나는 노인 인구와 연금 수령자에 대해 대비해야 하며, 실업자 감소에 정책의 최우선을 두어야 한다고도 제안했다. 실업률이 높으면 국민이 정부를 멀리할 위험이 있기 때문이라고 했다. 독일만이 아닌 모든 나라의 지도자들이 귀담아들어야 할 내용이다. 슈미트는 젊은이와 정치인들에게 열린 마음을 갖고 장래에 대한 철저한 준비를 당부했다….

독일에 있던 어느 날, 제1공영 텔레비전(ARD)을 시청하다가 깜짝 놀란 적이 있다. 슈미트 전 총리가 전직 대통령과 대담하는 도중에 담배를 피우고 있었던 것이다. 그것도 줄담배였다. 나중에 알고 보니 그는 독일인들이 흡연을 받아들이는 유일한 인사였다. 흡연을 받아들일 만큼 그는 국민들의 사랑을 받았다. 슈미트는 2010년 독일 최대 시사주간지 『슈피겔Der Spiegel』의 여론조사에서 독일의 정직성을 대표하는 인물 1위로 선정되기도 했다. 무엇 때문에 국민들의 존경과 사랑을 받았을까? 뛰어난 국정 운영, 신뢰할 수 있는 정치인, 검소한 면 때문일 것이다.

통일과 관련하여 슈미트는 통일이 자기 생전에 이루어질 것이라고는 생각하지 못했다고 했다. 그는 "언젠가는 우리 독일인이 다시 한 지붕 아래에 모이는 통일날이 올 것을 의심하지 않았다. 내 생전에 베를린 장벽이 붕괴되는 날을

헨리 키신저와 대담하는 헬무트 슈미트 전 총리. 담배를 피우고 있다. 가운데는 사회자인 테오 좀머 전 「디 차이트」지 발행인(2012. 11. 29, 함부르크)

보게 되리라고는 지난 수십 년간 전혀 기대하지 않았었다."라고 회고했다. 통일은 물론이고 베를린 장벽 붕괴조차 어렵다고 본 것이다.

슈미트는 여러 정치인들과 교류를 했는데 특히 헨리 키신저Henry Kissinger 미국 전 국무장관과의 인연이 각별했다. 키신저는 함부르크에서 있은 슈미트와 대담을 위해 몇 차례 참석했다. 특히 2014년 1월 함부르크에서 있은 슈미트의 95회 생일 축하연에도 참석하여 우의를 과시했다.

슈미트는 2015년 11월 10일 자택에서 97세를 일기로 숨졌다. 장례식은 11월 23일에 성 미카엘 교회에서 국장國葬으로 치러졌다. 가우크 대통령과 메르켈 총리는 물론 헨리 키신저도 참석하여 조사를 했다. 그는 함부르크의 사설 가족묘역에 묻혔다. 지도층의 이러한 검소함은 독일을 강하게 하는 요인 중 하나다.

　슈미트가 세상을 떠난 뒤 함부르크 공항은 '함부르크 헬무트 슈미트 공항'으로 이름을 바꾸었다. 연방하원은 2017년 1월 1일에 헬무트 슈미트 재단을 설립하여 그의 업적으로 기리는 사업을 추진하고 있다. 슈미트는 영원한 함부르크인이다.

제10장

뤼베크

한자동맹의 맹주, 북방으로의 관문, 홀슈텐토어, 성모 마리아 교회, 북스테후드, 3명(토마스 만, 빌리 브란트, 귄터 그라스)의 노벨상 수상자, 유네스코 세계문화유산의 도시, 슐레스비히-홀슈타인 주 제2의 도시

뤼베크는

뤼베크Lübeck는 올 때마다 애잔한 생각이 들게 하는 도시다. 아마도 지난날 한자동맹의 맹주로 찬란했던 뤼베크의 영광을 더 이상 볼 수 없다는 생각 때문일 것이다. 그렇지만 뤼베크는 트라베강Die Trave이 흐르고 중세의 아름다움을 간직하고 있으며, 3명의 노벨상 수상자가 있는 매력적인 도시다.

뤼베크라는 이름은 819년 이전에 슬라브인들이 조성한 거주지 리우비체 Liubice('사랑스러운'이라는 뜻)에서 유래했다. 문헌상으로는 250여 년이 지난 1072년에 처음 나타났다. 1143년 홀슈타인Holstein의 백작 아돌프 폰 샤우엔부르크Adolf von Schauenburg가 뤼베크를 세웠다. 뤼베크는 1160년에 시로 승격

됐다. 해상무역이 활발해지고 상인들이 모여들며 인구가 증가했다. 휴일과 공휴일에는 생선 섭취를 장려하여 청어와 소금 수요가 늘어나면서 청어와 소금 교역의 중심지였다.

뤼베크는 13세기 초 잠시 동안 덴마크 왕 발데마르 2세Waldemar II(재위: 1202~1241)의 영향 아래에 있었으나 1227년 7월 전투에서 승리하여 벗어났다. 그 1년 전인 1226년에 황제 프리드리히 2세Friedrich II(재위: 1220~1250, 교황과의 갈등으로 파문당했으며 그의 아들 콘라트 4세는 황제로 즉위하지 못했음)에 의해 제국시 (자유시)가 됐다.

뤼베크는 발트해(독일인들은 동해Ostsee로 부름)와 인접해 있어 예로부터 스칸디나비아 국가와 발트해 연안국 등 '북방으로의 관문Tor zum Norden'이었다. 이런 지리적 이점으로 인해 뤼베크는 12세기 중엽 이래 해상무역과 상업의 중심지였으며 부유했다. 뤼베크를 상징하는 단어는 '한자동맹의 맹주Königin der Hanse'다. 한자동맹은 해상무역의 안전과 외국에 나가 있는 상인들의 이익을 대변하기 위해 결성한 조직이다. 한자동맹의 맹주답게 한자동맹 의회인 한자 의회Der Hansetag가 1356년 이래 1669년까지 300년 넘게 주로 뤼베크에서 열렸다.

개신교도와 가톨릭 간의 갈등으로 시작된 30년 전쟁에 뤼베크는 중립을 유지했다. 전쟁 초반 열세에 처한 개신교도 측을 지원하기 위해 덴마크 왕 크리스티안 4세Christian IV가 개입했으나 신성로마제국 황제군에 패했다. 덴마크 왕은 1629년 뤼베크에서 체결한 평화협정에서 이 전쟁에 관여하지 않겠다고 약속했다(제7장 뮌헨 – '30년 전쟁과 베스트팔렌 조약' 참조).

뤼베크는 함부르크와 마찬가지로 1806년 11월부터 1813년까지 프랑스에 점령됐다. 뤼베크는 1815년 빈 회의에서도 자유와 한자 도시의 지위를 유지했으나, 1871년 프로이센이 독일을 통일하면서 자유시의 지위를 잃었다. 1942

트라베강을 끼고 있는 중세풍의 도시 뤼베크

년 영국군의 공습으로 시가지 1/5이 파괴됐다. 오늘날 슐레스비히-홀슈타인 Schleswig-Holstein주 제2의 도시다.

뤼베크는 중세 유적과 물(발트해와 트라베강)이 조화된 유네스코 세계문화유산 도시다. 또한 노벨상 수상자를 3명이나 배출한 도시다. 문학상을 수상한 토마스 만과 평화상을 수상한 빌리 브란트가 태어난 도시다. 『양철북』의 작가 귄터 그라스는 이 도시에서 살다가 문학상을 받았다. 뤼베크는 바다와 인접해 있어 생선 요리가 발달했다. 특히 5~6월에 뤼베크에 들른다면 '넙치Butt 또는 Scholle' 요리를 맛볼 만하다. 또한 특산품 마치판Marzipan(아몬드, 설탕, 달걀 흰자로 만든 과자)도 있다.

홀슈텐토어

뤼베크에 들어서면 입구에 진한 밤색의 건물과 마주한다. 뤼베크의 상징인 홀슈텐토어Holstentor다. 압도당할 정도로 웅장하다. 뤼베크 시민들이 베를린 브란덴부르크 문과 쾰른 대성당에 이어 널리 알려진 독일 건축물이라고 자랑하는 문이다.

12세기부터 해상무역으로 부富를 축적한 뤼베크는 외부의 침입에 대비하여 도시 외곽에 방어시설 겸 관문 역할을 하는 문을 4개 세웠다. 이 4개의 문 중에서 오늘날은 북쪽의 부르크토어Burgtor와 서쪽의 홀슈텐토어 2개만 남아 있다.

홀슈텐토어는 1464년에 건축가 힌리히 헬름슈테데Hinrich Helmstede가 설계하여 1478년에 후기 고딕 양식으로 세운 문이다. 독일 중세 후기 문 중에서 가장 널리 알려진 문이다. 트라베강 쪽으로부터 적의 공격에 대비하여 세웠으며, 30여 개의 소형 대포도 배치했다. 그런데 1806년 프랑스군이 침입 시 대포를 사용하지 못했다. 프랑스군이 홀슈텐토어 쪽이 아닌 북쪽 문으로 공격해 왔기 때문이다.

4개 층으로 된 홀슈텐토어는 양쪽에 고깔 모양의 둥근 지붕이 있는 2개의 거대한 탑이 있다. 가운데에는 둥근 아치 모양의 통행문이 있다. 도시 쪽으로는 큰 창문을 많이 만들었으나(235쪽 아래 사진), 트라베강 쪽으로는 적게 만들었다(235쪽 위 사진). 전투에 대비하기 위한 것이다. 탑과 탑 사이의 통로에 있는 창문은 침입하는 적들에게 물 등을 쏘는 용도로 만들어졌다.

1863년에 홀슈텐토어는 붕괴 위험이 있어 철거될 뻔했다. 다행히도 뤼베크 시의회가 한 표 차이로 유지하기로 결정하면서 살아났다. 이후 대대적인 보수공사를 거쳐 오늘날의 모습을 하고 있다. 바깥쪽에 "CONCORDIA DOMI FORIS PAX"라는 문구가 있다. "안으로는 단결, 밖으로는 평화"라는 뜻이다.

뤼베크의 상징 홀슈텐토어. 트라베강 쪽(위)과 시내 쪽(아래)에서 본 모습이다.

뤼베크 사자상. 오른쪽 깨어 있는 사자가 왼쪽의 잠자는 사자를 바라보고 있다.

도시 쪽에 "S. P. Q. L."의 문구가 있다. Senatus Populusque Lubecensis의 약자로 "뤼베크 시의회와 시민"이라는 뜻이다. 이 글자는 로마 곳곳에 있는 "S. P. Q. R."(로마 원로원과 시민)에서 따온 것이다. 또한 1477년과 1871년이 새겨져 있다. 1477년은 완공된 해를 나타낸다(실제 완공된 해는 1478년임). 1871년은 홀슈텐토어 보수공사를 마친 해이자 프로이센이 통일을 이룩한 해다.

홀슈텐토어 안에는 1950년에 설립한 뤼베크시 역사박물관이 있다. 9개 구역으로 나누어 원거리 무역, 홀슈텐토어 모형, 대포 등 도시 방어무기, 각종 배 모형, 17세기 뤼베크시 모형도, 뤼베크 중심지인 마르크트 광장 등을 전시하고 있다. 뤼베크의 역사와 문화를 알 수 있는 곳이다.

홀슈텐토어 앞 잔디 정원에는 뤼베크 사자상이 있다. 한쪽에서는 사자가 잠을 자고 있고, 그 잠자는 사자를 지켜보는 사자가 있다. 이 사자상은 처음에 뤼베크 시내에 있었다. 제2차 세계대전 중에 파괴되어 홀슈텐토어 앞에 새로 제작해 세웠다.

홀슈텐토어는 문화유적으로서의 중요성이 인정되어 1960~1991년까지 사용했던 50마르크 지폐 뒷면 도안에 들어 있었다. 또한 우표에도 여러 번 들어갈 정도로 독일인들의 사랑을 받고 있는 건물이다.

해상무역의 강자 한자동맹

뤼베크는 중세의 중요한 역사를 간직하고 있다. 뤼베크는 12세기 중엽~17세기 말까지 존재했던 한자동맹Die Hanse의 맹주였다. 한자동맹은 유럽의 상인과 도시들이 항해의 안전을 도모하고, 경제적 이익을 얻기 위해 결성한 동맹체다. 외국에 사무소를 두고, 물품 창고도 운영할 정도로 거대한 조직이었다.

이미 12세기부터 뤼베크 등 독일 저지대의 상인들은 400여 km나 떨어진 러시아의 노브고로드Nowgorod와 교역했다. 노브고로드에 의류, 외투, 곡물, 소금, 귀금속, 청어, 포도주 등을 팔고, 그곳에서는 모피, 왁스, 꿀, 향료와 비단 등을 사왔다. 노브고로드에는 비단길을 통해 들어온 아시아의 향료와 비단 등이 유통되고 있었다. 상인들은 원거리 무역이 빈번해지고 운반 상품도 많아지면서 해적들로부터 안전을 도모해야 했다. 또 더 많은 이익을 얻기 위해 단체를 조직하기 시작했다.

1143년에 뤼베크시를 세운 것도 이와 관련 있다. 1241년 뤼베크시와 함부르크시가 10년 넘게 유지했던 경제협력 관계를 조약 형태로 강화하면서 여러 도시들이 참여하는 동맹으로 발전했다.

'한자Hanse'는 '무리'를 뜻하는 고대 독일어다. 원거리 무역 상인들이 외국에서 단체를 만들며 '한자'를 사용하기 시작했다. 공식적으로 사용하기는 원거리 무역을 하는 도시들이 동맹을 결성한 14세기부터다. 한자동맹에서 '신뢰'가 가

한자동맹의 도시들. 베르겐, 베를린, 뒤스부르크, 브라운슈바이크, 단치히, 브루게, 뒤셀도르프, 보르홀트, 브레멘, 북스테후데의 문양(뤼베크 라츠켈러Ratskeller)

장 중요했다. 같은 법률 이외에 공용어로 중부지방의 독일어를 사용했다. 자체 정관이나 회원 리스트가 없었고, 자금 관리기구도 두지 않았다. 그럼에도 한자동맹은 400년 넘게 유지됐다. 신용과 결속력이 그만큼 강했기 때문이다.

한자동맹에 200여 개의 도시들이 참여했다. 뤼베크, 함부르크, 브레멘, 베르겐, 단치히, 브루게, 로스토크, 오스나브뤼크, 쾰른, 베를린 등 72개 도시들은 적극적으로 참여했고, 130여 개 도시들은 느슨한 관계를 유지했다. 독일, 네덜란드, 러시아, 영국, 스웨덴, 노르웨이의 도시들이 참여한 다국적 도시 동맹인 것이다. 맹주 역할을 했던 뤼베크는 '한자동맹의 여왕Königin der Hanse'으로 불릴 정도로 주도적 역할을 했다. 한자동맹에 참여했던 도시들은 1475년에 황제에 의해 한자 도시Hansestadt로 승격됐다. 한자동맹의 전통은 오늘날에도 이어져 함부르크, 뤼베크, 브레멘 등 도시들은 자랑스럽게 도시 이름 앞에 한자 도시임을 쓰고 있다. 자동차 번호판에도 사용하고 있다.

한자동맹은 러시아(노브고로드)와 노르웨이(베르겐) 등 북유럽 국가의 특산물

과 서유럽 국가의 특산품을 교역했다. 특
히 삼각무역이 활발했다. 곡물, 모직물, 귀
금속, 청어, 맥주, 포도주, 소금 등을 베르
겐에 팔고, 베르겐에서 대구大口와 목재를
구입하여 런던에 팔았다. 런던에서는 양
모를 구입하여 플랑드르 지방(양털을 가공
해 모직물을 생산했던 유럽 최대의 생산지로 오
늘날 벨기에와 네덜란드)에 팔았다. 플랑드
르에서는 모직을 구입하여 뤼베크에 팔았
다. 이런 무역을 통해 많은 이익을 남겼다.

한자동맹은 1350~1400년 사이의 50년
동안 최전성기를 누렸다. 무역 분쟁이 있
을 때 항상 자신의 이익을 관철하는 북유
럽의 강자였다. 서쪽으로는 영국과 프랑
스의 대서양 연안 도시로, 남쪽으로는 스
페인, 포르투갈, 이탈리아까지 진출했다.
16세기에는 노브고로드, 브루게, 런던, 베
르겐의 4곳에 콘토르Kontor라고 하는 지
사를 설치하고 물품 창고도 운영했다. 런

북방에서 생산된 모피를 들고 있는 한자 상
인. 나무로 만들어져 여러 곳이 손상됐다(유
럽 한자 박물관, 뤼베크).

던 템스강 변의 스틸야드Steelyard(독일어 슈탈호프Stahlhof)는 약 400여 명의 독
일 상인들이 거주할 정도로 규모가 컸다. 인근 부두에는 독일산 포도주를 실은
배와 양모를 수출하는 배들이 분주히 오갈 정도였다.

한자동맹에는 의회도 있었다. 각 도시의 대표들이 참가하는 한자 의회Der
Hansetag를 조직하고 1356년에 첫 회의를 열었다. 한자 의회는 한자동맹의 최고 의결기관이자 집행기관으로 무역과 관련한 현안 문제들을 다루었다. 1518년 뤼베크에서 열린 한자 의회에서는 의제가 41개였다. 의회는 주로 맹주인 뤼베크에서 열렸다. 1669년을 마지막으로 313년 동안 172회 열렸다. 한자동맹은 신성로마제국의 축소판이었다.

한자동맹은 전성기를 지나면서 위기를 겪었다. 위기는 여러 요인에서 왔다. 뉘른베르크와 아우크스부르크 상인들은 동서 교역 노선을 해상에서 프랑크푸르트–라이프치히–크라카우의 육로로 바꾸었다. 미주 대륙 발견 이후 대서양 무역이 발트해와 북해 무역보다 더 활발했기 때문이다. 또한 다양한 상품이 생산되고 거래되면서 한자동맹의 독점적 지위가 크게 줄어들었고, 영국과 네덜란드 상인들에 밀리면서 한자 상인들의 이익이 줄어든 이유도 있다. 이로 인해 1597년에 런던의 슈탈호프가 폐쇄됐다.

이러한 모든 요인들이 나타나면서 한자동맹은 쇠퇴하기 시작했다. 1669년 마지막 열린 한자 의회에 뤼베크를 비롯하여 함부르크, 브레멘, 단치히, 쾰른 등 9개(이 중 3개 도시는 대리 참석) 도시만 참석했을 정도로 약해졌다. 결국 한자동맹은 사라졌다.

300여 년이 지난 20세기 후반에 한자동맹이 부활했다. 옛 한자동맹 도시들이 1980년에 새로운 한자동맹Die neue Hanse(또는 Städtebund DIE HANSE)을 결성한 것이다. 독일(103개), 폴란드(23개), 네덜란드(18개), 러시아(14개), 라트비아(8개), 영국(4개), 스웨덴(4개), 핀란드 등 16개국 200여 개 도시들이 회원으로 참여하고 있다. 옛 한자동맹의 도시들이 거의 참여하고 있는 것이다. 과거의 유대를 생각하며 경제와 문화 면에서 협력을 다지기 위한 모임이다. 매년 돌아가면서 회의도 연다. 2014년에 뤼베크에서, 2018년에는 로스토크에서 열렸다.

한자동맹에 관해 좀 더 자세히 알 수 있는 유럽 한자 박물관Europäisches Han-semuseum Lübeck이 2015년 뤼베크에 세워졌다. 뤼베크뿐만 아니라 전 유럽 한자동맹의 역사와 문화에 관한 박물관이다. 도미니크 수도회가 13세기에 세운 수도원 건물에 들어선 이 유럽 한자 박물관은 지하와 지상의 2개 층으로 되어 있다.

성모 마리아 교회와 북스테후데

뤼베크에는 도시 크기에 비해 교회가 많이 있다. 교회 탑으로 인해 '7개의 탑의 도시'로도 불린다. 뤼베크에서 탑이 가장 높은 교회는 성모 마리아 교회St. Marien zu Lübeck다. 1277년에 착공하여 74년 후인 1351년에 완공한 고딕 양식의 교회다. 뤼베크 시의회와 시민들의 추모 교회이며, 시청에서 가까운 곳에 세웠다. 2개의 탑은 높이가 125m나 된다. 교회 내부 천장의 높이는 38.5m로 세계에서 가장 높다고 한다. 높은 탑과 높은 천장은 고딕 양식의 전형적인 특징이다. 한자동맹 맹주의 권위와 부를 잘 나타내는 교회다. 북부 독일 지역에 세워진 70여 개 교회의 모델이 됐다.

성모 마리아 교회가 자랑하는 작품이 있다. 1515년에 브라벤더Heinrich Bra-bender가 제작한 〈최후의 만찬〉 부조와 1463년에 노트케Bernd Notke가 제작한 〈죽음의 무도〉 그림이 있다. 〈죽음의 무도〉는 중세에 유행했던 죽음을 주제로 한 작품으로 회화, 목판화, 벽화, 스테인드글라스 등에 죽음의 상징인 해골을 담았다. 또한 '죽음의 무도 오르간Totentanzorgel'과 16세기에 제작한 천문시계도 있다. 〈죽음의 무도〉, '죽음의 무도 오르간', 천문시계는 1942년 3월 말 폭격으로 파괴됐으나 복원했다. 폭격으로 파손된 종鐘은 전쟁에 대한 경고로 한구석에 그대로 놓여 있다.

뤼베크에서 가장 높은 탑이 있는 성모 마리아 교회

성모 마리아 교회 입구에 있는 악마 동상

교회 입구에 해맑게 웃는 얼굴을 한 악마 동상과 긴 돌이 있다. 악마와 어울리지 않는 동상이다. 전설을 소재로 1999년에 설치한 동상이다.

교회를 짓고 있을 때 한 악마가 와서 와인하우스를 세우는 것으로 생각하고 도왔다. 악마의 도움으로 교회는 놀랍게도 빨리 완공됐다. 어느 날 악마는 교회 건물임을 알고 화가 나서 기다란 돌을 가져와 부수려고 했다. 그때 누군가가 악마에게 "멈

추게, 세워진 것은 그대로 두게! 그 대신 와인하우스를 지어 주겠네."라고 달래자 악마는 돌을 내려놓았다. 그리고 맞은편에 와인하우스를 지어 악마를 달랬다고 한다.

성모 마리아 교회는 디트리히 북스테후데Dietrich Buxtehude(1637?~1707)가 오르간 연주자로 활동하여 더 유명해졌다. 덴마크 출신 북스테후데는 이 교회에서 1668년부터 1707년까지 39년 동안 오르간 연주자로 활동했다. 그는 매주 목요일에 열리는 '저녁 음악회'를 1673년부터 크리스마스 전 다섯 번째 일요일 오후로 바꾸어 대규모로 열었다. 결과는 대성공이었다. 이후로 이 음악회가 널리 알려지면서 이 교회의 오르간 연주자 자리는 특별한 자리로 여겨졌다.

함부르크에서 활동하던 헨델과 요한 마테존이 1703년에 뤼베크에 와 북스테후데의 연주를 들었다. 1705년 11월에는 20세의 바흐가 북스테후데의 오르간 연주를 듣고 연주자 자리를 알아보기 위해 아른슈타트에서 약 400km를 걸어서 왔다. 바흐는 4개월 동안 머물다가 돌아갔다.

그 당시 교회 연주자가 되려면 전임 오르간 지휘자의 딸과 결혼해야 하는 불문율이 있었다고 한다. 북스테후데의 딸이 30세로 나이가 많았고, 매력을 끌 만큼 예쁘지 않아 헨델과 바흐 두 사람

바흐가 1705년에 유명한 북스테후데의 음악을 듣기 위해 뤼베크에 왔다고 전하는 동판. 바흐가 북스테후데의 뒤에서 수줍어하고 있다.

은 결혼하고 싶은 마음이 없었다고 한다. 바흐는 뤼베크에서 북스테후데 음악을 체험한 경험을 토대로 명곡 〈토카타와 푸카 d단조〉 BWV 565를 남겼다(바흐에 관해서는 제13장 라이프치히 – '음악의 아버지 바흐' 참조).

부덴브로크 하우스와 토마스 만

뤼베크에 끌리는 힘은 중세풍의 도시 정경과 노벨상 수상자가 3명이나 있다는 점이다. 2명이 문인이고 1명은 정치인이다. 이들 3명의 노벨상 수상자와 관련 있는 곳을 돌아본다.

처음 들러 볼 곳은 토마스 만Thomas Mann(1875~1955)의 생가다. 흰색으로 된 부덴브로크 하우스Buddenbrookhaus로, 성모 마리아 교회 맞은편에 있다(Mengstraße 4). 토마스 만의 할아버지가 1841년에 구입하여 1891년까지 50년 동안 만의 가족이 살았던 집이다. 1893년에 뤼베크시가 구입하여 1922년에 만의 소설 이름을 딴 부덴브로크 서점을 열었다. 이 서점은 1942년 영국군의 폭격으로 크게 파괴됐으나, 1954년에 한 은행이 구입하여 복구한 후 지점을 개설했다.

1991년에 큰 전환이 왔다. 뤼베크시가 은행 지점 건물을 구입하며 토마스 만의 대표 작품의 이름을 따 '부덴브로크 하우스'로 개조했다. 만의 형 하인리히도 작가였던 관계로 1993년에 '하인리히와 토마스 만 연구소'를 설립하면서 만 가족의 중요한 연구소 기능도 하고 있다. 입구에 토마스 만의 상이 있고, 그의 작품과 기념품을 구입할 수 있는 서점도 있다.

토마스 만은 1875년 6월 6일 뤼베크에서 6남매의 둘째로 태어났다. 아버지는 뤼베크시 의원이었으며 부친으로부터 물려받은 큰 곡물상을 경영하는 명망 있는 부유층이었다. 어머니는 독일–포르투갈계로 피아노 연주와 노래에 재능

토마스 만이 태어난 부덴브로크 하우스

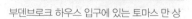

부덴브로크 하우스 입구에 있는 토마스 만 상

이 있었다. 만은 18세 때인 1893년에 뮌헨에 있는 보험회사 수습사원으로 근무했다. 이때 첫 작품 『호의』를 발표하며 문단에 데뷔했다.

토마스 만의 문학적 재능은 26세이던 1901년에 발표한 장편소설 『부덴브로크가의 사람들, 한 가족의 몰락Buddenbrooks, Verfall einer Familie』에서 잘 나타난다. 만은 그의 가문과 자신을 모델로 한 이 소설로 1929년에 노벨 문학상을 받았다.

만은 이 소설에서 뤼베크의 부유한 한 상인 가문이 1835~1877년의 42년 동안 4대에 걸쳐 몰락하는 과정을 담았다. 1대 증조부는 기업가였던 요한 부덴브로크, 2대는 영사領事요 곡물 상인이었던 그의 아들 요한 장 부덴브로크, 3대는 두 아들 토마스와 크리스찬, 그리고 두 딸 토니와 클라라, 4대는 작은 요한 또는 하노다. 4대 작은 요한은 삶의 의욕을 상실한 채 음악에 몰입하여 살다가 장티푸스로 죽는다. 그의 죽음과 함께 부덴브로크가는 몰락했다.

토마스 만은 1914년 제1차 세계대전이 일어나자 「프리드리히와 대동맹」 등 정치 논문을 발표했다. 1924년에는 12년 동안 준비한 장편소설 『마魔의 산』을 발표했다. 함부르크 출신의 젊은 엔지니어 한스 카스토르프는 폐결핵 요양소에 입원해 있는 사촌 형을 문병하기 위해 스위스 다보스로 간다. 그곳에서 카스토르프는 자신도 폐가 나쁘다는 진단을 받고 요양소에 입원하게 된다. 그는 요양소에서 7년을 지내며 만난 사람들을 통해 삶과 죽음에 대한 생각을 넓혀나간다. 결국 그는 평지로 내려와 제1차 세계대전에 참전한다는 내용이다.

토마스 만은 소설뿐만 아니라 논문 발표와 강연도 했다. 나치 정책을 비판했던 만은 1933년 나치 정권이 들어서자 파리를 거쳐 스위스로 이주했다. 그곳에서 살다가 1938년에 미국으로 망명했다. 미국에서 '독일 청취자Deutscher Hörer'라는 반反나치 연설을 했다. 이 연설은 BBC를 통해 방송됐다. 전쟁이 끝나자 1952년에 스위스 취리히 근교에 거주했다. 그는 1949년 괴테 탄생 200주년에, 1955년 실러 사망 150주년에 바이마르 국립극장에서 연설했다. 1955년 5월에는 뤼베크에도 들렀다. 3개월 후인 8월에 80세를 일기로 사망했다.

토마스 만의 주요 작품으로『부덴브로크가의 사람들』,『토니오 크뢰거』,『베네치아에서의 죽음』,『마의 산』,『파우스트 박사』등이 있다. 이창복 한국외국어대학교 명예교수는 "토마스 만의 작품 대부분이 그의 전기이고 내적 고백"이라며, "토마스 만은 독일의 근대 소설을 세계적 수준으로 끌어올린 20세기 초반의 가장 위대한 독일 소설가"라고 평했다.

빌리 브란트 하우스와 빌리 브란트

1970년 겨울로 가는 12월 7일 한 독일 정치인의 행동이 전 세계에 큰 감동을 주었다. 바르샤바의 유대인 추모비 앞에서 무릎을 꿇고 나치 독일이 폴란드 내 유대인들에게 행했던 만행에 대한 사죄였다. 이 정치인은 총리 빌리 브란트Willy Brandt였다. 그의 '무릎 꿇기' 사죄 행동은 예정에 없이 이루어졌다. 브란트는 독일은 물론 유럽 현대사에 큰 획을 남긴 정치인이다. 유럽의 긴장완화와 동·서독 관계를 개선한 공로로 1971년에 노벨 평화상을 받았다. 뤼베크 출신으로는 두 번째 노벨상 수상자다.

1994년에 빌리 브란트 재단 설립 관련법이 제정된 후 베를린에 '빌리 브란트 포럼'이 설립됐다. 그의 탄생 94주년인 2007년 12월 18일 뤼베크에 '빌리 브란트 하우스Willy Brandt Haus Lübeck'가 들어섰다(Königstrasse 21).『양철북』의 작가로 뤼베크에 살았던 귄터 그라스Günter Grass의 제의로 이루어졌다. 그는 1960년대 이래 브란트와 가깝게 지냈었다.

빌리 브란트 하우스에 들어서면 입구에 브란트 조각상을 볼 수 있다. 이 조

바르샤바의 유대인 추모비 앞에서 무릎을 꿇고 과거 나치 독일이 저질렀던 만행에 대해 사죄하는 브란트 총리(1970. 12. 7)

각상은 베를린의 사민당 당사(당사 이름도 '빌리 브란트 하우스'임)에 있는 조각상의 축소형이다. 빌리 브란트 하우스에는 브란트가 뤼베크에서 보냈던 어린 시절부터 서베를린 시장, 외무장관, 총리 재임 시의 활동을 시대별로 정리해 놓았다. 여러 사진이 있고 그의 주요 연설을 들을 수도 있다.

정원에는 베를린 장벽 잔해가 있다. 브란트가 서베를린 시장 재임 시 장벽이 세워졌기 때문에 갖다 놓은 것이다. 한쪽에는 브란트의 저서와 조그만 장벽 조각 등을 팔고 있다. 기념관 뒤편에 있는 조그만 정원은 '귄터 그라스 하우스'와 연결되어 있다. 빌리 브란트 하우스는 박물관 이외에 강연, 토론과 정치교육센터로도 이용하고 있다. 나는 뤼베크에 갈 때마다 짬을 내어 이곳에 잠시 들러 브란트의 생애를 회상하곤 했다.

브란트에 관해서는 이미 일부 다루었다(제5장 본 – '빌리 브란트와 빌리 브란트 기념관' 참조). 브란트는 1913년 12월 18일 뤼베크에서 태어났다. 아버지가 누구인지도 모른 채 상점 점원인 홀어머니와 외할아버지 밑에서 자랐다. 어릴 때 이름은 헤르베르트 에른스트 카를 프람Herbert Ernst Karl Frahm이었다. 학생 시절부터 사회주의 청소년 활동에 열성적이었던 그는 1930년에 사민당에 가입했다. 1932년 뤼베크 신문에 '빌리 브란트'라는 가명으로 기고하면서 지하운동을 했다. 1933년 1월 히틀러가 정권을 잡자 나치를 피해 노르웨이와 스웨덴으로 망명했다.

빌리 브란트 하우스

빌리 브란트 동상(사민당(SPD) 당사 빌리 브란트 하우스, 베를린)

　브란트는 1936년에 베를린, 파리, 마드리드로 몰래 드나들며 지하조직을 이끌기도 했다. 전쟁이 끝난 후 1947년 베를린에 세운 연합국통제위원회에 노르웨이 대표부의 공보관으로 활동하며 뉘른베르크 전범재판소에도 출입했다.

　그는 1948년 빌리 브란트라는 이름으로 독일 국적을 회복하고 사민당에 복귀했다. 브란트는 1949년에 서베를린 시의회의원으로 정치를 시작하여 1957년 10월부터 1966년까지 서베를린 시장으로 재임했다. 그는 시장으로 재임 중이던 1961년 8월 베를린 장벽 설치에 큰 충격을 받았다. 서독이 동독과 대결할 것이 아니라 관계를 개선해야 한다고 주장했다. 1966년 기민/기사당과 사민당이 수립한 대연정大聯政에서 외무장관(1966~1969)으로 활동했다.

브란트는 1969년 9월 총선에서 승리하여 총리가 됐다. '신 동방정책Die neue Ostpolitik'을 추진하며 대치 상태에 있던 동서 유럽 간의 긴장완화에 기여했다. 동독에 대해서는 "특별한 형태의 관계"를 내세우며 1972년 12월에 기본조약을 체결하여 관계 개선을 위한 토대를 마련했다. 아쉽게도 보좌관이 동독 간첩으로 드러나 브란트는 1974년 5월 총리직에서 물러났다.

브란트가 추진했던 '신 동방정책'은 통일정책이 아니다. '신 동방정책'의 목표는 통일이 아니라 분단을 잘 관리하며 동독과의 긴장을 완화하는 데 있었다. 더 나아가 국제사회에서 분단된 독일의 이익을 증진하고자 했다. 물론 결과적으로 통일을 이루는 데 도움이 됐지만 통일정책은 아니었다.

브란트는 총리직에서 물러난 이후에도 연방하원 의원으로, 또 사민당 대표로 정치에 적극 관여했다. 1987년 3월 사민당원이 아닌 독일 태생의 그리스 여인을 사민당 대변인으로 임명하기로 한 결정이 큰 반대에 부딪히자 당대표에서 물러났다.

브란트는 통일된 독일에서 2년을 살다가 1992년 10월 8일 라인강 변의 도시 웅켈에서 숨졌다. 그가 세상을 떠난 후 독일 내 많은 도시의 거리나 광장 이름이 그의 이름을 따서 지어졌다. 최초의 동·서독 정상회담 참석을 위해 브란트가 도착한 에르푸르트역 광장은 빌리 브란트 광장으로 바뀌었다.

나는 2013년 12월 11일 뤼베크에서 열린 브란트 탄생 100주년 기념행사에 초청받아 참석한 적이 있다. 요하임 가우크 독일 대통령, 하인츠 피셔Heinz Fischer 오스트리아 대통령을 비롯하여 가브리엘Gabriel 사민당 대표 등 많은 인사들이 참석했다. 피셔 대통령은 "브란트는 20세기 유럽 최고 정치인의 한 사람으로 독일뿐만 아니라 유럽 정치에 큰 영향을 끼친 정치인이었다."라고 회고했다. 동·서독 관계 개선과 유럽의 평화와 안정에 기여한 브란트의 생애와 업적을 되돌아보는 행사였다. 1989년 10월 한국 방문 시 브란트를 만나 잠시 대화를 나누었던 나에게는 의미 있는 자리였다.

귄터 그라스 하우스와 귄터 그라스

세 번째로 돌아볼 곳은 귄터 그라스 하우스Günter Grass-Haus다. 빌리 브란트 하우스 정원 뒤편에 있지만 돌아가야 한다(Glockengießerstrasse 21). 귄터 그라스Günter Grass(1927~2015)의 문학, 조각, 예술 작품을 전시하는 박물관이자 그의 작품을 연구하는 연구소다. 그라스는 작가요 조각가요 화가이자 디자이너로 다양한 재능을 가진 사람이었다. 그라스가 비서실로 쓰던 건물을 개조하여 그의 75번째 생일인 2002년 10월 말에 개관했다.

그라스는 1959년에 발표한 『양철북Die Blechtrommel』으로 세계적인 작가의 대열에 합류했다. 『양철북』은 3부로 된 장편소설이다. 성장이 멈춰 정신병원에 수감된 주인공 오스카 마체라트가 지나온 과거를 회상하는 형식의 소설이다. 오스카는 현실사회가 싫어 세 번째 생일에 스스로 지하실 계단으로 추락하여 성장이 멈춘 난쟁이다.

오스카의 할아버지 콜야이체크는 폴란드 경찰에 쫓기던 중 감자밭에서 감자를 굽던 한 여인과 만난다. 그 둘 사이에 오스카의 어머니 아그네스가 출생했다. 어머니는 독일인 알프레트 마체라트와 결혼한다. 오스카는 자신의 이야기를 통해 나치의 등장, 제2차 세계대전, 나치의 멸망 등 1899~1954년의 폴란드와 독일의 역사를 풀어 가면서 서민들의 생활상을 담고 있다. 발표한 지 40년이 지난 1999년에 노벨 문학상을 받았다.

귄터 그라스는 1927년 10월 16일 폴란드 자유시 단치히Danzig(1920년에 자유시였으나, 1939년 독일에 합병되었다가 1945년 이후 폴란드 영토가 되어 오늘날 그단스크Gdańsk로 불림)에서 태어났다. 아버지는 독일인으로 식료품 가게를 운영했으며, 어머니는 가톨릭계 카슈바이(슬라브계)인이었다. 그라스는 1937~1941년 동안 나치 소년단원, 히틀러 청년당원이었다. 1942년 15세 때 독일군에 자원입대하여 17세 때 나치 무장친위대(SS) 기갑사단에 복무하다 1945년 5월 영국군의 포로가 됐다. 19세 때인 1946년에 석방되어 고향에서 석공石工 일을 했다. 그리고 독일로 이주했다.

그라스는 뒤셀도르프 예술대학교(1947~1952)에서 디자인과 조각을, 베를린 예술대학교(1953~1956)에서 금속조각을 공부했다. 1954년에 무용수 안나 슈바

귄터 그라스 하우스

르츠Anna Schwarz와 결혼했다. 문학 동인인 '47그룹'에 가입했다. 그라스는 파리에 거주하던 1959년에 발표한 첫 소설 『양철북』으로 큰 주목을 받았다. 이소설로 게오르크 뷔히너상, 테오도어 호이스상 등을 수상하며 작가로서의 입지를 굳혔다. 1972년 이래 슐레스비히-홀슈타인주의 베벨스프레트에 거주하다 1986년에 뤼베크 인근에서 살았다.

그라스는 현실정치에 깊게 개입한 작가였다. 1961년 8월 베를린 장벽이 세워지면서 정치적 입지가 어렵게 된 서베를린 시장 브란트 지지를 선언하며 현실정치에 참여했다. 같은 해에 '47그룹'의 일원으로 브란트 시장을 만나면서 긴밀한 관계가 시작됐다. 1961년 이후 네 차례의 서독 총선에서 브란트의 연설문 보좌관으로 활동할 정도로 그와 가깝게 지냈다. 이후에도 총선에서 사민당을 지지하는 활동을 넓혀 나갔다.

그라스는 2006년 8월에 발표한 자서전 『양파 껍질을 벗기며Beim Häutnen der Zwiebel』에서 지금까지 침묵했던 자신의 과거를 고백했다. 17세 때 나치의 무장친위대에 근무했다고 밝힌 것이다. 그러나 나치 무장친위대에 근무하는 동안 전쟁범죄를 저지르지 않았고, 총도 쏘지 않았다며 나치에 적극 동조하지 않았다고 주장했다. 그는 2015년 4월 88세를 일기로 뤼베크에서 숨졌다.

그라스가 남긴 문학작품으로 『양철북』 이외에 『고양이와 쥐』, 『개들의 시절』, 『넙치』, 『광야』, 『계걸음으로 가다』, 『나의 세기』, 『아득한 평원』 등이 있다. 또한 〈넙치를 잡은 손〉 등의 조각작품도 있다. 그는 넙치를 소재로 한 소설뿐만 아니라 조각작품도 있을 정도로 뤼베크 특산물인 넙치를 좋아했다. 빌리 브란트 하우스 뒤편 정원에서 보면 귄터 그라스 하우스에 그린 넙치 그림을 볼수 있다.

제11장

브레멘

자유와 한자동맹, 롤랑상, '브레멘 도시 음악대', 브레멘주의 수도

브레멘은

함부르크와 뤼베크 이외에 '자유와 한자 도시Freie und Hansestadt'에 긍지를 갖는 또 하나의 도시가 있다. 브레멘Bremen이다. 그림 형제Brüder Grimm의 동화 「브레멘 도시 음악대」로도 잘 알려져 많은 이들이 찾는 도시다. 브레멘하펜 Bremenhaven과 함께 주州를 이루며, 독일 16개 주 중에서 가장 작은 주다.

브레멘은 탄생 1000년이 넘는 역사가 오래된 도시다. 780년에 프랑크 왕 카를 (카롤루스)은 이교도 지역인 브레멘에 전도사 빌레하트Willehad를 파견했다. 브레멘은 782년에 문서상으로 처음 나타났고, 787년에 주교主教구가 됐다. 845년에 바이킹족이 함부르크에 쳐들어오자 안스가르Ansgar 대주교가 브레멘으로 피신해 오면서 브레멘은 함부르크-브레멘 대주교구가 됐다.

브레멘은 888년에 동프랑크 왕 아르눌프Arnulf로부터 시장개설권을 얻으며 일찍부터 발전했다. 965년에는 신성로마제국 초대 황제 오토 1세로부터 관세권, 동전주조권, 재판권과 함께 시장개설권을 얻었다. 1035년에는 황제 콘라트 2세로부터 봄과 가을 두 차례의 시장개설권을 얻었다. 가을시장 개설 전통은 '자유시장Freimarkt'이라는 이름으로 오늘날에도 이어져 해마다 열리고 있다.

1186년에 황제 프리드리히 1세는 브레멘을 '자유의 제국시Freie und Reichsstadt'로 지정했다. 황제는 문서에서 "브레멘에서 1년 이상 거주한 자는 '자유인'이며, 브레멘 이외에 어떤 영주의 지배를 받지 않는다."라고 명시하여 브레멘의 권한을 강화했다. 1350년에는 유럽을 휩쓸었던 페스트로 인구의 1/3인 7000여 명이 목숨을 잃었다.

1358년에 브레멘은 한자동맹에 가입했다. 브레멘 상인들은 플랑드르, 영국, 스칸디나비아 국가들과의 무역을 통해 부유해지며 점차 경제적으로나 정치적으로 강해졌다. 강해진 브레멘은 1366년에 브레멘 대주교의 지배로부터 벗어났다. 브레멘 돔의 수호자 베드로의 상징인 열쇠를 브레멘의 상징으로 사용하면서 시市 직인에 도입했다. 브레멘의 상징이 된 열쇠는 오늘날 세계로 나가는 문을 열고, 자신의 집을 잠그는 정치적인 의미로 쓰이고 있다.

1405년에 시청사 건립을 시작하여 1408년에 고딕 양식으로 지었다. 200년이 지난 1612년에 다시 베저Weser 르네상스 양식으로 증축했다. 1545년에 원로 선원, 선원의 부인 또는 미망인을 돌보기 위한 재단인 '항해의 집Haus Seefahrt'을 설립했다. 이 재단을 지원하기 위해 시작한 샤퍼말차이트 만찬 행사 Schaffermahlzeit는 오늘날에도 계속되고 있다. 무역을 통해 부를 축적하며 브레멘은 16세기 후반부터 경제적으로나 문화적으로 번창하기 시작했다. 1600년

브레멘의 중심 마르크트 광장에 있는 시청(왼쪽)과 성 베드로 교회(가운데)

에 상인조합 건물인 쉐팅Der Schütting을 세우면서 브레멘은 오늘날의 모습을
띠게 됐다.

　1646년에 황제 페르디난트 3세는 린츠 문서Linzer Diplom에서 브레멘이 황제
직속의 자유의 제국시임을 재차 승인했다. 이 문서로 브레멘의 지위가 상승했
고, 대주교로부터 쟁취한 브레멘의 독립성이 공식적으로 인정됐다. 1648년 30
년 전쟁을 종결한 베스트팔렌 조약에서 브레멘은 브레멘 대공국이 되면서 스
웨덴에 속했다. 정치적으로 브레멘은 '자유의 제국시와 한자 도시'의 지위를 유
지했다.

　30년 전쟁 결과 영향력이 강해진 스웨덴은 1646년의 린츠 문서를 인정하지
않고 전략적으로 중요하고 부유한 브레멘을 차지하기 위해 오랫동안 괴롭혔
다. 1666년 스웨덴은 브레멘을 공격했다. 그해 11월 하벤하우젠Habenhausen

평화협정을 체결하며 스웨덴과의 갈등은 일단락됐으나, 브레멘은 한동안 스웨덴의 영향력 아래에 있어야 했다.

1806년 신성로마제국이 멸망하자 브레멘은 스스로를 '자유의 한자 도시'임을 선언했다. 1810~1814년 동안 브레멘은 나폴레옹군에 점령됐다. 브레멘은 1815년 빈 회의에 대표를 파견하며 자유시의 지위를 지켰다. 1827년에는 하노버로부터 선박 이용이 가능한 항구시설을 얻으면서 브레멘하펜시가 탄생했다. 1871년 수립된 독일제국에서도 브레멘은 '자유의 한자 도시' 지위를 유지했다.

제2차 세계대전 중 도심지와 항구는 폭격으로 대부분 파괴됐다. 특히 1944년 8월 18~19일에 있은 폭격으로 시가지의 62%, 항구는 90%가 파괴됐고, 약 1000여 명이 목숨을 잃었다. 1947년 미군 점령지였던 브레멘은 브레멘하펜과 함께 주州가 됐다.

보행자 거리인 뵈트커 슈트라세에 있는 일곱 개의 게으른 분수대

1926년에 시청 맞은편에 조성한 보행자거리 뵈트커 슈트라세Böttcherstrasse 는 많은 관광객들이 찾는 명소가 됐다. 2004년에 600여 년 역사의 시청 건물과 롤랑Roland상은 문화적인 가치를 인정받아 유네스코 세계문화유산이 됐다. 천 년이 넘는 역사의 브레멘은 동화「브레멘 도시 음악대」로 더 널리 알려졌다.

브레멘 롤랑상

브레멘이 자유와 한자동맹의 도시였음을 자랑스러워하는 특징을 나타내는 상징이 있다. 브레멘의 자유와 권리의 수호자로 시청 앞 광장에 우람하게 서 있는 브레멘 롤랑Bremer Roland상이다. 롤랑상은 브레멘에 시장개설권, 무역 권, 자유권을 준 신성로마제국 황제의 대리인으로 서 있다.

롤랑상은 원래 나무로 만들어졌다. 안타깝게도 1366년에 브레멘 대주교의 시종이 태워 버렸다. 브레멘이 대주교의 지배로부터 벗어나자 대주교의 시종 이 화가 나 태워 버린 것으로 보인다. 1404년에 불에 타지 않도록 돌로 된 지금 의 롤랑상을 다시 세웠다. 롤랑상은 받침대로부터 총 높이 10.21m(롤랑상 자체 는 5.5m)로 독일 중세의 입석상 중에서 가장 큰 상이다.

롤랑은 카를 대제의 용사 12명 중의 한 사람이었다. 카를 대제의 조카 또는 사촌으로 추정된다. 카를 대제의 후위 부대는 사라고사Zaragoza(오늘날 스페인 북동부 아라곤 지방)를 정복하고 778년 8월 피레네산을 넘어 귀국하던 중 바스 크(피레네산맥 서부 지방으로 스페인과 프랑스에 걸쳐 있음)인들의 매복에 걸려 크게 패했다. 후위 부대를 지휘하던 롤랑은 전사했다. 이 사건은 후에『롤랑의 노래 La Chanson de Roland』(11세기 말~12세기 초 프랑스 최초의 서사시)로 알려지게 된다.

롤랑상은 여러 장비를 두르고 있다. 사슬로 된 갑옷, 가죽 속옷(갑옷 속에 입는 옷), 갑옷, 다리 보호대 등 여러 장비와 긴 곱슬머리 모습의 롤랑의 자태는 기사도의 품위를 나타내고 있다. 대검을 위로 들어 올린 것은 기사의 상징이자 도시 정의의 상징을 나타낸다. 브레멘이 더 이상 대주교의 지배 아래에 있지 않다는 듯 롤랑의 눈은 대주교가 있는 돔을 향하고 있다.

받침대에서 무릎까지의 길이는 1브레멘 엘레Elle다. 엘레는 옛날 브레멘에서 통용됐던 척도로 1엘레는 약 66cm였다. 그가 들고 있는 신성로마제국의 쌍독수리 문양의 방패는 자유시를 위해 오랫동안 투쟁해 온 브레멘의 표시다. 방패

유네스코 세계문화유산인 브레멘 롤랑상

테두리에는 다음과 같은 글이 있다.

카를 대제와 다른 여러 제후들이 이 도시에 부여한 자유를 브레멘에게 공
표하노니. 이에 대해 신께 감사하며, 이는 나의 생각이다.

브레멘 롤랑상은 1973년 이래 기념물 보호 대상이다. 또한 2004년에 유네스
코가 독일 내 여러 롤랑상 중에서 가장 대표적이고 아름다운 상으로 인정하여
시청사와 함께 지정한 세계문화유산이기도 하다

브레멘 도시 음악대

브레멘이 세계적인 도시로 알려진 데에는 동화의 힘이 컸다. 바로 그림 형
제의 동화「브레멘 도시 음악대Bremer Stadtmusikanten」다. 동화는 주로 권선징
악의 내용을 담고 있으며 어린이와 서민들에게 꿈, 희망, 용기를 준다. 나라마
다 전해 오는 동화를 모은 동화집이 있듯이 독일에도 있다. 야코프 그림Jakob
Grimm(1785~1863)과 빌헬름 그림Wilhelm Grimm(1786~1859) 형제가 1812년에
펴낸 『어린이와 가정 동화Kinder-und Haus Märchen』이다. 구전되는 이야기를
수집하여 편집한 동화집이다. 독일인들은 물론이고 전 세계인들의 사랑을 받
는 동화다.

동화「브레멘 도시 음악대」의 주인공은 나이가 들어 더 이상 쓸모없게 되어
주인으로부터 버림받을 딱한 처지에 있는 당나귀, 개, 고양이, 수탉의 4마리 동
물이다. 나이가 들어 더 이상 무거운 짐을 나를 수 없게 된 당나귀는 주인으로
부터 버림을 받을 것을 알아채고 도망 나온다. 당나귀는 음악가가 되기 위해
브레멘으로 떠난다. 브레멘으로 가는 도중에 당나귀는 같은 처지로 집에서 뛰
쳐나온 사냥개, 고양이와 수탉을 차례로 만난다. 당나귀가 이들에게 브레멘에

집을 나온 당나귀, 개, 고양이, 닭이 행복한 표정을 하고 있는 「브레멘 도시 음악대」 동상

서 음악가로 새로운 삶을 살자고 제의하자 모두가 동의하여 길을 떠난다.

브레멘으로 가는 도중에 날이 어두워져 네 동물들은 숲에서 밤을 지내야 했다. 나무 꼭대기에서 잠을 자려던 수탉이 사방을 둘러보던 중에 멀지 않은 곳에 불빛을 보았다. 네 동물은 그 집으로 다가갔다. 집안을 들여다보니 식탁 위에는 맛있는 음식과 음료수가 있다. 도둑들은 식사를 하려고 식탁 주위에 둘러앉아 있다.

네 동물은 각자 특유의 소리를 지르며 도둑들을 놀라게 하여 쫓아냈다. 집에 들어가 음식을 배불리 먹고 잠들었다. 도망갔던 도둑 중의 한 명이 집에 들어갈 수 있는지를 염탐하러 집안으로 들어갔다. 네 동물들에게 혼나 혼비백산하여 도망쳐 나온 도둑은 두목에게 집안에 무시무시한 마녀와 사람들이 있다고 했다. 이 말을 들은 나머지 도둑들은 그 집에 들어가는 것을 포기한다. 네 동물들은 이 집에서 지내는 것이 마음에 들어 브레멘에서 음악가가 되는 것을 포기하고 계속 머물렀다는 내용이다.

「브레멘 도시 음악대」에 나오는 네 동물의 동상을 세우자는 제의가 여러 번 있었으나 비용 문제로 성사되지 못했다. 마침내 1951년에 조각가 게르하르트 마르크스Gerhard Marcks가 브레멘을 방문하며 실현됐다. 교통협회가 추진한 프로젝트로 1년 동안 시험적으로 1953년 9월 30일 시청사 왼쪽에 세웠다. 처음에는 브레멘 시민들이 감동이나 흥미를 느끼지 못했으나 점차 사랑을 받으며 오늘날 롤랑상과 함께 브레멘의 상징으로서 브레멘의 이미지를 높이고 있다.

「브레멘 도시 음악대」 동상은 브레멘에 오는 이들이 꼭 들를 정도로 인기 있다. 버림받을 처지에 집을 나온 네 동물은 무척이나 행복한 표정이다. 맨 아래에 당나귀의 발과 주둥이 부분은 많은 사람들이 만져 닳아 반짝이고 있다.

그림 형제의 동화는 1812년에 처음 나왔다. 「브레멘 도시 음악대」는 1819년에 나온 제1권의 개정판에 들어 있다. 이 동화에 나오는 네 동물들은 지배자를 위해 일하다 나이가 들고 능력이 떨어져 쓸모없게 된 하층민을 대변한다. 그들은 단합과 용기로 불가능한 것을 극복한다. 그들이 기지로 고난과 역경을 이겨냈고, 새로운 생활을 한다는 것을 나타낸다. 이처럼 그림 형제는 동화를 통해 어려운 환경에서도 희망을 잃지 않고 노력하면 해결 방안을 찾을 수 있다는 낙관적인 메시지를 전했다.

그림 형제가 20~21세이던 1806년 신성로마제국은 멸망하고 독일은 나폴레옹의 프랑스군에 점령된 상태였다. 그림 형제가 동화를 수집하여 펴낸 데에는 실의에 빠진 독일인들에게 희망과 용기를 주고자 한 면도 있다. 동화집에는 이외에도 「헨젤과 그레텔」, 「신데렐라」, 「백설 공주」, 「숲속의 잠자는 미녀」 등의 동화가 수록되어 있다.

동화집을 펴낸 그림 형제는 프랑크푸르트 근교 하나우Hanau에서 태어났다. 그림 형제가 동화 이외에 일생 동안 매달린 일은 독일어 문법과 독일어 사전 편찬 작업이었다. 그림 형제는 오랜 작업 끝에 『독일어 문법』 3권과 『독일어 사전』 3권을 펴냈다. 독일어가 오늘날처럼 널리 쓰이게 된 데에는 세 명의 노력이 있었다. 라틴어 성서를 일상 독일어로 번역한 마르틴 루터, 많은 소설과 시를 쓴 괴테, 독일어 문법과 독일어 사전을 저술한 그림 형제다.

그림 형제 중에 형 야코프는 외교관으로 1814~1815년 빈 회의에 참석했었다. 또한 입헌 민주국가 수립 문제를 협의하기 위해 1845년 바울 교회에서 열린 국민의회 의원으로 참석했을 정도로 명망 있는 인사였다. 1841년에 그림 형제는 주위의 도움으로 베를린 왕립과학아카데미 회원이 되었다. 회원 자격으로 베를린 대학교(오늘날 베를린 훔볼트 대학교)에서 강의도 했다. 그림 형제의 우의가 특히 남달랐다. 형은 항상 동생을 챙기며 함께 지내려고 했다. 1859년에 동생 빌헬름이, 1863년에 형 야코프가 말년에 지냈던 베를린에서 숨졌다.

제4부

동부 독일의 도시

드레스덴, 라이프치히, 바이마르

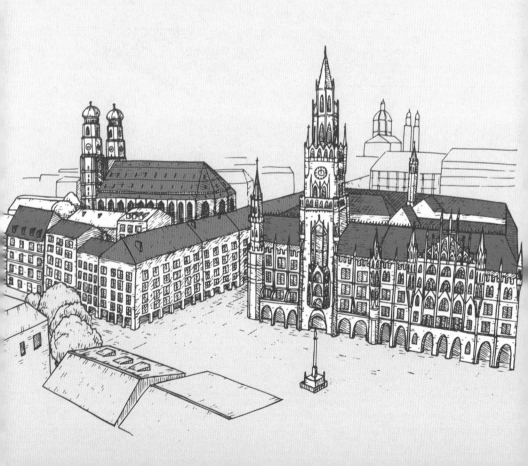

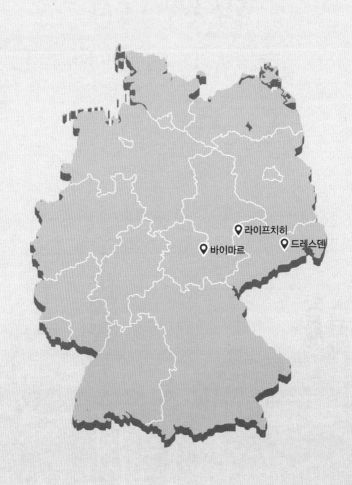

라이프치히
바이마르
드레스덴

제12장

드레스덴

엘베강, 작센 공국, 작센 선제후국, 작센 왕국의 수
도, 프라우엔 교회, 군주들의 기마행렬 벽화, 왕궁
과 5개 박물관, 츠빙거와 게멜데갈레리 알테 마이
스터, 아우구스트 2세, 마이센 도자기, 젬퍼 오페라
하우스, 알베르티눔 현대미술관, 작센주 수도

드레스덴은

제4부에서는 발걸음을 동부 독일 지역으로 돌려 이 지역의 역사와 문화를
돌아본다. 돌아볼 곳은 **드레스덴**, **라이프치히**(니콜라이 교회, 토마스 교회, 바흐, 게
반트하우스, 멘델스존, 라이프치히 전투기념관, 1989년 가을 평화혁명), **바이마르**(바이마
르 공국의 수도, 괴테와 실러, 바이마르 헌법과 바이마르 공화국, 바우하우스, 부헨발트 강
제수용소 기념관) 세 도시다. 오랜 역사에 예술과 문화가 발달했으며, 분단 중에
는 동독에 속했던 공통점이 있는 도시들이다.

작센 왕조 800년의 수도였던 드레스덴은 엘베강을 끼고 있어 예로부터 기후
가 좋고 땅이 비옥했다. 그럼에도 불구하고 삼림이 우거져 거주하기가 쉽지 않

엘베강 오른편에서 본 1748년의 드레스덴(베르나르도 벨로토 작, 1751/1753년, 츠빙거 게멜데갈레리 알테 마이스터 미술관 소장)

앉다. 6세기경 보헤미아(오늘날 독일과 인접한 체코의 한 지방)인들이 들어와 드레즈다니Drezdany(늪과 숲속에 사는 사람들이라는 뜻)라는 마을을 조성했다. 10세기 초 독일 왕 하인리히 1세가 엘베강과 잘레강Die Saale(엘베강의 지류) 사이에 거주하던 슬라브족을 몰아내자 독일인들이 이주하기 시작했다.

일찍부터 상인들이 오가면서 드레스덴 주변에 무역로가 생겨났고, 수공업자와 상인들이 정착하기 시작했다. 12세기에 마이센의 변경백邊境伯이 엘베강 가에 조그만 성Burg을 세우자 부근에 상인 거주지가 조성됐다. 드레스덴은 1206년에 '드레스데네Dresdene'로 문헌상 처음 나타나면서 엘베강 왼편에 도시가 형성되기 시작했다. 드레스덴은 1403년에 시市 권한을 얻었다.

1464년에 베틴Wettin 가문의 작센 선제후 프리드리히 2세가 죽자, 두 아들

(형 에른스트Ernst와 동생 알브레히트Albrecht)이 20여 년 동안 공동으로 통치했다. 1485년에 형 에른스트(재위: 1464~1486)는 수도 비텐베르크Wittenberg에서 작센 선제후국을, 동생 알브레히트는 드레스덴을 수도로 작센 공국을 다스리며 분열했다. 실질적인 권한은 선제후인 형 에른스트에 있었다. 에른스트계는 마르틴 루터의 종교개혁을 지지했고, 알브레히트계는 반대했다. 1521년 보름스 제국의회에서 루터를 지원한 이가 선제후 에른스트의 아들 프리드리히 3세 현공賢公이었다(제3장 보름스 – '루터의 종교개혁운동' 참조).

1521년 보름스 제국의회 이후 종교개혁을 지지하는 제후와 도시들이 늘어나자 이들은 1531년에 슈말칼덴 동맹Schmalkaldischer Bund을 결성했다. 프리드리히 3세를 뒤이어 선제후가 된 동생 요한Johann(재위: 1525~1532, 에른스트계)과 헤센 방백 필리프가 주도하여 황제 카를 5세와 가톨릭에 대항하기 위해 결성한 동맹이었다. 1546년 7월 슈말칼덴 동맹의 선제후 요한 프리드리히 1세 Johann Friedrich I(재위: 1532~1547)와 필리프 방백은 황제와 가톨릭을 상대로 싸웠다. 황제군이 1547년 4월 엘베강 유역 뮐베르크에서 요한 프리드리히 1세와 필리프를 생포하며 승리했다.

전쟁에서 패한 프리드리히 1세는 선제후 지위를 잃고 바이마르에 정착했다. 황제 편에서 싸운 작센 공작 모리츠Moritz(알브레히트계)가 선제후가 됐다. 이후 알브레히트계가 작센 선제후국의 권력을 장악했다. 모리츠는 선제후 지위를 얻자 황제를 배반하고 루터교로 개종했다(제3장 보름스 – '슈말칼덴 동맹과 아우크스부르크 종교화의' 참조). 개신교국의 수도가 된 드레스덴은 경제와 문화가 발전하기 시작했다.

30년 전쟁(1618~1648) 중에 작센 선제후국은 때로는 황제와 가톨릭 편에서,

오른편 군주들의 기마행렬 벽화와 프라우엔 교회 돔

때로는 스웨덴(개신교 측 지원국) 편에서 싸웠다. 전쟁이 끝나자 드레스덴은 굶주림, 페스트(흑사병), 경제 악화로 심각한 피해를 입었다. 다행히 전쟁의 후유증을 극복하면서 수십 년 동안 경제와 예술이 발달했다. 하인리히 쉬츠Heinrich Schütz(1585~1672)의 활동으로 드레스덴의 음악은 최고조에 이르렀다. 그는 바흐 이전 최고의 작곡가였다.

선제후 프리드리히 아우구스트 1세Friedrich August I(재위: 1694~1733)는 1697

년에 폴란드 왕이 됐다. 폴란드 왕으로는 아우구스트 2세로 불렸다. 아우구스트 2세의 지원으로 드레스덴에 왕궁 등 왕국의 수도에 걸맞은 대형 건축물이 늘어났다. 그의 재위 시 작센의 문화와 예술은 황금기였다.

오스트리아와 프로이센 간의 7년 전쟁(1756~1763: 오스트리아 왕위 계승전쟁에서 프로이센에게 빼앗긴 슐레지엔Schlesien을 되찾기 위한 전쟁) 중에 드레스덴은 프로이센군에 여러 차례 포위되면서 불에 탔고 파괴됐다. 한때 유럽의 왕도王都였던 드레스덴은 지방의 한 정치 세력으로 전락했다.

작센 왕국의 출범과 몰락

1805년 나폴레옹의 프랑스군은 작센을 점령했다. 나폴레옹의 강압으로 작센 선제후국은 바이에른과 마찬가지로 라인동맹에 가입한 데 이어 1806년에 왕국이 됐다. 선제후 프리드리히 아우구스트 1세Friedrich August I(재위: 1806~1827)가 왕으로 즉위했다. 1813년 라이프치히 전투(나폴레옹 해방전투라고도 함)에서 나폴레옹 편에서 싸워야 했던 작센 왕국은 큰 피해를 입었다. 나폴레옹이 패한 뒤 작센 왕국은 러시아와 프로이센의 관리를 받았다. 1815년 빈 회의 이후 영토의 반을 프로이센에 넘겨주며 세력이 크게 위축됐다.

1918년 11월 혁명으로 왕 프리드리히 아우구스트 3세가 하야하며 작센 왕국은 사라졌다. 1945년 2월 13~15일 동안의 폭격으로 드레스덴은 5일 동안 불에 탔다. 프라우엔 교회, 젬퍼 오페라하우스, 츠빙거, 레지덴츠 성(왕궁), 대성당 등 주요 건물들 대부분이 파괴되며 드레스덴은 폐허가 됐다.

1990년 통일 후 드레스덴은 작센주Der Freistaat Sachsen의 수도가 됐다. 프라우엔 교회 등을 복구하면서 새로운 모습을 되찾았다. 드레스덴은 동독 지역 경제성장의 견인차 역할을 하고 있으며, 문화와 예술의 중심도시로 많은 이들이 찾고 있다.

프라우엔 교회

드레스덴의 상징은 프라우엔 교회Frauenkirche다. 노이마르크트Neumarkt에 있는 프라우엔 교회는 엘베강과 어우러져 드레스덴을 아름답게 수놓고 있다. 초록색의 둥근 지붕으로 인해 도심지 어디에서나 눈에 잘 띈다. 프라우엔 교회는 파괴와 복구 과정을 거치면서 '관용과 평화의 상징'이 됐다.

이곳에는 11세기에 세워진 로마네스크 양식의 교회가 있었다. 이 교회를 헐고 건축가 게오르크 베르George Bähr의 설계로 1726년 착공하여 1743년 5월에 프라우엔 교회를 세웠다. 안타깝게도 1945년 2월 13일 밤 폭격을 맞은 교회는 하루 종일 불길에 휩싸였다. 둥근 지붕은 높은 열과 6500여 톤의 무게를 견디지 못하고 2월 15일 오전에 붕괴됐다.

붕괴된 프라우엔 교회를 다시 세우는 일은 쉽지 않았다. 막대한 공사 비용과 복구 기술 문제 때문이었다. 1966년에 동독 정권은 복구보다는 전쟁의 참상을 알리는 경고물로 지정하며 그대로 두었다. 탈출과 시위가 계속되던 1989년 가을에서야 종교계를 중심으로 복원 문제를 논의하기 시작하여 1990년에 복원 계획을 수립했다. 공사비를 마련하고 무너진 잔해 더미에서 다시 쓸 수 있는 돌이나 벽돌을 활용하기로 했다. 1993년 1월~1994년 5월의 17개월 동안 사용 가능한 돌과 벽돌을 골라내 교회 주변에 쌓아 놓았다. 무려 1만 1669개가 됐다. 95톤이나 되는 돌도 있었다.

1995년 5월 나는 통일 이후 옛 동독 지역이 어떻게 변화했는가를 알아보기 위해 바이마르와 에르푸르트를 거쳐 드레스덴에 들른 적이 있다. 그 당시 무너진 프라우엔 교회 앞에 쌓아 놓은 돌을 보면서 들었던 느낌이다.

폭격으로 붕괴된 교회는 아랫부분만 앙상하게 남아 있었다. 앙상한 교회 건물은 폭격 시 화재와 오염으로 검게 그을려 있었다. 교회 앞 노이마르크트 광장에는 붕괴된 교회의 잔해 더미에서 찾아낸 크고 작은 돌과 벽돌이 모아져 있었다. 울타리가 쳐져 있었으나 안을 들여다볼 수 있었다. 모아 놓은 돌과

드레스덴의 상징 프라우엔 교회. 앞에 마르틴 루터 동상이 있다.

벽돌을 가까이 가서 보니 하나하나 숫자가 적혀 있었다. 복원공사 시 들어갈 부분을 표시하기 위해 해체하면서 적어 놓은 숫자였다. 그동안 수없이 듣고 보아 왔던 독일인들의 세심함과 철저함을 다시 느꼈다.

1994년 5월 27일 복원공사를 시작하여 11년 만인 2005년 10월 30일에 완공했다. 전쟁의 참상을 이겨 내고 프라우엔 교회가 다시 우뚝 일어선 것이다. 교회 왼편에 있는 마르틴 루터 동상은 이 교회가 개신교회임을 말해 주고 있다.

복원한 프라우엔 교회의 제원은 높이 91.23m, 폭 41.96m, 길이 50.02m다. 둥근 지붕은 높이 40m 지점에서 시작한다. 드레스덴시를 내려다볼 수 있는 전망대도 있다. 호르스트 쾰러Horst Köhler 연방대통령은 준공식에서 "프라우엔 교회는 시민의 자유와 독일 통일의 상징"이라며 교회가 갖는 의미를 부여했다.

1989년 12월 19일 콜 총리가 프라우엔 교회 앞 광장에서 한 연설 사진을 담은 동판

복원공사에 총 1억 8000만 유로(약 2340억 원)가 들었다. 이 중 약 64%인 1억 1500만 유로는 독일과 전 세계에서 답지한 기부금으로 충당했다. 특히 미국 내 '드레스덴 친구들Friends of Dresden' 단체가 많이 기부했다고 한다. 부족한 6500만 유로는 드레스덴시, 작센 주정부, 연방정부 3자가 대략 균등하게 부담했다.

교회 입구 오른쪽에 한 장의 사진을 담은 동판이 있다. 1989년 12월 19일 밤 헬무트 콜 총리가 폐허가 된 프라우엔 교회 앞 광장에서 수만 명의 동독 주민들을 상대로 했던 연설 사진이다. 이때 콜은 "만약에 역사적인 시간이 허락한다면, 나의 목표는 우리 민족의 통일입니다."라고 하며 통일 의지를 강력하게 표명했다. 콜의 연설은 주민들에게 통일에 대한 희망을 불어넣어 주었다. 연설 전에 콜은 동독 총리 한스 모드로Hans Modrow와 정상회담을 했다.

오늘날 프라우엔 교회는 종교의식은 물론 콘서트, 문학의 밤 등 다양한 행사를 열며 시민들과 가까이하고 있다. 파이프오르간 등 교회 내부도 볼 만하다.

군주들의 기마행렬 벽화

왕궁 부근에 거대한 말 사육장과 말을 훈련시켰던 곳이 있다. 기사들이 훈련하거나 승마 시합을 했던 곳이다. 말 사육장 밖의 아우구스투스슈트라세 Augustusstrasse의 왼쪽 벽에 '군주들의 기마행렬騎馬行列, Fürstenzug 벽화'가 있다. 작센을 지배했던 베틴Wettin 가문의 역사와 위용을 기마행렬에 담은 벽화다. 길이 101m, 높이 10.5m로 세계 최대 규모의 벽화다.

베틴 가문 탄생 800주년을 기념하여 빌헬름 발테르Wihlelm Walther가 1872~1876년 사이에 그래픽 테크닉 방법으로 제작했다. 벽화에는 1127~1873년까지 작센을 지배했던 콘라트Konrad 대변경백大邊境伯에서부터 게오르크Georg

작센을 지배했던 군주들을 실물보다 크게 기마행렬로 표현한 군주들의 기마행렬 벽화. 뒤의 3인 행렬 중 맨 안쪽에 있는 이가 에른스트 선제후(재위: 1464~1486)다.

왕까지 35명의 공작, 선제후와 왕 등이 등장한다. 제후와 왕의 이름과 재위 연도를 기록해 놓았다. 벽화에는 군주 이외에 59명의 과학자, 예술가, 수공업자, 군인, 어린이, 농부들도 있다. 통치자도 중요했지만 이들이 있음으로써 작센이 800년 넘게 유지되고 발전해 왔기 때문이다. 군주들과 함께했던 45마리의 말과 개도 담았다. 왕 게오르크는 나중에 추가됐다.

벽화 제작을 시작한 1872년은 프로이센이 1871년 통일을 이룩한 다음 해다. 작센 왕국이 통일을 주도하지는 못했지만 찬란했던 작센의 역사를 후세에 남기고 싶었던 염원에서 제작했을 것으로 보인다.

세월이 흐르면서 비와 눈 등으로 벽화 일부가 퇴색되고 파손되기 시작했다. 작센의 마이센Meissen 도자기 회사가 1904년과 1907년 두 차례에 걸쳐 비와 눈에도 견딜 수 있게 고온처리한 타일로 다시 제작했다. 20.5×20.5cm 정사각형 규격의 타일 위에 그림을 입혔다. 소요된 타일의 개수는 무려 2만 4000개다. 마이센이 제작한 벽화는 1945년 연합국의 폭격에도 훼손되지 않았다. 마이센 회사의 기술 수준을 보여 주고 있다. 70여 년이 지난 1978년에 손상된 200여 개의 타일을 교체했을 뿐이다. 유럽에서 최초로 도자기를 만든 회사다운 작품이다.

비록 작센 왕국은 사라졌지만 벽화 속의 군주, 과학자, 예술가, 수공업자, 군인, 농부들은 후손들에게 이렇게 말하고 있는 듯하다. "지난 수백 년 동안 우리는 작센 왕국을 위해 노력해 왔다."

왕궁과 5개의 박물관

독일 대부분의 도시가 그러하지만 드레스덴은 역사와 문화를 산책하기에 좋은 도시다. 프라우엔 교회, 군주들의 기마행렬 벽화, 왕궁, 츠빙거, 대성당, 젬퍼 오페라하우스, 알베르티눔 미술관, 브륄의 테라스 등 돌아볼 곳이 많다. 이들 문화유적이나 박물관은 걸어 다닐 수 있을 정도로 가까이에 있다.

'군주들의 기마행렬 벽화'에서 조금 내려가면 레지덴츠슐로스Residenzschloss(군주가 거주하는 성)라는 왕궁이 있다. 베틴가의 형제가 분열된 1485년 이래 420여 년 동안 작센 제후와 왕들이 거주했던 궁이다. 1701년에 화재로 붕괴되자 작센 선제후이자 폴란드 국왕 아우구스트 2세August II der Starke가 복구했다.

아우구스트 2세는 1670년 5월 드레스덴에서 작센 공작 요한 게오르크 3세의 둘째 아들로 태어났다. 24세에 형의 뒤를 이어 선제후가 됐으나 선제후 지위에 만족하지 않고 왕이 되고 싶어 했다. 그러나 신성로마제국 안에서는 왕이라는 지위를 사용할 수 없었다. 마침 1696년에 폴란드 왕이 사망하자 1697년에 폴란드 왕(재위: 1697~1706, 1709~1733)이 됐다. 폴란드 왕이 선출되기 때문에 가능했다. 폴란드가 가톨릭 국가라 왕이 되기 위해 가톨릭으로 개종하기도 했다.

아우구스트 2세는 1700년에 스웨덴을 침공했으나 스웨덴 왕 카를 12세에 패했다. 1706년에 카를 12세가 드레스덴을 침략하여 아우구스트 2세는 왕위를 내놓았다. 1709년에 다시 폴란드 왕이 됐다. 공격해 온 스웨덴을 러시아가 물리쳤기 때문에 가능했다.

아우구스트 2세는 작센 선제후국을 강국으로 만든 제1의 군주다. 그로 인해 드레스덴은 유럽 문화와 예술의 중심도시로 발전할 수 있었다. 그는 화재로 붕괴된 왕궁을 복구했고, 츠빙거Der Zwinger를 세웠다. 그의 의지로 작센은 유럽 최초로 도자기도 생산할 수 있었다. 기골이 장대하여 강건왕이라고도 불렸다. 반면에 무척 사치스러웠고 난봉꾼이었다. 그는 1733년 폴란드에서 63세를 일

작센 왕조의 거주지였으며 오늘날 5개의 박물관이 들어 있는 왕궁

기로 숨겼다. 육신은 폴란드 크라쿠프에, 심장은 드레스덴에 묻혔다.

아우구스트 2세로 인해 오늘날 우리는 바로크 시대의 진귀한 보물을 만날 수 있게 됐다. 왕궁은 권력의 중심지였을 뿐만 아니라 귀중한 예술품과 갖가지 보물이 있던 곳이다. 그는 많은 예술품과 보물을 수집했다. 왕궁은 19세기 말까지 여러 차례 보수가 이루어졌다. 제2차 세계대전 중에는 폭격으로 완전히 불에 탔다. 왕궁을 헐어 내자는 논의도 있었으나 1985년부터 복구하여 오늘날 5개의 박물관이 들어섰다.

- 히스토리세스 그뤼네스 게뵐베Historisches Grünes Gewölbe 바로크 보물 박물관: 아우구스트 2세는 왕궁 안에 보물창고를 만들어 수집한 예술품과 보석류를 손님들에게 구경시키곤 했다. 그러면서 부와 절대권력을 과시했다. 오늘날의 박물관은 그가 만들었던 전시실을 원형에 가깝게 복원해 놓은 것이다. 작센 왕조가 사용했거나 수집했던 후기 바로크 양식의 보석류, 금세공 예술품, 호박琥珀, 상아, 보석함, 동상 등 2500여 점을 전시하고 있다. 호박실, 상아실, 금도금실, 금은보석실, 무기실, 동상실, 르네상스 동상실 등 10여 개의 전시실에 전시하고 있다. 이 박물관 입장에는 별도의 입장권을 구입해야 한다.
- 노이에스 그뤼네스 게뵐베Neues Grünes Gewölbe 보물박물관: 3세기에 걸친 귀중한 보물 1100여 점을 10개의 전시실에 전시하고 있다. 황금 커피 도구, '무굴 황제 아우랑제브Aurangzēb 생일날의 신하들'(5000여 개의 다이아몬드와 보석으로 제작, 18세기 초), 모자 장신구(41캐럿 다이아몬드로 제작), 상아로 만든 대전함大戰艦 등 금은보석으로 만든 보물들이 즐비하다. 모리츠 선제후부터 프리드리히 아우구스트 3세까지 작센 선제후와 왕들의 초상화가 있는 선제후 미술관도 있다.

보물박물관에 있던 예술품 130여 점이 2017년 한국으로 나들이를 했었다. '왕이 사랑한 보물The Dream of a King'전이라는 이름으로 국립박물관에서 전시했었다.

- 뤼스트 캄머Rüstkammer in Riesensaal(무기박물관), Türckischer Cammer(터키실): 길이 57m, 폭 13m의 거대한 홀에 380여 점의 15~17세기 호화로운 무기와 갑옷 등을 전시하고 있다. 아우구스트 선제후의 마상 시합용 갑옷(1550~1560), 모리츠 선제후의 검(1547) 등이 있다. 1000여 점의 군사 장비, 2200여 점의 검, 1400여 점의 권총, 1600여 점의 소총도 전시하고 있다.

  작센 왕궁의 터키실은 터키 이외에 역사가 가장 오래되고 중요한 오스만 예술품 박물관에 속한다. 오스만제국의 군사 장비와 무기를 전시하고 있다. 아우구스트 2세는 오스만 군사 장비를 구입할 정도로 오스만제국의 문화와 무기에 매료됐다. 특히 17세기에 제작한 대형 군용 텐트가 돋보인다. 3개의 지주에 길이 20m, 폭 8m, 높이 6m나 된다. 또한 목재로 만든 실물 크기의 말상馬像 8개도 있다.

- 동전박물관Münzkabinett: 공작 게오르크(1500~1539)가 만든 박물관으로 고대에서 현대까지 약 30만 점의 동전을 전시하고 있다. 작센 지방의 광산 채굴 역사와 900년 이상 된 동전 제조 역사를 보여 주고 있다. 고대에서 현대까지 화폐 발전사도 알 수 있다. 이외에 훈장과 메달을 비롯하여 역사적 의미가 있는 유가증권도 전시하고 있다.

- 동판전시실Kupferstick-Kabinett: 역사가 오래됐고 세계적으로 중요한 동판전시실이다. 드로잉, 수채화, 인쇄물, 사진, 석판인쇄, 동판화, 목판화, 삽화책 등이 있다. 반 에이크, 뒤러, 라파엘, 렘브란트, 미켈란젤로, 카스파르 다비트 프리드리히, 피카소 등 8세기에 걸친 2만여 예술가의 작품 50만 점을 소장하고 있다.

무굴 황제 아우랑제브 생일날의 신하들(1701/1708, 노이에스 그뤼네스 게뷜베)

오스만제국의 3개의 지주
텐트(터키실)

츠빙거와 3개의 박물관

드레스덴을 대표하는 건축물은 단연 프라우엔 교회와 츠빙거다. 츠빙거Der Zwinger는 건축학적으로는 주요 시설의 방어를 위한 요새 형태를 말한다. '드레스덴의 츠빙거'는 왕궁과 도시를 방어하기 위해 도시 외곽에 장벽을 세우고 안에는 정원을 조성한 복합건축물로서, 독일 후기 바로코 시대를 대표하는 건축물이다.

드레스덴의 츠빙거는 작센 제1의 군주 아우구스트 2세August II의 지시로 건축가 포펠만Matthäus Daniel Poppelmann의 설계로 1710년에 착공하여 1728년에 완공한 건축물이다. 정원과 4개의 분수대는 안정감을 주고 서로 조화를 잘이루고 있다. 미술관 쪽에서 정원을 가로질러 맞은편에 대형 왕관문Das Kronentor도 있다. 아우구스트 2세는 화재로 붕괴한 왕궁을 복구한 왕이다.

1855년에 건축가 고트프리트 젬퍼Gottfried Semper가 츠빙거의 빈 공터에 건물을 지어 엘베강 쪽으로 연결시키며 츠빙거는 크게 변했다. 이 건물을 건축가 이름을 따서 젬퍼 건물Semperbau이라고 부르며, 게멜데갈레리 알테 마이스터 (고전 거장 미술관)가 들어 있다. 츠빙거는 두 번 파괴됐다. 7년 전쟁(1756~1763) 중이던 1760년 프로이센군의 공격으로 크게 손상됐고, 1945년 폭격으로도 거의 파괴되어 1964년에 복구했다. 츠빙거에는 고전 거장 미술관 이외에 도자기 박물관과 수학·물리학 박물관 등 3개의 박물관이 있다.

- 게멜데갈레리 알테 마이스터Gemäldegalerie Alte Meister(고전 거장 미술관): 15~18세기 고전주의 미술품을 전시하는 미술관이다. 1층에는 15~16세기, 2층에는 16~18세기, 3층에 17~18세기 미술품을 각각 전시하고 있다.

  1층에 〈거룩한 밤〉(코레조, 1522/1530), 〈찰스 솔리의 초상화〉(홀바인,

정원과 4개의 분수대가 대칭을 이루고 있는 츠빙거. 왼쪽이 젬퍼 건축물로 게멜데갈레리 알테 마이스터 미술관이고, 오른쪽 위 둥근 지붕의 조그만 건물에 도자기 박물관이 있다. 수학·물리학 박물관은 분수대 가운데에서 오른쪽에 있다. 아래 사진은 미술관 맞은편에 있는 왕관문이다.

1534/1535), 〈잠자는 비너스〉(조르조네, 1508/1510년경), 멩스Anton Raphael Mengs가 수집한 르네상스와 바로크 시대의 동상 등이 있다. 2층에서는 〈시스티나 성당의 마돈나〉(라파엘, 1512/1513), 〈소작료〉(티치아노, 1516)를, 3층에서는 〈초콜릿 소녀〉(리오타르, 1744/1745), 〈편지를 읽는 소녀〉(페르메이르, 1659년경), 〈마르쿠스 아우렐리우스의 기사상〉(필라레테 또는 아베를리노) 등의 작품을 감상할 수 있다.

이외에 〈소년상〉(필토리치오, 1480), 〈탕자로 분장한 렘브란트와 사스카이〉(렘브란트, 1635~1639년경), 반 에이크, 루벤스, 뒤러, 베로네제, 엘 그레코 등의 작품이 있다.

• **도자기 박물관**Porzellansammlung: 작센 선제후와 왕들은 도자기 수집에 열성적이었다. 유럽 최초 도자기 생산국일 정도로 작센에는 도자기가 발달했다. 박물관에는 18세기 마이센Meissen이 제작한 도자기, 17~18세기 중국 청나라 강희제(재위: 1661~1722) 시기의 도자기, 17세기 초~18세기 일본의 이마리와 가키에몬 도자기 등 2만여 점을 전시하고 있다. 2층에는 유럽에서 최초로 도자기를 생산한 뵈트거의 작품을 전시하고 있다. 박물관 건물 상부에는 마이센 도자기 문양이 들어 있다.

• **수학·물리학 박물관**Mathematische Physikalischer Salon: 아우구스트 2세가 1728년에 만든 박물관이다. 천체 지구의(1586), 계산기(1650년경), 도자기 덮개가 있는 망원경(1748년경), 시계, 대형 오목렌즈 등 16~19세기의 과학 장비를 전시하고 있다. 대형 오목렌즈는 1500℃까지 열을 끌어모을 수 있다고 한다.

유럽 최초, 최고의 도자기 - 마이센 도자기

아시아의 발명품이 유럽에서 더 꽃피운 제품들이 있다. 종이, 화약, 나침반, 인쇄술을 비롯하여 도자기도 그중의 하나다. 도자기는 흙을 빚어 최고 1,500℃ 의 높은 온도의 불에서 구운 그릇이나 장식물을 말한다. 커피나 차를 마시거나 식사를 할 때 잔이나 그릇이 좋으면 맛이 더 좋게 느껴진다. 도자기 하면 중국, 한국, 일본 도자기를 떠올리지만 유럽에 품질이 우수한 도자기들이 더 많다.

유럽의 최초, 최고의 도자기는 독일의 마이센Meissen(1710, 최초 제조 연도)이 다. 이외에 오스트리아의 아우가르텐Augarten(1717), 영국의 웨지우드Wedge-wood(1759), 덴마크의 로열 코펜하겐Royal Copenhagen(1775), 헝가리의 헤렌드 Herend(1826)도 있다. 유럽은 뒤늦게 도자기 제조에 뛰어들었지만, 이들 도자기 는 세계적인 명품이다.

유럽 도자기의 역사는 17세기로 거슬러 올라간다. 네덜란드 동인도회사가 중국 명나라 도자기와 일본의 이마리와 가키에몬 도자기를 수입하여 유럽에 판매하면서 시작됐다. 17세기이면 조선의 도공陶工들이 일본으로 강제로 끌려 간 이후다. 17~18세기 유럽에서 중국 도자기는 '백색의 금Weißes Gold'으로 불 릴 정도로 귀했다. 갖고 있는 자체만으로도 권위와 부의 상징이었다. 프로이센 의 프리드리히 대왕은 상수시Sanssouci 궁전 옆에 중국 찻집을 지어 도자기를 진열해 놓을 정도로 도자기 애호가였다. 유럽의 왕, 제후와 귀족들도 중국이나 일본 도자기와 같은 우수한 품질의 도자기를 만들고자 했다.

유럽에서 최초로 도자기 제조에 성공한 나라는 작센(독일)이다. 독일의 도자 기 제조 역사는 18세기 초 프로이센의 연금술사 뵈트거Johann Friedrich Böttger 로부터 시작됐다. 그는 구리나 쇠붙이를 금으로 만들 수 있다며 연금술 능력을 자랑하곤 했다. 프로이센 왕 프리드리히 1세는 그의 연금술 능력을 시험해 보

마이센 커피 잔(왼쪽은 밀크커피 잔, 오른쪽은 에스프레소 잔)

려고 했다. 뵈트거는 오랫동안 갇혀 지내게 될 것을 우려하여 이웃 작센 선제 후국으로 피신했다.

예술품과 보물 수집이 큰 취미였던 아우구스트 2세는 광산 개발로 얻은 막대한 부로 보석, 공예품, 중국과 일본 도자기 등을 수집하고 있었다. 그는 피신온 연금술사를 보호해 주며 중국 도자기와 같은 품질의 도자기를 만들라고 했다. 뵈트거는 치른하우스 Ehrenfried Walther von Tschirnhaus 등 광산과 제련 기술자들과 함께 1708년에 백자 제조에 성공했다. 가장 중요한 재료인 백토를 구해 2년 동안의 온갖 실험 끝에 성공했다. 개발은 치른하우스가 했는데, 그가 1708년에 죽자 뵈트커가 기술을 가로챘다는 주장도 있다. 하여간 유럽 최초의 도자기였으며 품질이 중국이나 일본 제품에 뒤지지 않았다.

1710년 6월에 작센 선제후국은 도자기 제조에 성공했고, '폴란드 왕 및 작센 선제후 도자기 공장'을 설립했다고 발표했다. 작센 선제후국이 문화국가임을 알리고 이웃 나라에 도자기를 판매하기 위해서다. 아우구스트 2세는 도자기 판매로 큰 이익을 얻을 것으로 확신했다. 제조 비밀을 유지하기 위해 공장을 드레스덴에서 약 30km 떨어진 마이센Meißen의 알브레히츠 성Albrechtsburg으로 옮겼다.

긴 칼을 교차한 푸른색의 마이센 도자기 로고

아우구스트 2세는 마이센 도자기를 왕족이나 귀족들에게 선물로 제공하거나 궁중 연회에 사용하면서 구입을 권유했다. 모두가 갖고 싶어 했던 도자기 선물은 최고의 선물이었다. 유럽의 왕실과 귀족 등 상류층에서 도자기 사용이 늘어났다. 자연히 도자기 생산이 늘어났고, 작센의 수입도 증가했다. 수요가 늘어나자 우수한 품질의 마이센 도자기임을 나타내는 로고logo가 필요했다. 처음에는 도자기 제조를 지시했던 아우구스트의 이름에서 유래한 AR을 교차한 모양이었다. 1722년에 코발트블루색의 긴 칼을 교차한 형태로 바꾸어 오늘날까지 사용하고 있다. 질 좋은 도자기를 꾸준히 생산하면서 마이센은 유럽 최고의 도자기 산지가 됐다. 도자기 수요가 꾸준하게 늘어나자 1864년에 가까운 트리비시탈 계곡에 공장을 증설했다.

작센이 도자기 제조에 성공하자 여러 나라들이 도자기 제조 기술을 알아내려고 혈안이 됐다. 마이센 도자기 기술자가 오스트리아로 탈출하면서 제조 비법이 유출됐다. 1717년 오스트리아는 유럽에서 두 번째로 도자기 제조에 성공하여 오늘날 아우가르텐이라는 도자기를 생산하고 있다.

17~18세기 유럽에서 도자기가 인기를 얻은 이유로 영국 미술사학자 닐 맥그리거Neil MacGregor는 두 가지 요인을 들었다. 아우구스트 2세가 만찬 등에 고급 도자기를 사용하며 도자기가 특권층의 전유물임을 인식시켰기 때문이다. 또한 17세기 들어 커피, 차, 초콜릿 등이 유럽에 유입되면서 새로운 형태의 잔과 그릇이 필요했기 때문이라고 했다.

마이센 도자기는 큰 수난을 당했다. 1945년 5월에 동부 독일 지역을 점령했던 소련은 다른 예술품과 함께 많은 양의 마이센 도자기를 소련으로 가져갔다. 1957년에서야 소련은 약탈해 간 도자기의 90% 정도를 동독에게 돌려주었다. 돌려받은 도자기는 츠빙거의 도자기 박물관에 있다. 나머지는 여전히 러시아에 있다.

오늘날 마이센은 인구 2만 8000명의 조그만 도시이나, 세계적인 명품 도자기 도시다. 마이센 도자기는 작센주의 관리 아래 '국립 마이센 도자기회사'가 생산한다. 마이센 도자기 그릇, 커피 잔, 찻잔, 각종 장식용품 등을 누구나 갖고 싶어 한다. 예전에 비해 구하기는 쉬워졌지만 값이 여전히 비싼 편이라 갖기도 쉽지 않다.

젬퍼 오페라하우스

드레스덴은 베를린, 함부르크나 뮌헨에 비해 작은 도시이나 이들 못지않은 문화와 예술 도시다. 왕궁의 5개 박물관, 츠빙거의 3개 박물관, 현대미술관인 알베르티눔 이외에 젬퍼 오페라하우스Semperoper도 있다. 베를린의 도이체 슈타츠 오페라, 뮌헨의 바이에른 슈타츠 오페라와 함께 독일 3대 오페라하우스로 불린다. 오페라하우스는 츠빙거 옆에 있으며, 뒤편에는 엘베강이 흐른다.

작센 왕 프리드리히 아우구스트 2세(재위: 1836~1854)의 지시를 받아 건축가

독일 3대 오페라의 하나인 젬퍼 오페라하우스. 앞의 동상은 작센 왕 요한이다.

젬퍼Gottfried Semper의 설계로 1841년에 완공했다. 건축가 이름을 따 젬퍼 오
페라하우스로 불린다. 1842~1849년 동안 작센 왕실 악단의 지휘자로 활동했
던 리하르트 바그너의 작품 〈방황하는 홀란드인Der fliegende Holländer〉(1843)
과 〈탄호이저Tannhäuser〉(1845) 등이 초연됐다. 바그너는 젬퍼의 친구였다.

　젬퍼 오페라하우스는 1869년 9월 화재로 전소됐다. 목조를 많이 사용했기
때문이다. 재건축 설계 공모가 있었다. 설계했던 젬퍼는 1849년 5월 정치 개혁
을 요구하는 시민 봉기에 앞장섰던 이유로 혁명 주모자로 몰려 도피 중에 있었
다. 다행히 시민들의 요구로 젬퍼가 재건축 설계를 맡았다. 그러나 건축 현장
에는 올 수 없어 그의 아들이 공사를 감독하여 완공했다. 화재에 대비하여 대
리석과 돌을 사용하여 네오바로크 양식으로 지어 1878년에 재개관했다. 오페
라하우스 입구 윗부분에 4마리의 표범이 이끄는 사두이륜四頭二輪 차를 모는

디오니소스상이 있다.

젬퍼 오페라하우스는 제2차 세계대전 중에 잠시 폐쇄됐으나 1945년 2월에 폭격으로 완전히 파괴됐다. 한동안 방치됐다가 설계도 원본이 1975년에 오스트리아 빈에서 발견됐다. 1977년 복원공사를 시작하여 1985년 2월 13일 완공했다. 재개관 시 드레스덴 출신 작곡가 베버Carl Maria von Weber의 〈마탄의 사수Der Freischütz〉를 공연했다.

젬퍼 오페라가 유명하게 된 데에는 1548년 창단되어 아름다운 선율을 내는 작센 드레스덴 국립관현악단Sächsische Staatskapelle Dresden도 기여했다

알베르티눔 현대미술관

드레스덴을 대표하는 미술관은 츠빙거 안의 '게멜데갈레리 알테 마이스터(고전 거장 미술관)'와 '알베르티눔Albertinum 현대미술관(현대 거장 미술관)'이다. 엘베강 변의 브륄의 테라스 자리에 있던 무기고를 칸츨러Carl Albert Canzler (1818~1903)의 설계로 1887년에 르네상스 양식의 미술관으로 개조했다. 미술관을 만든 왕 알베르트(재위: 1873~1902)의 이름을 따 알베르티눔으로 불린다.

알베르티눔에는 두 종류의 전시관이 있다. 로댕에서부터 21세기까지의 조각 작품 전시관과 19~20세기 거장들의 현대회화미술관이다. 1960년대에 설치한 현대회화미술관에는 독일 낭만주의 대표 작가인 프리드리히Caspar David Friedrich(1774~1840)로부터 게르하르트 리히터Gerhardt Richter(1932~)까지의 현대 작가의 작품을 전시하고 있다. 3000여 점의 보유 작품 중에서 300여 점을 순환 전시하고 있다.

알베르티눔에는 '게르하르트 리히터 문서실Gerhard Richter Archiv'이 있다. 이곳에 그의 작품 32점이 전시되고 있다. 리히터는 화가, 조각가, 사진작가로 현

현대 회화와 조각 작품을 전시하는 알베르티눔 미술관

대미술을 대표하는 세계적인 예술가다. 그의 작품은 현존 작가 중에서 가장 비싸게 거래되고 있다. 드레스덴에서 출생한 리히터는 1950년 드레스덴 조형예술대학 입학이 거부되자 1951년 예술아카데미에서 공부했다. 1961년 2월에 아내와 함께 서독으로 탈출했다. 1961~1964년 뒤셀도르프 예술아카데미에서 수학했다. 1967년 함부르크 조형예술대학에서 초빙 강사로 재직하다 1971~1993년 동안 뒤셀도르프 예술아카데미 교수로 재직했다.

리히터 문서실은 리히터의 예술적 업적을 인정하여 2006년에 설치한 전시관으로 그의 작품을 연구하는 곳이기도 하다. 2018년에 개봉한 영화 '작가 미상Werke ohne Autor'은 그의 생애와 작품 세계를 다루었다. 또한 걸작으로 꼽히는 오토 딕스Otto Dix의 〈전쟁Der Krieg〉(1929/1932) 이외에 다음과 같은 작품이 있다.

- 1층: 로댕에서부터 현대 조각가의 작품을 전시하는 조각상 홀이 있다. 〈생각하는 사람〉(로댕, 1881/1883), 〈어린 14세 댄서〉(드가, 1880년경), 〈무릎 꿇은 여인〉(렘브루크, 1911) 등이 있다.
- 2층: 조각 작품 전시실, 특별 전시실 이외에 19~21세기 현대 예술가들의 작품을 전시하는 개인 전시실이 있다.
- 3층: 낭만주의에서 현대에 이르기까지의 회화 작품을 전시하고 있다. 〈산 속의 십자가〉(카스파르 다비트 프리드리히, 1807/1808), 〈달빛을 바라보는 두 남자〉(프리드리히, 1819/1820), 〈복숭아 유리〉(모네, 1866년경), 〈정물화〉(고갱, 1888/1889), 〈팔라우 군도에 새로운 것이 있다〉(고갱, 1892), 〈예술가 부인의 초상화〉(츠빈처, 1902), 〈마스크를 쓴 여인의 머리〉(슈미트로틀루프, 1905), 〈미장원 앞의 거리〉(키르히너, 1926), 〈전쟁〉(딕스, 1929/1932), 〈마르안느 이모〉(리히터, 1965), 〈비서〉(리히터, 1964) 등.

브륄의 테라스

드레스덴에서 이틀간의 다소 분주한 일정을 마치고 편안하게 저녁 식사를 하기 위해 발걸음을 엘베강 쪽으로 돌렸다. 브륄의 테라스Brühlsche Terrase가 있는 곳이다. 경치가 뛰어나 괴테가 '유럽의 테라스'라고 했던 곳이다. 괴테가 다녀가 한마디 한 곳은 모두 명소가 된다는 말이 있는데 이곳도 그렇다.

이곳에는 식당이 줄지어 있다. 앞에는 엘베강이 흐르며, 옆으로는 대성당과 젬퍼 오페라하우스가 있다. 조그마한 정원과 분수대가 어우러져 한 폭의 그림을 연상하게 한다. 테라스의 길이는 약 500m 정도다.

이곳에는 원래 엘베강을 방어선 삼아 드레스덴을 방어하는 요새Festung Dresden가 있었다. 선제후이자 폴란드 왕 아우구스트 3세(선제후로는 프리드리히

괴테가 '유럽의 발코니'라고 불렀던 브륄의 테라스. 왼쪽에는 식당들이 있고, 오른쪽에는 엘베강이 흐르고 있다. 드레스덴 대성당의 탑과 젬퍼 오페라하우스가 보인다.

아우구스트 2세)의 친구였던 브륄von Brül 백작이 1739~1748년 동안 공사하여 개인 공원을 만들었다. 수도를 방어하는 요새 위에 개인 공원을 만들었다니 왕의 친구였기 때문에 가능한 일이었다. 1814년에 일반인들에게 개방하여 이곳을 찾는 이들에게 즐거움을 주고 있다.

제13장

라이프치히

박람회 도시, 옛 시청사, 니콜라이 교회, 토마스 교회, 요한 제바스티안 바흐, 게반트하우스 오케스트라, 펠릭스 멘델스존 바르톨디, 라이프치히 전투기념비, 1989년 가을 평화혁명의 발상지, 작센주 최대 도시

라이프치히는

라이프치히는 대문호 괴테가 『파우스트』에서 "나는 라이프치히를 사랑하지. 작은 파리이며 사람들도 교양이 있지."라며 칭찬했던 도시다. 또한 바흐가 〈커피 칸타타〉 BWV 211을 작곡할 만큼 일찍부터 커피 문화가 발달한 곳이다.

라이프치히는 1015년에 문헌상 처음 나타났다. 메르센부르크Mersenburg의 주교 티트마르Thietmar가 라이프치히를 'urbs libzi'('라이프치히 성'이라는 뜻)로 기록했다. 라이프치히는 1156년에 도시로 인정받았으며, 1268년에는 상인보호 권한도 얻었다.

1409년에 라이프치히 대학교가 설립됐다. 독일에서 세 번째로 오래된 대학이다. 1497년 라이프치히는 황제 막시밀리안 1세(재위: 1493~1519)로부터 메세 Messe(박람회) 개최권을 얻었고, 1507년에 유럽의 메세 도시로 자리 잡았다. 이 때부터 라이프치히Leipzig로 쓰였다. 동유럽과 서유럽이 상품을 교류하는 길목에 위치한 라이프치히는 중요한 교역 중개지였다. 특히 가죽 무역과 모피 가공 산업이 발달했다. 메세 개최와 대학 설립으로 출판업이 발전했다. 라이프치히 도서박람회는 프랑크푸르트 도서박람회와 함께 오늘날에도 국제적인 명성을 얻고 있다. 또한 상인이 늘어나며 시민계급도 형성되고, 수공업자와 동업조합들이 생겨났다.

라이프치히는 종교개혁과도 관련 있는 도시다. 루터의 종교개혁 관련 문서가 출판업이 발달했던 라이프치히에서 인쇄됐다. 루터는 1518년 하이델베르

Der Markt aus der Catharinenstrasse.

1800년경 라이프치히 카타리나 거리의 시장(카를 베냐민 슈바르츠 작, 컬러 동판화, 1804, 라이프치히시 역사박물관 소장)

1765~1768년 동안 라이프치히 대학교에서 공부했던 괴테를 기리기 위한 동상과 옛 증권거래소 건물(뒤편 흰색)

크 논제 이후 1519년 6월 27일~7월 15일 동안 라이프치히에서 가톨릭 신학자 요한 에크Johann Eck(1486~1543)와 공개 논쟁을 했다. 처음에는 루터와 가톨릭 측 사이에 화해를 위해 마련한 자리였으나, 이 논쟁으로 루터 지지 세력과 가톨릭계는 완전히 단절됐다. 그만큼 입장 차이가 컸던 것이다. 에크는 2년 후 보름스 제국의회에서 루터 심문을 맡았다.

이후 작센 공작 게오르크Georg는 종교개혁운동을 탄압했으나, 그가 죽은 1539년에 라이프치히는 개신교를 받아들였다. 개신교는 이후 수백 년 동안 라이프치히가 문화적, 사회적, 교육적으로 발전하는 데 큰 영향을 끼쳤다. 박람회와 무역도시로 발전하고 시민들의 소득이 늘어나면서 1650년에 세계 최초로 주 6회 일간신문이 발행되었다. 세계 최초 일간신문 발행 내용은 마인츠 구텐베르크 박물관 기록에도 있다.

슈말칼덴 전쟁(1546~1547) 중에 시청이 파괴된 데 이어 30년 전쟁(1618~1648)으로도 라이프치히는 큰 피해를 입었다. 1631년 9월에 라이프치히 인근 브라이텐펠트Breitenfeld에서 큰 전투가 있었고, 1631~1642년 동안 라이프치히는 다섯 차례나 포위됐었다. 1642년 이후 수년 동안 스웨덴에 점령되기도 했다.

1750년경 라이프치히는 독일 내 대표적인 음악과 문화의 도시였다. 바흐, 슈만, 멘델스존, 클라라 등 음악가들의 활동을 비롯하여 토마스 합창단과 게반트하우스Gewandhaus 오케스트라로 음악 도시로서의 라이프치히의 명성이 높아졌다. 리하르트 바그너와 슈만의 아내요 천재 피아니스트였던 클라라는 라이프치히에서 태어났다. 시민들은 독서 모임과 같은 문화활동을 활발히 했으며 카페 문화도 즐겼다.

1813년 10월 나폴레옹 군대를 격퇴하기 위한 라이프치히 전투(나폴레옹 해방 전쟁이라고도 함)로 인해 라이프치히는 큰 피해를 입었다. 작센 왕국에 속했던 라이프치히는 나폴레옹 편에서 동맹군과 싸웠고, 전쟁터가 되었기 때문이다.

1910년에 라이프치히는 인구 59만 명으로 독일에서 네 번째로 큰 도시였다. 제2차 세계대전 중에는 폭격으로 도시의 약 60%가 파괴되는 등 큰 피해를 입었다.

라이프치히는 베를린 장벽을 붕괴시킨 평화혁명의 발상지였다. 1989년 가을 라이프치히 니콜라이 교회에서 시작한 평화를 위한 기도와 개혁을 요구하는 시위는 베를린 장벽을 붕괴시켰다. 베를린 장벽의 붕괴를 계기로 독일은 통일을 이루었다.

옛 시청사

라이프치히 중심지인 마르크트 광장Marktplazt에 들어서면 좌우로 긴 빨간 지붕의 건물이 눈에 들어온다. 라이프치히의 상징인 옛 시청사Altes Rathaus다. 독일에서 가장 아름다운 르네상스 건축물의 하나로 꼽히는 건물이다. 라이프치히는 공국公國이나 왕국의 수도가 아니었기 때문에 주요 건물은 궁전이나 성城이 아닌 시청사다.

1547년 슈말칼덴 전쟁 중에 시청사가 파괴되자 시장은 더 크고, 더 아름답게, 더 빨리 지으라고 재촉했다. 1556년에 이미 있던 청사 토대 위에 복구하여 9개월이라는 짧은 기간이 걸렸다. 길이 93.2m, 폭 20.6m에 3층 높이다. 높이 41m의 시계탑은 중앙이 아닌 왼편으로 치우친 비대칭이라 더 눈길을 끈다. 개축 공사를 하면서 기존에 있던 건물을 활용하느라 그런 모양이 됐다고 한다.

청사 내에 길이 43m의 대형 연회장도 있다. 이 연회장을 작센 선제후는 연회 장소로, 귀족들은 결혼식장으로, 수공업자들은 축제 장소로, 대학생들은 무도회장으로 사용했다. 특권층만이 아닌 모든 계층이 이용했다. 16세기 후반에

라이프치히 옛 시청사. 라이프치히시 역사박물관이 들어 있다.

는 때때로 대법원이나 배심재판소로도 이용했다. 지하에는 죄인을 수감하기 위한 형무소도 있었다.

시청사가 협소해지자 1899년에 다른 곳에 청사를 지어 1905년에 이전했다. 옛 청사는 보수공사를 한 후 1909년에 라이프치히시 역사박물관을 만들어 개관했다.

제2차 세계대전 중에 옛 청사는 서까래가 완전히 불에 탈 정도로 크게 파손됐다. 다행히도 박물관 유물은 미리 안전한 곳으로 옮겨 보관했기 때문에 피해를 입지 않았다. 2층에는 중세와 근대 역사를, 3층에는 1945년 이후의 동독 역사를 비롯하여 현대 역사 자료를 전시하고 있다. 19세기 초 라이프치히시의 축소 모델도 있다.

회의실에는 한 음악가의 초상화가 있다. 요한 제바스티안 바흐Johann Sebastian Bach(1685~1750)다. 바흐는 1723년에 이 회의실에서 자신을 성 토마스 합창단과 니콜라이 교회의 칸토(지휘자 겸 음악감독)로 임명하는 문서에 서명했다. 시

정장을 입고 6계음의 카논 악보를 들
고 있는 요한 제바스티안 바흐(엘리
아스 고틀리프 하우스만 작, 1746,
라이프치히시 역사박물관 소장)

역사박물관은 라이프치히 역사는 물론 동독 역사에 관한 유물과 자료를 전시하
고 있다.

1989년 평화혁명의 발상지 - 니콜라이 교회

라이프치히에 세계적으로 유명한 교회 2곳이 있다. 그 하나가 니콜라이 교
회Nikolaikirche다. 1989년 가을 베를린 장벽을 붕괴시킨 평화혁명의 발상지이
자 중심에 있었다. 이런 이유로 니콜라이 교회는 교회 이상의 의미를 갖는다.

라이프치히는 중세에 동서 유럽과 남북 유럽을 연결하는 중요한 무역 루트
였다. 니콜라이 교회는 이 무역 루트를 오가는 상인들을 보호하는 성 니콜라우
스에게 봉헌한 교회다. 1165년에 세워져 라이프치히에서 가장 오래됐다. 16세

기 초 3랑廊(중랑 하나와 측랑 둘로 된 구조)으로 확장하며 후기 고딕 양식이 됐고,
1731년에 바로크 양식의 탑 3개를 세웠다. 1902년에 증축하면서 길이 63m,
폭 43m인 오늘날의 크기가 됐다. 제단 위에는 평화의 천사가 있고, 교회 천
장을 지탱하는 기둥은 흰색에 평화의 상징인 초록색의 종려나무로 장식했다.
1539년 라이프치히가 종교개혁을 받아들이며 니콜라이 교회는 개신교회가
됐다.

라이프치히 니콜라이 교회(위). 종려
나무로 장식한 평화의 기둥 바닥에는
'1989년 10월 9일' 혁명의 발상지였음
을 알리는 동판이 있다(아래).

니콜라이 교회에서 음악감독으로 활동했던 바흐는 1723년 5월 이 교회에서 〈요한 수난곡〉과 〈크리스마스 오라토리오〉를 토마스 합창단과 함께 처음으로 공연했다.

동독 공산 독재정권이 지배하는 암울한 상황에서도 평화를 갈망하는 이들이 있었다. 1980년대 들어 11월이면 니콜라이 교회에서 열흘 동안 평화를 위한 집회가 열렸다. 이 집회는 1982년부터 매주 월요일 오후 5시에 여는 평화를 위한 기도회로 발전했다. 기도회는 퓌러C. Fürer 목사가 주도했다. 1989년 9월 4일 월요일 1200여 명이 평화를 위한 예배를 시작했다. 예배를 마친 후 거리로 나가 국외여행 자유화를 요구했다. 평화혁명의 시작이다. 이후 매주 월요일에 시위를 하여 '월요 데모'로 불렸다.

결정적인 날은 10월 9일이었다. 시위를 저지하기 위해 평소보다 많은 600여 명의 비밀경찰과 공산당원들이 오후 2시부터 교회에 들어와 있었다. 약 2000명의 일반 시민들도 참석했다. 퓌러 목사의 기도가 끝나자 게반트하우스 오케스트라 지휘자인 쿠르트 마주르Kurt Masur는 시위 중에 폭력 자제를 호소했다. 3만 명이 넘는 경찰·보안요원들과의 유혈충돌이 우려됐고, 충돌이 일어나면 그동안 애써 왔던 평화혁명이 수포로 돌아갈 수 있기 때문이었다.

예배를 마치고 밖으로 나온 시민들은 깜짝 놀랐다. 시위에 동참하려는 7만 5000여 명의 시민들이 양손에 촛불을 들고 기다리고 있었기 때문이다. 예상을 뛰어넘은 많은 인원이었다. 이들은 "우리가 국민이다Wir sind das Volk!"라는 피켓을 들고 국외여행 자유화, 자유선거 실시, 공산정권의 퇴진 등을 요구했다. 동독 정권은 수만 명의 경찰과 보안요원을 동원했지만 진압하기에는 시위대가 너무 많았다. 강제로 해산을 시도할 경우 자칫 유혈충돌이 일어날 것을 우려하여 진압을 포기했다. 동독에 주둔했던 34만 명의 소련군도 시위에 개입하지 않았다.

10월 9일 동독 전역에서 일어난 시위에 책임을 지고 서기장 에리히 호네커 Erich Honecker(1912~1994)가 물러났다. 동독 정권은 개혁을 더 이상 미룰 수 없었다. 11월 9일 국외여행 자유화 조치를 발표하자 베를린 장벽이 무너지며 평화혁명이 이루어졌다. 장벽이 붕괴된 11개월 후인 1990년 10월 3일 독일은 통일을 이루었다.

토마스 교회와 토마스 합창단

라이프치히에 세계적으로 알려진 교회가 또 있다. 작곡가 바흐와 성 토마스 합창단Der Thomanerchor으로 알려진 토마스 교회Thomaskirche Leipzig다. 이미 세워진 낡은 마르크트 교회를 1212~1222년 사이에 개조하여 토마스 수도원의 부속 교회를 지었다. 이후 200년 넘게 계속된 증축 공사를 마무리한 1496년을 완공한 해로 보고 있다. 길이 76m, 폭 25m, 높이 18m에 탑 높이는 68m이다. 교회 지붕은 보기 드물게 63°의 급경사를 이루고 있다.

1539년에 라이프치히가 종교개혁을 받아들이며 토마스 교회는 개신교회가 됐다. 이를 기념하여 루터가 5월 25일 이 교회에서 설교했다. 1789년 5월 12일에는 모차르트가 연주했다. 토마스 교회는 시련을 겪었다. 작센 지방을 점령했던 나폴레옹 군대는 1806년 전투 시 교회를 탄약고로 사용했다. 1813년 라이프치히 전투에서는 야전병원으로 사용됐다. 1943년 12월 폭격으로 크게 파괴됐으나 전후에 복구했다.

19세기 말에 제작한 창문의 스테인드글라스가 돋보인다. 성가대 창문에는 예수의 탄생, 세례, 부활 등 그의 일생을 담고 있다(2000년에 '토마스 창'으로 복구). 남측 창에는 제1차 세계대전에서 희생된 자, 스웨덴 국왕 구스타브 2세 아돌프, 요한 제바스티안 바흐, 작센 선제후 프리드리히 3세(1521년 보름스 제국의회에서 마르틴 루터를 보호한 선제후), 필리프 멜란히톤Philipp Melanchton(유럽 종교개혁의 개척자), 마르틴 루터, 펠릭스 멘델스존 바르톨디, 황제 빌헬름 1세가 있다(2009년에 '평화의 창'으로 복구).

토마스 교회는 바흐로 인해 널리 알려졌다. 바흐는 1723년부터 27년 동안 성 토마스 합창단장 겸 지휘자인 칸토Kantor로 활동했다. 1212년에 창단된 성 토마스 합창단의 역사는 800년이 넘는다. 아헨 돔 합창단, 레겐스부르크 돔 합

토마스 교회. 중앙의 문이 멘델스존 문이다.

창단, 할레 소년합창단에 이어 독일에서 네 번째로 오래된 합창단이다. 오늘날 성 토마스 합창단은 9~18세의 소년 110여 명으로 구성되어 있다. 이들은 토마스 기숙사에 생활하며 언어와 음악 교육에 중점을 둔 김나지움인 토마스 슐레에 다니고 있다. 합창단은 게반트하우스 오케스트라와 함께 해외 공연도 한다. 한국에서도 여러 차례 공연했다.

음악의 아버지 바흐

니콜라이 교회와 토마스 교회에서 음악감독으로 활동한 바흐는 1685년 3월 31일 튀링겐주의 아이제나흐Eisenach에서 태어났다. 바흐 집안은 200여 년 동안 50여 명의 음악가를 배출한 음악가 집안으로 아버지는 바이올린 연주자였다. 어려서 아버지에게서 바이올린과 오르간을 배웠으며, 아이제나흐 게오르크 교회의 소년 성가대에서 활동했다. 아홉 살에 부모를 잃은 바흐는 큰형 집에서 지내며 작곡에 관한 기초를 배웠다.

고등학교 졸업 후 바흐는 18세에 아른슈타트 교회의 오르간 연주자로 일했다. 20세에 북스테후데Dietrich Buxtehude의 오르간 연주를 듣기 위해 400여 km 떨어진 북부 독일의 뤼베크까지 걸어가기도 했다(제10장 뤼베크 – '성모 마리아 교회와 북스테후데' 참조). 23세에 바이마르 궁정 교회의 오르간 연주자로, 29세에는 궁정악단의 콘서트마스터가 되며 바이마르에서 10여 년을 지냈다. 32세에 쾨텐의 궁정악장으로 지내며 재혼하여 13명의 자녀를 두었다.

오늘날 독일의 음악이 발달할 수 있었던 가장 중요한 요인은 왕이나 제후들이 궁중에 오케스트라를 조직하고, 극장 또는 오페라하우스를 세워 음악을 즐기며 장려한 데 있다. 왕과 제후들이 음악가들의 작곡이나 공연을 지원하면서 음악이 발달할 수 있었다.

토마스 교회 앞의 바흐 동상

바흐는 38세에 토마스 교회와 니콜라이 교회의 칸토가 되어 인생의 황금기를 보냈다. 음악감독으로 활동하면서 많은 미사곡과 오라토리오oratorio(성악의 일종으로 줄거리가 있지만 배우의 연기는 없는 음악으로 주로 종교적인 내용을 소재로 함)를 작곡했다. 1750년 65세에 두 번의 눈 수술을 받았지만 회복하지 못하고 7월 28일 뇌일혈로 라이프치히에서 숨졌다. 그의 유해는 처음에 안치됐던 요하네스 교회가 전쟁 중에 파괴되면서 1950년에 토마스 교회로 옮겨졌다. 교회 제단 앞에 그의 관이 있다. 입구에 동상이 있고 가까운 곳에 바흐 박물관도 있다.

바흐의 주요 작품으로는 〈마태 수난곡〉 BWV 244, 〈요한 수난곡〉 BWV 245, 〈크리스마스 오라토리오〉 BWV 248, 〈토카타와 푸카 d단조〉 BWV 565, 〈파르티아〉 BWV 825, 〈이탈리아 협주곡〉 BWV 971, 〈바이올린 협주곡 제1번〉 BWV 1041, 〈브란덴부르크 협주곡〉 BWV 1046-1051, 〈푸가의 기법〉 BWV 1080 등 140여 곡이 있다. 우리의 귀에 익은 〈G선상의 아리아〉는 바흐의 〈관현악 모음곡 제3번 라장조〉 BWV 1068을 빌헬미August Wilhelmj가 편곡한 것이다. BWV는 '바흐 작품번호Bach Werke Verzeichnis'의 약자로 1950년에 볼프강 슈미더Wolfgang Schmieder가 붙였다.

바흐는 칸타타Cantata도 작곡했다. 칸타타는 이탈리아어 '노래하다cantare'에서 유래했으며, 악기 반주가 동반된 여러 악장으로 된 성악곡을 말한다. 바흐는 교회 칸타타 이외에 〈사냥 칸타타〉, 〈결혼 칸타타〉, 〈농민 칸타타〉 등 20여 곡의 세속 칸타타도 작곡했다.

커피를 소재로 한 〈커피 칸타타〉 BWV 211도 있다. "오! 커피는 얼마나 맛이 좋은지. 천 번의 키스보다도 더 맛이 있고, 머스캣 포도주보다도 더 부드럽지. 난 커피를 마실 거야…" 커피를 마시겠다는 딸과 커피를 마시면 결혼시키지 않겠다며 커피를 마시지 말라는 아버지와의 논쟁을 담은 오페라 형식의 곡이다. 시인 피칸더Picander가 쓴 글에 바흐가 1732년에 작곡했다. 〈커피 칸타타〉가 작곡될 만큼 라이프치히에는 커피를 마시는 이들이 많았음을 알 수 있다.

바흐의 음악이 알려진 데에는 멘델스존의 공이 컸다. 1829년 멘델스존은 할머니에게서 바흐의 〈마태 수난곡〉 필사본 악보를 물려받아 정리하여 베를린에서 공연했다. 공연은 대성공이었다. 이후 바흐 음악이 재평가되면서 유럽 전역에 바흐가 널리 알려지며 '음악의 아버지'로도 불리고 있다. 토마스 교회의 스테인드글라스에 멘델스존상이 있고, 교회 뒤에 멘델스존 동상도 있다.

"바흐는 바흐Bach(개울)가 아니라 메르Meer(바다)라고 불려야 한다." 베토벤

토마스 교회 옆문에 있는 멘델스존 동상

이 바흐를 두고 한 말이다. 아인슈타인은 "듣고, 연주하고, 사랑하고, 존경하고 입을 다물라."라고 했다. 라이프치히시는 매년 6월에 바흐 음악 축제를 연다.

아우어바흐 지하 식당

라이프치히에서 첫날 일정을 마치고 저녁 식사를 하러 아우어바흐 지하 식당Auerbachs Keller으로 갔다. 식당이 만원이라 잠시 기다렸다 들어갔다. 옛 시청사에서 가까운 매들러 파사주Mädler Passage 상가에 있다. 1525년에 열었으니 500여 년이 된 식당이다. 역사도 오래됐지만 괴테가 1765~1768년의 3년 동안 라이프치히 대학교에서 법학을 공부할 당시에 자주 들렀던 식당으로 알려진 곳이다. 실제로 이 식당은 괴테의 『파우스트』 1부에서 '라이프치히의 아우어바흐 지하 술집'으로 나온다. 메피스토펠레스는 파우스트를 타락시키기 위해 맨 처음 이곳으로 데려가 학생들과 대화를 나누며 술을 마셨다.

식당 입구에는 『파우스트』 1부에 나오는 장면을 담은 동상이 2개 있다. 파우스트의 발이 유난히 반들반들하게 윤이 난다. 발을 쓰다듬으면 소원이 이루어진다는 이야기가 전해 오면서 너도나도 쓰다듬었기 때문이다. 파사주 상가에는 '메피스토MEPHISTO 카페'도 있다. 악마의 이름을 딴 카페에서 마시는 커피의 맛은 어떨까?

『파우스트』에 나오는 장면을 담은 두 개의 동상. 파우스트와 메피스토펠레스(왼쪽), 메피스토의 마법에 걸린 대학생들(오른쪽)(아우어바흐 식당 입구)

현대사 포럼 박물관

통일이 되면서 동독(1949~1990)은 사라졌다. 동독은 일당독재에 주민을 억압했던 정권이었지만 독일 역사의 일부분이다. 사라진 동독의 역사를 한곳에서 알 수 있는 박물관이 있다. '라이프치히 현대사 포럼Zeitgeschichtliches Forum Leipzig'이다. 1989년 가을 라이프치히 시민들은 평화혁명의 도화선을 당겼다. 이 점을 고려하여 라이프치히에 '독일 통일의 기록보관소'를 설립한 것이다. 본 Bonn에 있는 독일 현대사박물관(제5장 본 – '독일 현대사박물관' 참조)의 분관 형태이다. 라이프치히 시위 10주년이 된 1999년 10월 9일 게르하르트 슈뢰더Gerhard Schröder(재임: 1998~2005) 총리가 참석하여 개관했다. 박물관 입구 안내판

라이프치히 현대사 포럼 박물관. 박물관 앞에는 한 손에 붉은 완장을 차고 히틀러 식의 인사를 하고 있는 '세기의 걸음'이라는 조각상이 있다.

갑작스런 베를린 장벽의 붕괴를 초래했던 동독 정부 대변인 귄터 샤보프스키(연단 오른쪽에서 두 번째)의 1989년 11월 9일 오후 기자회견 장면. 누군가가 질문을 한 듯 일부가 뒤를 돌아보고 있다. 가운데 메모는 샤보프스키의 메모(사진은 라이프치히 현대사 포럼에서 촬영)

에는 이런 내용이 있다.

> 동독은 왜 생겨났는가? 누가 동독의 권력을 잡고 있었나? 동독 주민들은 어떻게 살았고, 어떻게 일을 했으며, 어떻게 즐기고, 어떻게 논쟁을 했는가? 왜 수십만 명의 주민들이 동독을 떠나야 했는가? 국가는 비판자들과 반대자들을 어떻게 억압했는가? 동독은 무엇 때문에 몰락했는가? 독일은 1990년 이후 어떻게 함께 성장하고 있는가? 오늘날 사람들은 어떤 문제와 근심에 관심을 갖고 있나?

2018년에 전시 내용을 대폭 개편하여 통일 이후의 역사에 관해 더 많은 공간을 할애했다. 전시 주제는 "우리의 역사: 1945년 이후의 독재와 민주주의"다. 전후 동·서독으로의 분단 과정, 동독 정권의 수립에서부터 멸망까지의 역사,

통일 이후 오늘날까지 독일의 역사를 사진과 필름 등 2,000여 점의 자료와 함께 보여 주고 있다. 또한 수많은 증인들의 증언 자료도 있다. 통일 이후 동·서독 주민들이 함께 살아가면서 성공적인 면과 어려움을 함께 전시하고 있다.

게반트하우스 오케스트라와 멘델스존

라이프치히는 음악 도시다. 음악의 아버지 바흐, 멘델스존과 슈만이 활동했고, 피아노의 천재이자 슈만의 아내 클라라가 태어난 곳이다. 독특한 이름을 가진 오케스트라도 있다. '게반트하우스 오케스트라Gewandhaus Orchester'다. 게반트하우스는 '직물 회관'이라는 뜻으로, 직물 회관에 만든 오케스트라라는 의미다. 300년 가까운 오랜 역사를 가진 이름난 오케스트라다.

1743년 이래 라이프치히의 부유한 직물 상인들은 단체를 만들어 음악가를 초청하여 개인집에서 음악회를 열곤 했다. 1781년에 상인들은 라이프치히시 소유의 무기고 건물을 구입하여 1층에 직물 전시장을, 2층에는 500석 규모의 콘서트홀을 만들며 오케스트라를 만들었다. 오케스트라 이름을 직물 회관을 뜻하는 '게반트하우스'라고 지었다. 음악감독도 초빙하고 16명의 연주자도 고용했다. 첫 번째 게반트하우스다. 라이프치히에는 궁정이 없었기에 돈 많은 상인들이 오케스트라를 조직한 것이다.

게반트하우스는 음악회 제목을 당당하게 '대콘서트Grosse Concerts'라고 했다. 1835년에 멘델스존Felix Mendelssohn Bartholdy(1809~1847)이 지휘자로 부임하며 게반트하우스 오케스트라의 명성이 높아 갔다. 음악회를 찾는 이들이 늘어나면서 좌석이 부족했다. 여러 차례 공사를 하여 500석의 객석을 1000석으로 늘렸다.

게반트하우스 오케스트라가 인기를 얻으며 찾는 이들이 꾸준히 늘어났다.

게반트하우스(탑 뒤의 건물, 아우구스투스 광장)

좌석을 늘렸음에도 여전히 부족했다. 그래서 1884년에 베토벤 거리에 새로이 노이에스 게반트하우스Neues Gewandhaus를 세웠다. 1500석과 500석의 2개 홀을 만들었다. 두 번째 게반트하우스다. 안타깝게도 제2차 세계대전 중에 폭격으로 파괴됐다. 전쟁이 끝나고 공연 시설이 없어 1947년부터 동물원 내 컨벤

션홀에서 공연을 하기도 했다.

1970년에 제17대 음악감독이 된 쿠르트 마주르의 제의로 1977년 착공하여 1981년에 게반트하우스가 들어섰다. 오늘날 아우구스투스 광장Augustusplatz에 있는 세 번째 게반트하우스다. 마주르는 1989년 가을 라이프치히의 시위를 평화적으로 이끌기도 했다. 1905석의 대연주홀과 498석의 멘델스존홀이 있다. 게반트하우스가 추구하는 모토 'Res severa verum gaudium'가 홀에 새겨져 있다. '진정한 즐거움은 매우 중요한 일이다'라는 뜻으로 로마 철학자 세네카의 편지에서 따왔다. 180명으로 구성된 게반트하우스 오케스트라는 세계적인 오케스트라다.

게반트하우스 안으로 들어가니 동상 하나가 있다. 게반트하우스 오케스트라의 음악감독으로 활동하며 유명 오케스트라로 끌어올린 멘델스존의 업적을 기리기 위해 세운 동상이다. 앞에서 본 바흐나 멘델스존 동상은 교회 밖에 세워져 있는데 이 멘델스존 동상은 실내에 있다. 얼굴과 몸이 무척 호리호리한 모습이다.

작곡가, 지휘자, 피아니스트였던 멘델스존은 1809년 2월 3일 함부르크의 유대인 집안에서 태어났다. 어머니에게서 피아노를 배우다 파리에서 온 선생에게서 피아노와 바이올린을 배웠다. 멘델스존만큼 음악을 여유 있게 공부할 환경을 갖춘 음악가를 찾기 어려울 정도로 그는 부유한 환경에서 자랐다. 13세 때 멘델스존은 바이마르의 괴테 집에서 피아노 연주를 했었다. 멘델스존의 연주를 들은 73세의 괴테는 "모차르트보다도 뛰어나다."라며 칭찬했다고 한다.

멘델스존의 주요 업적 중의 하나는 바흐의 작품을 정리하여 알린 데 있다. 20세 때인 1829년 할머니가 보관하고 있던 바흐의 〈마태 수난곡〉 필사본 악보를 정리하여 베를린에서 공연했다. 이후 바흐의 작품이 재평가되고, 유럽 전역에 바흐 열풍이 불었다. 26세 때인 1835년 멘델스존은 게반트하우스 오케스트라의 감독에 취임하여 유럽 최고의 관현악단으로 만들었다.

멘델스존은 뒤셀도르프에서 잠시 음악감독으로 활동하며 화가 체칠Cécile과 결혼했다. 34세에는 라이프치히 음악원을 설립했다. 이 음악원은 오늘날 라이프치히 멘델스존 예술대학이다. 건강이 극도로 악화됐던 멘델스존은 1847년에 세 살 많은 누이가 세상을 떠나자 큰 충격을 받고 뇌졸중으로 쓰러졌다. 그는 6개월 후 라

게반트하우스 오케스트라 음악감독으로 활동했던 멘델스존 동상(게반트하우스)

이프치히에서 숨졌다. 안타깝게도 한창 활동할 나이인 38세였다.

일찍 세상을 떠났지만 멘델스존은 750여 곡을 작곡했다. 주요 작품으로 교향곡 다섯 곡을 비롯하여 〈노래의 날개 위에〉Op.34-2, 〈피아노 트리오 제1번〉Op.49, 〈한여름밤의 꿈〉Op.61, 〈엘리야〉Op.70 등이 있다. 〈한여름밤의 꿈〉에 들어 있는 '결혼행진곡'은 우리에게 친숙한 곡이다. 〈노래의 날개 위에〉는 하인리히 하이네의 시에 곡을 붙인 가곡이다.

1858년 빅토리아 여왕의 딸 빅토리아 공주가 결혼식에서 멘델스존이 작곡한 '결혼행진곡'에 맞추어 행진했다. 이후 대부분의 결혼식장에서 연주되고 있다.

라이프치히 전투기념비

독일에서 라이프치히만큼 전쟁으로 큰 피해를 입은 도시도 드물다. 슈말칼덴 전쟁(1546~1547), 30년 전쟁(1618~1648), 예나Jena 전투(1806)와 라이프치히 전투(1813)의 전투장이 되면서 큰 피해를 입었다. 특히 라이프치히 전투에서 희생자가 많았다. 라이프치히 전투에서 희생된 자를 추모하기 위한 기념비 Völkerschlachtdenkmal가 있다. 높이가 91m로 웅장하고 무척 크다. 전승기념비가 아니고 희생된 자를 추모하는 기념비이다. 전승기념비라면 승전을 자랑스러워해야 하는데 그런 표현이 전혀 없다.

중앙역에서 전차(Straßenbahn 2번, 15번)나 에스반(S-Bahn 1번, 4번)을 타고 '라이프치히 전투기념관' 정거장에 내린다. 정거장에서 5~7분 더 걸어가야 한다. 중앙역에서 20분 정도 걸린다(주소: Strasse des 18. Oktober 100).

독일을 점령한 나폴레옹은 1806년 6월 라인동맹Rheinbund(1806~1813)을 결성하여 맹주를 자처했다. 라인동맹에는 오스트리아, 프로이센 왕국, 헤센-다름슈타트 대공국을 제외한 바이에른 왕국과 작센 왕국 등 독일 내 거의 모든 국가들이 가입했다. 그해 8월 신성로마제국이 멸망했다. 두 달 후인 10월에 나폴레옹은 프로이센군마저 격파하고 베를린에 입성하며 독일 전역을 점령했다. 1812년 6월 나폴레옹은 러시아 원정을 떠나 9월에 모스크바를 점령했다. 러시아군은 후퇴하면서 모스크바에 불을 질러 나폴레옹군에게 타격을 주었다. 나폴레옹군은 추위와 굶주림으로 고전하다가 후퇴했다.

이듬해 나폴레옹군을 상대로 프로이센은 오스트리아, 러시아, 스웨덴과 동맹을 맺고 1813년 10월 16~19일 동안 싸웠다. 동맹국들은 프랑스를 무너뜨려 유럽에서 세력균형을 꾀하고자 했다. 동맹군이 패한다면 계속 나폴레옹의 지배를 받게 되어 독일에게는 중요한 전투였다. 라이프치히가 주 전쟁터였다.

라이프치히 전투에서 희생된 자를 추모하기 위한 라이프치히 전투기념비와 눈물의 호수. '눈물의 호수'
는 희생자들을 애도하여 독일 국민들이 흘린 눈물이 모여 호수가 됐다는 의미를 담고 있다.

동맹군과 나폴레옹 두 진영에서 50만 명이 참전하여 동맹군 5만 4000명, 나폴레옹 측 3만 명 등 8만 4000여 명이 숨졌다. 이외에 수만 명이 큰 부상을 입었다. 라이프치히 전투는 제1차 세계대전 이전의 전투 중에서 가장 큰 전투로 기록되고 있다. 패한 나폴레옹은 1814년 5월에 엘바섬으로 유배를 갔다.

라이프치히 전투는 겉으로는 동맹군과 프랑스군 간의 전투였다. 자세히 들여다보면 독일인이 독일인을 상대로 한 전투이기도 했다. 작센 왕국(라이프치히도 포함)과 뷔르템베르크 왕국 등 일부 라인동맹 가맹국들이 나폴레옹 편에서 싸웠기 때문이었다. 또한 주 전투장이었던 라이프치히는 황폐화됐다. 그리고 그다음 해에 장티푸스까지 발병하여 라이프치히 인구의 1/10이 숨졌다. 라이프치히의 피해가 컸다.

황폐화되고 많은 이들이 목숨을 잃은 라이프치히는 큰 시름에 잠겼다. 1814년에 시인 아른트Ernst Moritz Arndt(1769~1860)가 기념비 건립을 제의하며 재원을 모았다. 착공 15년 만인 1913년 10월 18일 기념비를 완공했다. 라이프치히 전투 발발 100주년이 된 날이다.

기념비 입구에는 대천사 성 미카엘상이 투구에 갑옷을 걸치고, 긴 칼과 방패로 무장하여 늠름하게 서 있다. 미카엘 대천사는 다니엘서에서 '일품제후천사', '대 제후'로 불린 천사로서 악마와 싸우는 천상 군대의 대장이다. 기념비 앞에 '눈물의 호수See der Träne'를 조성했다. 희생자들을 애도하여 국민들이 흘린 눈물이 모여 호수가 됐다는 의미를 담고 있는 호수다. 제막식에 독일제국 황제 빌헬름 2세와 전 제후들이 참석했다.

2층 납골실에는 나폴레옹이 전투에서 사용했던 목제 책상이 있다. 가운데 둥근 홀에는 커다란 눈을 감고 슬픔에 잠긴 석조 마스크상 8개가 원형을 이루고 있다. 각각의 마스크상 앞에는 장군 2명이 두 팔을 방패 위에 올려놓고 고개를 숙이고 서 있다.

라이프치히 전투기념비 2층 납골실과 3층 명예의 전당 석상. 2층 납골실에는 눈을 감고 슬픔에 잠긴 8개의 마스크 석상이 있고, 그 앞에는 두 팔을 방패 위에 올려놓고 고개를 숙인 장군이 각각 2명씩 서 있다. 3층 명예의 전당에는 거대한 4개의 좌상이 있다. 사진 속 좌상은 강한 두 팔을 교차하며 어깨를 감싸 용기를 상징하는 석상이다.

3층은 명예의 전당이다. 거대한 좌상 4개가 홀을 둘러싸고 있다. 강한 두 팔로 어깨를 감싼 석상은 **용기**를, 다리 사이에 어린이를 안고 있는 석상은 **신념의 힘**을, 한 팔에 한 명씩 두 아이를 안고 있는 여인상은 **국민의 힘**을, 고개를 옆으로 돌린 채 눈을 감고 있는 석상은 **희생**을 뜻한다. 벽 천장에는 324개의 기마병 조각상이 새겨져 있다. 엘리베이터로 전망대에 오르면 사방에서 라이프치히 전경을 내려다볼 수 있다. 이 라이프치히 전투기념비를 세우고 나서야 독일인들은 희생자들이 고이 잠들 수 있을 것으로 생각했다.

제14장

바이마르

작센-바이마르-아이제나흐 공국, 괴테와 실러,
바흐와 리스트, 바이마르 헌법과 바이마르 공화
국, 바우하우스 박물관, 부헨발트 강제수용소 기
념관, 유럽 문화도시

바이마르는

바이마르역에 내리니 '바이마르 문화역KuturBahnhof Weimar'이라는 역 간판
이 눈에 들어왔다. 조그만 역이지만 바이마르는 역에서부터 문화도시임을 내
세우고 있어 좋았다. 바이마르Weimar는 인구 7만 여 명의 작은 도시다. 그럼에
도 독일 문학을 대표하는 괴테, 헤르더와 실러를 비롯하여 음악가 바흐와 리스
트가 활동했으며, 바우하우스Bauhaus라는 새로운 건축문화가 꽃피운 곳이다.
또한 바이마르 헌법과 바이마르 공화국이 탄생한 도시다. 바이마르는 문화와
예술 도시이며, 독일 민주주의가 태동한 도시다.

바이마르는 899년에 '비그마라Vvigmara'(성스러운 바다의 뜻)로 문서상 처음 나

타났다. 1254년에 도시로 인정됐다. 1372년에 바이마르-오를라뮌데 백작 가문이 소멸하자 작센 공국의 베틴Wettin 가문이 바이마르 성과 함께 백작 작위를 인수했다. 1552년 바이마르는 작센-바이마르 공국의 수도가 됐다. 작센-바이마르 공국은 작센 선제후 요한 프리드리히 1세(에른스트계)와 그 후손들이 세운 공국이다. 요한 프리드리히 1세는 1547년 슈말칼덴 전쟁에서 패해 포로가 됐다가 풀려나 바이마르에 정착했다. 작센-바이마르 공국은 1741년에 작센-바이마르-아이제나흐 공국(이하 바이마르 공국)이 됐다.

1775년 바이마르 공국에 특별한 인사가 이주해 왔다. 26세인 괴테가 바이마르 공국의 공작 카를 아우구스트Karl(또는 Carl) August의 초청으로 온 것이다. 1776년에 요한 고트프리트 헤르더Johann Gottfried Herder가, 1799년에는 프리드리히 폰 실러Friedrich von Schiller가 바이마르에 왔다. 괴테와 실러의 활동으로 바이마르는 독일 고전주의 문학의 중심지가 됐다. 이로 인해 바이마르는 괴테·실러의 도시로 불리고 있다.

바이마르는 음악의 도시이기도 하다. 바흐Bach는 23세 때인 1708년에 바이마르로 와 궁정 교회의 오르간 연주자로, 또 궁정악단의 지휘자로 10여 년을 살았다. 이후 그는 쾨텐을 거쳐 라이프치히 토마스 교회와 니콜라이 교회에서 활동했다(제13장 라이프치히 – '음악의 아버지 바흐' 참조). 1842년에 피아노 거장이며 작곡가인 프란츠 리스트Franz Liszt(1811~1886)가 바이마르로 이주하여 궁정악단의 특별 음악감독으로 1861년까지 활동했다.

바이마르 공국은 1815년 빈 회의 후 대공국이 됐다. 1857년 9월 4일 궁정 극장(독일 국립극장) 앞에 괴테와 실러 동상을 세웠다. 괴테와 실러 동상은 바이마르가 문화도시가 되는 데 두 대문호의 영향이 컸음을 잘 보여 주고 있다.

1918년 11월 독일이 패전하며 바이마르 대공국은 사라졌다. 1919년 2월 6

독일 국립극장 앞의 괴테와 실러 동상. 두 사람은 손을 잡고 먼 곳을 응시하고 있다.

일 바이마르 독일 국립극장에서 제헌 국민의회가 열렸다. 약 2주 전인 1월 19일 독일에서 최초의 자유선거로 선출된 의원들이 참석했다. 이 국민의회가 제정한 헌법이 '바이마르 헌법'이다. 이 헌법에 따라 출범한 국가를 '바이마르 공화국Die Weimarer Republik(정식 국명은 독일국Das Deutsche Reich)'으로 부른다. 1933년 1월 히틀러가 정권을 잡으며 바이마르 공화국은 사라졌다.

1919년 그로피우스Walter Gropius가 바이마르 바우하우스 학교를 세우며 새로운 건축예술이 태동했다. 1937년 나치는 바이마르 근교 부헨발트Buchen-wald에 강제수용소를 설치했다. 이 강제수용소는 1958년에 부헨발트 경고 기념관으로 개관했다. 전쟁 중에 크게 파괴됐던 국립극장을 복구하여 1948년에 '파우스트Faust' 공연과 함께 재개관했다.

바이마르에는 유네스코 세계문화유산도 있다. 바우하우스 건축물(1996)에 이어 '괴테 하우스'와 '실러 하우스'(1998)가 유네스코 세계문화유산이 됐다. 또한 1999년에 유럽연합이 선정한 '유럽 문화도시'이기도 하다. 오늘날 바이마르는 괴테, 실러, 바흐, 리스트, 바우하우스와 관련한 다양한 행사를 개최하며 문화도시로의 명성을 이어 가고 있다. 이로 인해 오늘날 많은 이들이 바이마르를 찾고 있다.

괴테와 괴테 박물관

바이마르에 도착하여 우선 관광안내소에 들러 바이마르 카드Weimar Card를 구입했다. 48시간 이용할 수 있는 카드로 32.5유로(2020년 기준)면 좀 비싼 편이지만 충분한 가치가 있다. 이 카드로 바이마르의 거의 모든 박물관을 추가 요금 없이 관람할 수 있고, 시내버스도 이용할 수 있기 때문이다.

바이마르가 독일만이 아닌 유럽의 문화도시로 알려진 데에는 문인들의 영향이 컸다. 바이마르에서 활동한 대표적인 문인은 괴테다. 괴테가 26세부터 숨질 때까지 57년 동안 살았던 바이마르에는 그의 발자취가 많이 남아 있다. 1919년에 국민의회가 바이마르에서 열린 데에는 괴테가 활동했던 도시라는 점도 고려됐다. 따라서 괴테를 빼놓고 바이마르를 이야기할 수 없고, 바이마르에서의 삶을 제외한 괴테를 생각할 수 없다. 그만큼 바이마르는 괴테와 밀접한 관계가 있다.

괴테는 25세 때인 1774년 가을에 『젊은 베르테르의 슬픔』을 발표하며 전 유럽에 그의 이름을 떨쳤다. 그해 말 괴테는 바이마르 공작 아우구스트(1757~1828)로부터 바이마르에서 일하자는 제의를 받았다. 부유한 가정에 태어난 괴테는 변호사인 데다 베스트셀러 작가로 프랑크푸르트에서 여유 있게 지낼 수 있었다. 그러나 자신의 이상을 실현시킬 수 있다고 판단하고 1775년에 바이마르로 이주해 왔다. 아우구스트 공작은 18세, 괴테는 여덟 살 더 많은 26세였다

(제1장 프랑크푸르트 – '괴테 하우스와 괴테' 참조).

괴테는 27세에 아우구스트 공작의 자문기관인 추밀원의 비밀 참사관으로 국정에 종사했다. 42세부터 68세(1817)까지 26년 동안 궁정 극장의 감독으로 활동했다. 감독으로서 배우들에게 희곡 이론, 연기와 낭송 등을 지도하며 600여 편의 작품을 공연할 정도로 극장 일에 열성적이었다. 66세에 바이마르와 예나의 학술과 예술 기관의 총감독이 됐다. 이외에도 광산 업무, 전쟁위원회, 도로건설위원회, 성 건축위원회, 수로건설위원회, 예나 식물연구원, 바이마르 사냥박물관, 국립도서관 등 많은 분야에서 활동했다. 이 모든 업무를 할 수 있을 정도로 괴테는 능력이 있었다.

바이마르에서 활동하며 괴테는 여러 사람을 만났다. 바이마르에서 괴테와 빼놓을 수 없는 이는 프리드리히 폰 실러다. 실러가 1799년에 바이마르로 이사 오면서 자주 만났다. 괴테와 실러는 '질풍노도 시대'를 지나 독일 고전주의 문학을 꽃피운 대문호다. 두 사람의 교류는 오래 지속되지 못했다. 열 살이나 어렸던 실러가 1805년에 먼저 세상을 떠났기 때문이다.

괴테는 1808년 10월 에르푸르트에서 열린 영주회의 계기로 나폴레옹도 만났다. 나폴레옹은 괴테에게 레지옹 도뇌르 훈장(1802년 나폴레옹이 만든 훈장)을 수여했다. 이 당시 바이마르는 물론 독일 전역이 프랑스에 점령된 상태였다. 나폴레옹은 전쟁터에서도 『젊은 베르테르의 슬픔』을 꼼꼼히 읽었다고 한다.

음악을 좋아했던 괴테는 베토벤도 만났다. 63세 때인 1812년 테플리츠Teplitz(오늘날 체코의 바트 테플리스)에서였다(제5장 본 – '베토벤 하우스와 베토벤' 참조). 베토벤은 괴테의 언어를 접하면 마음이 움직여 작곡하지 않고는 도저히 못 견딜 정도라며 괴테를 좋아했다고 한다. 그러나 괴테의 시를 74편이나 작곡한 슈베르트와의 만남은 없었다. 1816년에 슈베르트는 그가 작곡한 〈마왕〉 Op.1, D.328 등 괴테의 시를 작곡한 작품 44편을 친구를 통해 괴테에게 전달하며 만나기를 원했다. 그러나 괴테가 관심을 보이지 않아 만남은 이루어지지 않았다고 한다. 음악에 조예가 깊었던 괴테가 왜 슈베르트를 만나지 않았을까?

괴테는 베를린, 괴팅겐, 드레스덴, 하르츠산 등 독일 전역은 물론 이탈리아와 스위스 등으로 자주 여행했다. 여행 중 체험했거나 얻은 정보는 『파우스트』 등 그의 작품에 반영했다. 특히 "1786년 9월 3일 새벽 3시 나는 칼스바트Karlsbad를 몰래 빠져나왔다. 그렇게 하지 않았으면 사람들은 내가 떠나도록 내버려두지 않았을 것이기 때문이다."로 시작하는 『이탈리아 기행Italienische Reise』은 오늘날에도 꾸준히 읽히는 명저다. 이 책은 괴테가 2년(1786년 9월~1788년 6월) 가까이 이탈리아 여행에서 보고 들은 내용을 일기체와 편지로 쓴 기행문이다.

괴테의 대표작은 평생에 걸쳐 집필한 『파우스트』다. 20대에 프랑크푸르트에서 쓴 『초고 파우스트』를 토대로 48세에 집필을 시작하여 57세에 제1부를 완성했다. 제2부는 1825년 76세의 나이에 집필을 시작하여 82세에 완성했다. 죽기 7개월 전이다. 괴테는 34년에 걸쳐 쓴 『파우스트』에서 파우스트 박사를 통해 평생 체험한 것을 드러내고자 했다. 그는 "인간은 노력하는 한 방황한다Es irrt der Mensch, solange er strebt."라는 명언을 남겼다. 인간이 노력할 때에 비로소 실수를 하게 되고 실수를 하면서 방황한다는 것이다. 그러면서 '노력'을 강조했다. 괴테의 말이 아니더라도 살아가면서 노력 없이 이루어지는 일은 없다.

괴테는 1832년 3월 22일 83세의 나이에 "더 많은 빛을Mehr Licht"이라는 말을 남기고 바이마르에서 숨졌다. 그는 일름 공원 근처의 '바이마르 역사 묘지'에 묻혔다.

괴테의 주요 작품으로 『젊은 베르테르의 슬픔』, 『시와 진실』, 『빌헬름 마이스터의 수업시대』, 『빌헬름 마이스터의 편력시대』, 『이탈리아 기행』, 『파우스트』를 비롯하여 「들장미」, 「마왕」 등 많은 시詩도 있다. 또한 스케치에도 능해

괴테가 32세부터 살았던 집으로 오늘날 괴테 박물관으로 사용하고 있다. 아래 사진은 박물관 뒤편 정원이다.

괴테 박물관 입구(위)와 『파우스트』 등 작품을 집필했던 서재(아래)

스케치 작품도 있다.

프랑크푸르트에 '괴테 하우스와 박물관'이 있다. 바이마르에도 '괴테 박물관 Goethe-Nationalmuseum mit Wohnhaus'이 있다. 괴테가 바이마르에 온 후 6년이 지난 32세부터 살았던 프라우엔플란에 있는 집을 박물관으로 개조했다. 처음에 세 들어 살았는데, 1794년에 아우구스트 공작이 기증했다. 아우구스트가 괴테에게 얼마나 공을 들였는지 알 수 있다. 집 옆에는 괴테가 자주 들러 식사도 하고 포도주도 마셨던 '백조의 식당'이 아직도 있다. 괴테는 포도주를 즐겨 마셨다.

괴테 박물관 설립은 괴테의 손주 발터 폰 괴테Walter von Goethe가 1883년에 남긴 유언으로 가능했다. 그는 할아버지 괴테가 살았던 정원 딸린 집, 예술품, 자연과학 관련 수집품 등을 바이마르 대공국에 기증하겠다는 유언을 남겼다. 그가 1885년 4월에 죽자 유언이 집행되어 8월에 괴테 박물관을 개관할 수 있었다. 아쉽게도 후손이 없어 괴테 가문은 끊겼다.

1920년에 몇몇 건물이 박물관에 추가되면서 전시관 협소 문제는 일부 개선됐다. 박물관은 괴테가 이탈리아 여행 등 평생에 걸쳐 수집한 예술작품, 자연과학 물품, 도서, 괴테의 스케치 2000여 점 등 10만여 점을 소장하고 있다. 2층 입구 바닥에 '환영'을 뜻하는 라틴어 SALVE가 관람객을 맞이하고 있다. 괴테와 부인 크리스티안이 썼던 거실, 작품을 집필했던 서재, 조그만 도서관, 접견실, 예술품 수집실, 침실 등이 있다. 괴테를 바이마르로 초청한 아우구스트 공작의 초상화도 있다. 애견과 함께 있는 모습이다. 박물관 뒤편의 정원도 돌아볼 수 있다. 박물관은 1988년에 유네스코 세계문화유산이 됐다.

괴테의 유적은 박물관이 전부는 아니다. 일름 공원Park an der Ilm에 가르텐하우스Gartenhaus도 있다. 괴테가 바이마르에 온 26세부터 32세까지 6년 동안 살

괴테가 바이마르에 와서 첫 6년 동안 살았던 일름 공원에 있는 가르텐 하우스

았던 집으로 아우구스트 공작이 마련해 주었다. 괴테 박물관에서 나와 일름강
방향으로 걷다 보면 넓은 공원이 나온다. 강 위의 목조 다리를 건너면 공원 저
편으로 가르텐하우스가 보인다. 괴테 박물관에서 걸어서 15~20분 정도 걸린
다.

　프라우엔플란으로 이사한 이후에도 괴테는 자주 이 집으로 와 지내며 사람
들을 만나고 또 작품 활동도 했다. 시내에서 좀 떨어져 있고 걸어가야 하지만,

많은 관광객들이 이 가르텐하우스를 보러 온다. 괴테의 명성이 나그네들을 끌어들인다. 나도 지친 몸을 달래며 다녀왔다.

실러와 실러 박물관

바이마르가 문화와 예술 도시로 자리매김한 데에는 괴테 이외에 또 한 사람이 기여했다. 프리드리히 폰 실러Johann Christoph Friedrich von Schiller (1759~1805)다. 실러는 괴테와 함께 독일 고전주의를 대표하는 2대 문호다. 실러는 극작가요 시인이었고, 역사학자, 철학자, 문학이론가였다. 괴테는 부유한 환경에서 안정적인 삶을 살았다. 실러는 어려운 환경에서 굴곡적인 삶을 살았다. 괴테는 83세까지 장수했으나, 실러는 한창 나이인 46세에 세상을 떠났다. 짧은 생애에도 불구하고 실러는 주옥같은 작품으로 독일 문학사에 큰 발자취를 남겼다.

실러는 1759년 11월에 네카어강 변의 도시 마르바흐Marbach에서 하급 군의관의 외아들로 태어났다. 실러는 14세에 영주領主 카를 오이겐Carl Eugen 공작의 권유로 사관학교에 들어가 법학을 공부하다 의학으로 바꾸었다. 21세에 졸업 후 군의관으로 복무했다. 문학에 관심이 있던 실러는 22세에 첫 작품 『도적떼Die Räuber』를 익명으로 발표하면서 군의관이 아닌 작가의 길을 걷게 된다. 그러면서 실러는 오이겐 공작과의 갈등으로 만하임Mannheim으로 도피하여 국립극장에서 일하며 궁핍하게 지냈다. 다행히도 『도적떼』가 1782년 만하임 국립극장에서 초연되어 큰 호응을 얻었다.

25세에 실러는 다름슈타트에서 「돈 카를로스Don Carlos」 1악장을 낭독한 후 아우구스트 공작으로부터 바이마르 참사 직위를 얻었다. 26세에 건강이 악화됐고, 경제적으로도 어려웠다. 이때 출판 사업가 괴셴Joachim Göschen과 작가이며 법률가인 쾨르너Christian Gottfried Körner의 도움으로 라이프치히와 드레스덴에서 지냈다.

실러는 28세에 『돈 카를로스』를 발표했다. 바이마르로 여행하며 헤르더 Herder와 아우구스트 공작의 어머니 안나 아말리아Anna Amalia와 친분을 쌓았다. 나중에 결혼하는 샤를로테 폰 렝게펠트Charlotte von Lengefeld도 자주 만났다. 괴테는 이탈리아 여행 중이라 만나지 못했다.

30세(1789)에 괴테의 도움으로 예나Jena 대학교에 역사 교수직을 얻어 예나로 이주했다. 31세에 렝게펠트와 결혼했다. 아우구스트 공작은 실러의 연봉을 200탈러로 인상했다. 32세에는 폐렴으로 건강이 극도로 나빠져 칼스바트와 에르푸르트에서 요양하며 지냈다. 1792년에 프랑스 국민의회는 실러에게 프랑스 명예시민권을 수여했다. 1794년 7월 20일 실러는 괴테와 대화를 시작했다. 괴테와 실러의 공동 시집 『크세니엔Xenien』이 1796년에 발간된 『1797년 박물관 연감』에 수록됐다. 『크세니엔』은 작가, 학자, 비평가들에 대한 풍자시다.

33세에 쓴 『30년 전쟁사』는 실러가 역사학자로 인정받을 정도로 뛰어난 작

실러(마이센 도자기, 저자 소장)

1804년에 초연된 빌헬름 텔(실러 박물관)

품이다. 40세 때인 1799년에 실러는 괴테가 있고, 작품을 공연할 극장이 있는 바이마르로 이사했다. 43세(1802)에 오늘날 박물관으로 쓰이는 집으로 이사했다. 실러는 이해에 귀족 증서를 받아 폰von을 사용했다.

실러는 바이마르로 이사 후 자신의 작품을 처음으로 무대에 올렸다. 1801년에 라이프치히에서 『오를레앙의 처녀Die Jungfrau von Orleans』를, 1803년에는 바이마르에서 『메시나 신부Die Braut von Messina』를, 1804년에는 바이마르에서 『빌헬름 텔Wilhelm Tell』을 공연했다. 안타깝게도 실러는 바이마르 이주 6년 만인 1805년 5월 9일 병으로 숨졌다. 겨우 46세였다. 작품으로 이외에 『그리스의 신들』, 『간계와 사랑Kabale und Liebe』, 『발렌슈타인Wallenstein 3부작』, 『마리아 슈투아르트Maria Stuart』 등이 있다. 슈베르트가 작곡한 「소녀의 탄식」, 「장례 환상곡」, 「심연에 뛰어든 자」 등의 시도 있다.

실러 하면 베토벤 〈교향곡 제9번〉 합창 Op.125 4악장의 '환희의 송가Ode an die Freude'를 빼놓을 수 없다. 이 '환희의 송가'는 실러의 시 「환희에 부쳐An die Freude」를 작곡한 것이다. 이 시는 실러가 26세 때 라이프치히와 드레스덴에 머무르면서 그를 후원한 친구들(괴셴과 쾨르너)과 맺어진 우정의 체험에서 쓴 시이다. 쾨르너는 실러가 세상을 떠나자 그의 전 작품을 출간할 정도로 실러와 친분이 두터운 사이였다.

이창복 교수는 "베토벤 교향곡 '합창'은 실러의 문학적 이상과 베토벤의 음악적 영감의 조화 속에서 이들이 갈망했던 유토피아를 당위적인 미래로 예언한다."라고 했다. 제4악장 '환희의 송가'는 1990년 10월 2일 동독의 마지막 공식 행사에서도 불렸다. 유럽연합은 '환희의 송가'를 유럽연합가로 사용하고 있다.

실러가 살았던 집은 실러 박물관Schiller-Museum으로 탄생했다. 실러가 바이

실러 박물관

실러가 작품을 집필했던 서재(실러 박물관)

마르로 이사 온 지 3년이 지난 43세(1802)에 구입한 집이다. 경제적으로 넉넉하지 못했기에 집을 구입하면서 많은 빚을 졌다. 안타깝게도 이 집에서 3년밖에 살지 못했다.

실러가 세상을 떠난 후 부인 샤를로테Charlotte von Schiller는 이 집에서 자녀들과 함께 1826년 죽을 때까지 살았다. 어머니가 세상을 떠나자 실러 자녀들은 다음 해인 1827년에 주택을 팔았다. 1847년에 실러의 집이 경매로 나오자 바이마르시가 사들여 실러의 서재와 숨진 방을 원래 모습대로 복원했다.

실러 하우스를 1985~1988년 동안 보수하여 박물관을 조성해 개관했다. 3개 층으로 된 박물관은 부엌, 거실, 식당, 응접실 등이 있다. 2층은 부인과 자녀들이 사용했다. 실러는 3층을 사용했다. 중요한 곳은 책상과 침대가 있는 서재다. 실러는 이 서재에서 『메시나 신부』와 『빌헬름 텔』을 완성했고, 이 침대에서 숨졌다. 집필 중이던 『데메트리우스Demetrius』 원고 일부가 남아 있다. 실러 박물관과 실러 하우스는 1998년에 유네스코 세계문화유산이 됐다.

바이마르 헌법과 바이마르 공화국

바이마르는 문화와 예술뿐만 아니라 독일 민주주의 역사에 큰 발자취를 남긴 도시다. 1918년 11월 제1차 세계대전에서 패하고 황제 빌헬름 2세가 망명하면서 독일제국은 사라졌다. 공화정에 대한 국민들의 요구가 거셌다. 북해에 인접한 도시 킬Kiel의 수병들과 베를린 노동자들이 시작한 시위는 혁명으로 확대되었다. 혁명 과정에서 총리가 된 프리드리히 에베르트Friedrich Ebert(1871~1925, 사민당)의 임시정부는 총선을 통해 새로운 공화국을 수립하고자 했다.

마르크스주의자이며 독일공산당(KPD)의 창시자인 로자 룩셈부르크Rosa

Luxemburg는 의회민주주의를 반대하며 프롤레타리아 혁명을 선동했다. 이에 동조하는 급진좌파주의자들이 총선을 반대하며 1919년 1월 5~12일 동안 무력봉기를 일으켰으나(스파르타쿠스 봉기) 진압됐다.

1월 19일 실시된 총선에서 사민당이 승리했다. 선출된 의원들이 참여한 국민의회가 2월 6일 바이마르 독일 국립극장에서 개회했다. 그러면 국민의회는 왜 수도 베를린이 아닌 조그만 바이마르에서 열렸는가?

이미 제1차 세계대전 중에 독일 남부와 서부 지역은 독일제국의 중심에 있는 프로이센의 독주와 베를린의 정치적 독점에 대해 반감을 가지고 있었다. 여기에 1919년 1월 초 베를린에서 의회민주주의에 반대하는 공산주의자와 급진좌파들의 무력폭동이 발생하여 이로 인한 혼란으로 베를린에 대한 반감은 더욱 커졌다.

이런 상황에서 에베르트 임시정부는 바이마르를 의회 개최 장소로 결정했다. "괴테와 실러의 도시인 바이마르야말로 새 출발을 하는 독일공화국에 좋은 상징이 될 것이며, 한때 문화국가의 수도였던 바이마르는 종교와 정치적 이념을 떠나 모든 독일인들이 받아들일 수 있는 이상적인 장소"라는 판단에서였다. 베를린이 시위와 무장폭동으로 인해 혼란하다는 이유보다는 오히려 프로이센과 수도 베를린에 대한 거부감이 더 강했기 때문인 것이다.

국민의회는 1919년 2월 11일 에베르트를 새 공화국의 대통령으로 선출했다. 2월 13일에는 필리프 샤이데만Philipp Scheidemann(사민당)을 총리로 선출하며 정부가 출범했다. 국민의회는 7월 31일 헌법을 제정하고 8월 11일 공포했다. 이 헌법이 바이마르 헌법이다. 8월 21일 에베르트 대통령은 바이마르에서 마지막으로 열린 국민의회에서 취임 선서를 했다. 바이마르 헌법에 따라 출범한 공화국을 바이마르 공화국으로 부른다.

바이마르 독일 국립극장에 있는 동판. "이 집에서 독일 국민은 국민의회를 통해 1919년 8월 11일 바이마르 헌법을 제정했다."라고 적혀 있다.

바이마르 헌법은 독일 역사상 처음으로 기본권을 포함시켜 그 당시로는 가장 현대적인 헌법이었다. 문제점도 있었다. 무엇보다도 정부와 대통령 간의 집행권 행사에 균열이 있었다. 직선으로 선출된 대통령(2대는 직선으로 선출했음)이 긴급한 국정 현안에 개입하기 어려웠다. 또한 의회가 총리를 불신임해 놓고도 후임 총리를 바로 선출하지 못하는 등 국정에 불안과 혼란을 일으켰다. 이러한 불안과 혼란은 나치가 집권하게 된 한 요인이 됐다.

이러한 문제점을 인식하여 1949년 출범한 독일연방공화국의 기본법Grundgesetz은 보완장치를 만들었다. 첫째, 의회가 국가원수인 연방대통령에게 정치적 책임을 묻는 것을 금지했다. 둘째, 연방총리는 후임자를 선출해야만 불신임되는 '건설적 불신임제도'를 도입하여 국정 혼란을 방지했다. 셋째, 국가 이념에 맞지 않는 정당은 연방헌법재판소의 판결로 해산할 수 있도록 했다. 바이마르 헌법의 기본 이념을 계승한 기본법은 통일 이후에도 그대로 유지되고 있어 독일을 이끌어 가는 법적·정신적 토대다.

바우하우스 박물관

　오전부터 괴테 박물관과 실러 박물관에 이어 독일 국립극장 등을 둘러보고 나니 벌써 오후 5시 가까이 됐다. 서둘러 바우하우스 박물관Bauhaus Museum 으로 갔다. 바우하우스 설립 100주년을 맞이하여 2019년 4월에 새로 개관한 박물관이다. 그전에 바우하우스 박물관이 있었으나 협소하여 새로 크게 지어 개관했다.

　바이마르는 새로운 건축예술이 태동한 곳이다. 건축과 디자인에서 새로운 분야를 개척한 바우하우스Bauhaus 예술이다. 원래 바우하우스는 '건축, 건물' 을 뜻하는 바우Bau와 '집'을 뜻하는 하우스Haus가 결합된 단어로 '집 건축'이라 는 뜻이다. 건축예술 분야에서 바우하우스는 발터 그로피우스Walter Gropius

바우하우스 박물관. 바우하우스의 이념에 따라 외관을 장식 없이 단조롭게 했다.

(1883~1969)가 1919년 4월 바이마르에 세운 건축과 디자인에 중점을 둔 예술학교를 말한다. 더 넓은 의미로는 바우하우스가 추구했던 건축예술을 말한다.

바우하우스 출발은 벨기에 디자이너 앙리 반 드 벨데Henry van de Velde가 세운 바이마르 미술공예학교의 운영을 1915년에 그로피우스가 맡으면서 시작됐다. 그로피우스는 이 학교와 별도로 순수 미술아카데미를 설립했다. 1919년에 이 학교를 미술공예학교와 통합하여 국립 바이마르 바우하우스를 설립했다. 그로피우스는 모더니즘을 대표하는 건축가였다.

반 드 벨데와 그로피우스는 예술을 산업화에서 독립시켜 공예를 활성화시키고자 했다. 이를 위해 예술 교육을 개혁하여 공예에 중점을 두고자 했다. 그로피우스는 '바우하우스 선언문'에서 공예의 중요성을 강조했다.

> 모든 조각 활동의 최종 목표는 건축입니다. … 건축가, 조각가, 화가, 우리 모두는 공예로 돌아가야 합니다. … 예술가는 공예가가 신분 상승한 것입니다.

바우하우스는 삶의 확고한 구성요소인 춤, 극장, 패러디, 체육, 음악에서 새로운 생활양식을 표현하고자 했다. 바우하우스의 이념은 건축과 디자인에서 단순하면서도 현대적인 것을 추구하는 것이다. 즉 단순함과 현대적인 것을 중시했다. 그 당시로는 매우 파격적이었다.

1923년에 바우하우스가 추구하는 건축과 디자인 개념을 실현한 최초의 건축물이 세워졌다. 화가이자 바우하우스의 교수였던 게오르크 무헤Georg Muche가 학교의 첫 전시회에 세운 '하우스 암 호른Haus am Horn'이다. 흔한 장식 없이 오직 직선과 직각으로 이루어진 흰색의 단층 건물이다.

1924년 들어 바우하우스에 어려움이 닥쳤다. 튀링겐주 선거에서 사민당이 패배하고 새로 들어선 보수 민족주의 성향의 주정부가 그로피우스와의 계약을 해지하며 바우하우스 학교 예산을 반으로 줄인 것이다. 예산이 줄어들자 바우

바우하우스의 이념을 표현한 박물관 로비 안내판

하우스는 1925년에 인근 데사우Dessau시로 이전했다. 바우하우스는 데사우에서 전성기를 맞이했다. 그러나 1928년 정치적 갈등으로 그로피우스가 학장에서 물러났고, 바우하우스는 1930년에 다시 베를린으로 이전했다. 1933년에 나치는 바우하우스를 폐쇄했다. 보편적 사회 건설을 추구하는 바우하우스의 이념이 나치의 정책과 충돌하면서 폐쇄한 것이다.

바우하우스가 폐쇄되자 그로피우스 등 바우하우스에 종사했던 인사들은 나치의 탄압을 피해 외국으로 망명했다. 이로 인해 바우하우스 예술이 시카고, 텔아비브, 모스크바 등 전 세계로 확산되었다. 이처럼 나치 집권 시 많은 과학자, 문인, 예술인들이 독일을 떠났다. 독일로서는 인재 유출이었으며, 미국 등으로서는 유능한 인재를 받아들일 수 있었다. 바우하우스 건축물은 1996년에 유네스코 세계문화유산이 됐다.

바우하우스 박물관 외관은 단조로웠다. 실용을 중시하는 바우하우스의 건축예술에 맞게 외부는 화려하지 않고 회색빛 한가지 색이다. 상단에 '바우하우스 무제움Bauhaus Museum'이란 작은 글자만 연이어 있다. 건물 크기에 비해 글자가 너무 작았으나 바우하우스의 이념을 잘 표현한 것이다. 박물관은 18~20세기 디자인 역사에 관한 루트비히 수집품을 비롯하여 1만 3000여 점의 예술품을 전시하고 있다. 특히 바겐펠트Wagenfeld의 등, 마르셀 브로이어Marcel Breuer의 라테 의자, 마리안느 브란트Marianne Brandt의 찻주전자, 테오도르 볼거의 도기를 비롯하여 파울 클레Paul Klee, 페터 켈러Peter Keller의 작품을 전시하고 있다.

부헨발트 강제수용소 기념관

바이마르는 괴테, 실러, 바흐, 리스트, 그로피우스 등의 활동으로 문화유산이 풍부한 도시다. 다른 한편으로는 어두운 역사도 있다. 1937년에 나치가 설치했던 부헨발트 강제수용소가 있던 곳이다. 우리는 이미 다하우 강제수용소에서 나치의 인권유린과 잔학성을 들여다보았다. 바이마르에서도 나치가 운영했던 또 하나의 강제수용소를 돌아본다.

부헨발트Buchenwald는 바이마르에서 약 15km 떨어진 에테르스베르크 Ettersberg 산속에 있는 마을이다. 이 강제수용소는 오늘날 부헨발트 기념관 Gedenkstätte Buchenwald으로 바뀌어 나치의 인권유린 실상을 알리고 있다. 부헨발트는 독일어 '너도밤나무(참나무의 일종)'를 뜻하는 부헤Buche와 '숲'이라는

부헨발트 강제수용소 정문. 시계는 수용소가 해방된 3시 15분을 가리키고 있다.

발트Wald가 결합된 단어로 '너도밤나무 숲'을 뜻한다.

오전 10시 바이마르역에서 부헨발트 기념관행 6번 버스를 탔다. 좀 더 일찍 가고 싶었으나 오전 10시에 문을 열어 부득이 10시 버스를 탔다. 평일에는 이용자가 많지 않은지 1시간에 1대만 운행했다. 버스는 도심지를 벗어나 좌우로 울창한 너도밤나무 숲을 15분쯤 달렸다. 너도밤나무 숲속의 공기가 상쾌하게 밀려 들어왔다. 이곳에 강제수용소가 있었다고 생각하니 갑자기 오싹함을 느꼈다. 그러는 사이에 버스는 기념관에 도착했다. 주차장에는 자동차를 몰고 온 이들도 많았다.

수용소 정문의 시계가 3시 15분을 가리키고 있었다. 아침 시간인데도 이상하게 생각했다. 고장난 것이 아니고 강제수용소가 1945년 4월 11일 미군에 의해 해방되었던 시각을 고정시켜 놓았다고 한다. 이처럼 세심한 부분까지 역사로 남겨 놓았다.

수용소로 들어가는 정문 입구에 "JEDEM DAS SEINE"라는 문구가 눈에 띤다. 이는 라틴어 "suum cuique(각자 자기 몫에 맞게)"를 독일어로 번역한 것이다. 다하우나 아우슈비치 수용소에 있는 "노동이 너희를 자유롭게 할 것이니Arbeit macht frei"라는 문구는 수용소로 들어가는 이들이 보도록 정문 입구에 있었다 (제7장 뮌헨 – '히틀러와 다하우 강제수용소 기념관' 참조). 부헨발트의 JEDEM DAS SEINE는 수용소 정문 안쪽에 붙여져 있어 수감자들이 매일매일 보도록 했다.

'각자 자기 몫에 맞게 JEDEM DAS SEINE' 문구가 있는 정문

부헨발트 강제수용소 수감자들이 입고 신었던 의복과 운동화

무언의 공포였다.

부헨발트 수용소에는 1937년부터 1945년 해방될 때까지 총 27만 7800여 명이 수용됐다. 나치 정권에 반대하는 정치인, 동성애자, 여호와의 증인, 유대인, 집시들이었다. 가까이에 화물열차역이 있어 바이마르역을 거쳐 이곳으로 보내졌다. 여성과 어린이들은 전쟁 물자 제조에 동원되었다.

이 수용소에서 8년 동안 총 5만 6000여 명이 살해됐거나, 기력 소진, 굶주림, 고문과 의학적 실험으로 죽었다. 바이마르 공화국 시대의 공산당 지도자 텔만 Ernst Thälmann(1886~1944)도 살해됐다. 사망자들 중에 8000여 명의 소련군 전쟁포로를 비롯하여 폴란드, 헝가리, 프랑스, 네덜란드 등 외국인이 3만 명이 넘었다. 유대인도 1만 1000명이 목숨을 잃었다. 그들의 삶과 죽음을 결정한 요소는 '노동할 힘'이었다. 일할 수 있는 자는 강제노역에 동원됐고, 그렇지 않은 자는 죽음이 기다렸다. 괴테와 실러, 바흐와 리스트가 만든 예술 문화 도시를 나치가 먹칠을 한 것이다.

1945년 4월 11일 미군이 수용소에 진입했을 당시 2만 1000여 명이 있었다. 900명의 어린이와 청소년들도 있었다. 이들은 기적적으로 목숨을 건졌다. 미군은 수용자들을 내보내고 수용소를 소련군에 인계하고 철수했다. 이미 바이마르 등 동부 독일 지역을 소련군이 관리하기로 했기 때문이다. 수용소를 인수한 소련은 그해 8월부터 독일인 수용소로 이용하며 1950년까지 2만 8500여 명을 수용했다. 주로 나치당원, 나치 행정기구 근무자, 경찰, 사법기구 근무자들이었다. 이 중에 7100여 명 이상이 숨졌다.

1950년에 수용소 대부분의 시설을 해체했다. 1958년에 동독은 이 수용소를 국립 경고 및 기념관으로 만들었다. 통일 이후 1991년부터 광범위하게 보수했다. 역사적 건물, 수용소 시대의 잔해, 기념물 및 장기 전시회를 관람할 수 있게 됐다.

제5부

프로이센과 통일 독일의 도시

베를린, 포츠담

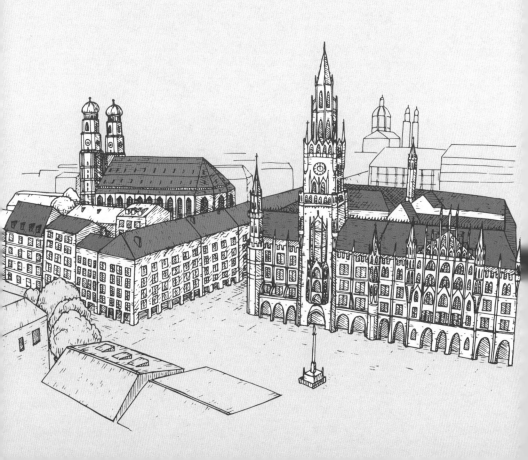

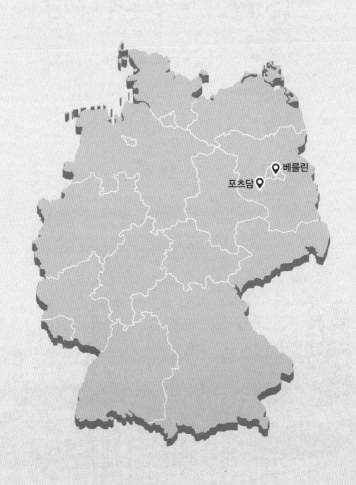

베를린

포츠담

제15장

베를린

브란덴부르크 선제후국, 프로이센 왕국, 독일제
국의 수도, 브란덴부르크 문, 베를린 장벽, 찰리
검문소, 노이에 바헤, 박물관 섬과 5개의 박물관,
독일 역사박물관, 베를린 돔, 이스트사이드 갤러
리, 빌헬름 황제 추모교회, 전승기념탑, 홀로코
스트 추모비, 통일 독일의 수도

베를린은

프랑크푸르트에서 시작한 독일 역사와 문화 산책이 막바지에 이르렀다. 제5
부에서는 **베를린**Berlin과 **포츠담**Potsdam(상수시 궁전, 프리드리히 대왕, 체칠리엔호
프 성, 포츠담 회담) 두 도시의 역사와 문화를 돌아본다. 두 도시는 지리적으로 가
까이에 있으며, 브란덴부르크 선제후국, 프로이센 왕국, 독일제국의 역사와 문
화를 함께했다.

베를린의 역사는 슈프레강Die Spree 가에 있던 상인들의 거주지 베를린과 쾰
른Cölln으로부터 시작됐다. 두 지역은 12세기 말부터 형성되기 시작하여 문서
상으로는 쾰른이 1237년에, 베를린이 1244년에 처음 나타났다. 이보다 앞서

1157년에 곰 백작 알브레히트 1세Albrecht der Bär I가 포츠담을 정복하여 브란 덴부르크 변경백국邊境伯國, Mark Brandenburg을 세우며 초대 변경백이 됐다. 베를린은 프랑크푸르트나 함부르크보다 300~400년 뒤에 나타났다. 그만큼 거주 여건이 좋지 않았다.

1280년에 베를린은 곰 두 마리가 각인된 새로운 시市 문장을 얻었다. 이후 곰은 베를린의 상징이 됐다. 1356년에 브란덴부르크 변경백은 〈금인칙서〉에 의해 선제후가 됐다. 변방의 조그만 도시 베를린은 선제후의 거주지가 됐다. 1360년에 베를린은 한자동맹에 가입했다.

1411년 호엔촐레른Die Hohenzollern 가문 출신인 뉘른베르크의 백작 프리드 리히 6세가 브란덴부르크 변경백이 됐다. 호엔촐레른 가문의 500년 베를린 지배가 시작됐다. 1415년에 왕 지기스문트Sigismund(신성로마제국 황제로도 재위: 1433~1437)는 프리드리히 6세를 프리드리히 1세로 브란덴부르크 선제후 겸 변경백으로 임명했다. 1432년에 베를린과 쾰른은 하나의 시로 합쳤다.

1539년에 선제후 요아힘 2세Joachim II가 종교개혁을 받아들이면서 브란덴 부르크는 개신교 지역이 되었다. 30년 전쟁으로 베를린은 황폐화됐다. 전쟁이 끝난 1648년 베를린의 인구는 절반이 줄어 6000명에 불과했다. 브란덴부르크 를 발전시키고, 인재들을 끌어들이는 일이 시급했다.

마침 1685년에 프랑스 루이 14세가 낭트 칙령(1598년 앙리 4세가 개신교도인 위 그노들의 종교의 자유를 보장한 칙령)을 폐지하고 개신교도들에게 가톨릭으로 개종 하라고 명령하며 거부하는 이들을 추방했다. 이를 이용하여 브란덴부르크 대 선제후 프리드리히 빌헬름Friedrich Wilhelm(재위: 1640~1688)은 '포츠담 칙령'을 발표하여 위그노들을 받아들였다. 이들을 위해 베를린 중심에 프랑스 교회도 세웠다. 위그노들은 교육 수준이 높았고 기술자였다. 이들의 이주로 인구는 2 만 명으로 증가했고, 브란덴부르크는 발전할 수 있었다. 빌헬름은 법률, 재무,

군사 제도를 정비하여 국가 수립의 토대를 마련했다.

프로이센 왕국 수립과 독일 통일

1701년 1월 18일 브란덴부르크 선제후국은 프로이센Preussen 왕국이 됐다. 대선제후 빌헬름의 아들 선제후 프리드리히 3세가 프리드리히 1세(선제후: 1688~1713, 왕: 1701~1713)로 왕위에 올랐다. 신성로마제국 황제 레오폴드 1세의 동의를 받았으나 제국 안에서는 보헤미아 왕국 이외에 별도의 왕국을 세울수 없기 때문에 제국 밖에 있는 '프로이센'을 사용한 것이다. 즉위식도 동프로이센의 쾨니히스베르크Königsberg(오늘날 러시아 칼리닌그라드)에서 했다. 왕 스스로 왕관을 썼다. 베를린은 왕국의 수도가 되면서 점점 더 발전했다.

군인왕으로 불렸던 제2대 프리드리히 빌헬름 1세(재위: 1713~1740)는 프로이센이 강국이 되는 토대를 마련했다. 제3대 프리드리히 2세(재위: 1740~1786) 때 프로이센은 신성로마제국 안에서 오스트리아에 이어 제2의 강국이 되었다. 베를린은 계몽주의의 중심지였고, 다양한 건축물이 들어서며 전성기를 맞이했다. 그의 즉위 시 10만 명이었던 인구도 1786년에 14만 5000명으로 늘어났다. 도시 규모는 파리나 빈과 비교하면 여전히 작았다.

1806년 10월 14일 예나Jena와 아우어슈테트Auerstedt 전투에서 프로이센군을 무찌른 나폴레옹 군대는 포츠담을 거쳐 10월 27일 베를린에 입성했다. 프로이센은 7년 후인 1813년 10월 라이프치히 전투에서 승리하며 나폴레옹군을 몰아냈다(제13장 라이프치히 – '라이프치히 전투기념비' 참조). 1830년에 슈프레강가에 알테스 무제움Altes Museum(옛 박물관)을 시작으로 5개의 박물관이 들어서며 박물관 섬이 형성됐다.

1815년 빈 회의 후 오스트리아가 주도하는 독일연방Deutscher Bund(1815~1866)이 출범했다. 프로이센은 1834년에 오스트리아를 제외한 관세동맹Zollver-

1871년 1월 18일 베르사유 궁전에서 독일제국 수립을 선포하며 황제로 즉위하는 빌헬름 1세(비스마르크 박물관 소장, 프리드리히스루)

ein을 조직하여 경제 통합을 이루었다. 1861년에 왕위에 오른 제7대 빌헬름 1세는 1862년에 비스마르크Otto von Bismarck(1815~1898)를 재상에 임명했다. 비스마르크는 철혈鐵血정책으로 군비를 확장하며 통일을 추진했다. 오스트리아를 제외한 통일이다. 프로이센은 1864년 덴마크와의 전쟁에서, 1866년에는 오스트리아와의 전쟁에서 승리하며 북독일연방Norddeutscher Bund(1866/1867~1871)을 창설했다. 마지막으로 1870년 프랑스와의 전쟁에서 승리했다. 1871년 1월 18일 빌헬름 1세는 베르사유 궁전에서 황제로 즉위하며 독일제국을 선포했다. 이와 함께 통일을 이룩했다. 프랑스의 알자스-로렌 지역은 독일제국에 편입됐다.

프로이센은 베르사유 궁전에서 황제 즉위식을 하며 65년 전 프랑스에 당했

독일 통일에 크게 기여한 비스마르크의 동상(함부르크 소재). 비스마르크는 황제 빌헬름 2세와 외교와 국내 정치에서 자주 충돌하다 1890년에 해임됐다. 말년에 함부르크 인근 프리드리히스루Friedrichsruh에서 지내 다 생을 마쳤다.

던 굴욕을 갚아 주었다. 프랑스는 1806년에 신성로마제국을 해체한 데 이어 베를린에 진주했으며, 1813년까지 독일을 점령했었다. 이때 겪은 굴욕이 독일인들에게 오랫동안 남아 있었다.

독일제국은 4개 왕국, 6개 대공국, 5개 공국, 7개 제후국, 3개 자유시로 구성되었다. 통일을 했지만 여전히 연방 형태의 국가였다. 베를린은 제국의 수도가 되면서 유럽의 중심도시로 부상했다. 인구도 82만 6000명이 됐다.

제1차 세계대전과 제2차 세계대전 이후

빌헬름 1세가 1888년 3월 91세에 세상을 떠난 뒤 외아들 프리드리히 3세가 황제에 올랐으나 재위 99일 만에 후두암으로 사망했다. 같은 해 6월 빌헬름 1세의 손자 빌헬름 2세(재위: 1888~1918)가 황제로 즉위했다. 29세의 젊은 황제는 주요 정책에서 73세의 노재상 비스마르크와 자주 충돌했다. 결국 1890년 3월에 비스마르크를 해임했다. 빌헬름 2세는 비스마르크가 1887년에 러시아와 체결한 재보장조약을 연장하지 않는 등 주변국들과 자주 충돌했다.

1914년 6월 28일 보스니아의 수도 사라예보에서 한 세르비아 청년이 오스트리아-헝가리 제국의 황태자 부부를 저격한 사건이 발생했다. 비스마르크 해임 이후 대외정책에서 균형을 잃은 독일은 이 사건으로 전쟁에 개입하게 됐다. 4년의 전쟁 끝에 독일은 1918년 11월 항복했다. 황제 빌헬름 2세가 네덜란드로 망명하여 제국은 무너졌고 임시정부가 들어섰다.

베를린에서는 연일 시위가 계속되며 독일은 극심한 정치적 혼란에 휩싸였다. 공산당과 독일독립사민당(1914년 사민당이 전시 국공채 발행에 찬성하자 이에 반발하여 탈당한 이들이 결성한 정당)이 봉기했으나 유혈진압됐다. 1920년대 독일은 물가가 폭등했다. 1923년 8월 호밀빵 1kg이 6만 9000마르크, 9월에 360만 마르크, 11월에 2000억 마르크였을 정도로 인플레이션이 극심했다. 주택 부족과

소련이 서베를린을 봉쇄하자 서방 연합국은 수송기로 식량과 연료 등을 실어 날랐다. 구호품을 실은 비행기에 환호하는 서베를린 어린이들

굶주림으로 어렵게 지냈다. 다행히도 1923년 11월 15일 통화개혁으로 인플레이션이 수그러들었다. 그러나 1929년 미국에서 발생한 경제 불황이 독일을 휩쓸었다. 기업 파산, 실업자 증가 등으로 시위와 폭력이 난무했다.

이런 경제적 어려움과 정치적 혼란을 틈타 1933년 1월 30일 아돌프 히틀러가 권력을 장악하면서 바이마르 공화국은 소멸했다(제14장 바이마르 – '바이마르 헌법과 바이마르 공화국' 참조). 나치 독일이 1939년 9월 1일 폴란드를 침공하며 일으킨 전쟁은 1945년 5월 8일 독일의 무조건 항복으로 끝났다.

수도 베를린은 폐허가 됐다. 주택 60만 채가 파괴됐고, 인구는 430만 명에서 280만 명으로 크게 줄었다. 미국, 영국, 프랑스, 소련의 전승 4개국은 독일을 분할·점령했다. 베를린은 소련 점령 지역 안에 있었으나, 독일제국의 수도였던 중요성으로 인해 4개국이 다시 분할·점령했다.

1948년 6월 서방 연합국이 통화개혁을 서베를린으로 확대하자, 소련은 서베를린과 외부와 연결하는 육로 교통을 차단했다(베를린 봉쇄). 서베를린은 완전히 갇히게 됐다. 그러나 서방 연합국은 항공기로 식량, 생필품, 연료 등을 공수하며 서베를린을 절대로 포기하지 않겠다고 했다. 결국 소련은 다음 해인 1949년 5월 봉쇄를 해제했다.

1949년 독일이 서독과 동독으로 분단된 이후에도 베를린은 여전히 전승 4개국의 관리 아래에 있었다. 점점 더 많은 주민들이 서베를린으로 탈출하고 있어 동독은 어려운 상황이었다. 결국 1961년 8월 13일 동독 정권은 서베를린을 콘크리트 장벽으로 둘러쌌다.

통일 독일의 수도

1989년 가을 동독 주민의 탈출과 시위로 11월 9일 베를린 장벽이 붕괴됐다. 1990년 10월 3일 통일이 되면서 동서로 나누어졌던 베를린은 다시 하나가 됐고 수도가 됐다. 1999년 9월 연방정부와 의회도 옮겨 와 베를린은 독일과 유럽 정치의 중심지로 발전하고 있다.

베를린은 함부르크나 브레멘과 마찬가지로 시市이면서 16개 주州, Land의 하나다. 베를린은 정치 중심지고, 경제나 언론 등은 다른 도시가 중심지다. 경제는 프랑크푸르트, 함부르크, 뮌헨이, 언론은 함부르크 등이 중심지다. 이처럼 정치, 경제, 문화, 언론이 수도에 집중되지 않고 여러 도시에 분산되어 있는 점은 독일이 갖고 있는 큰 장점이다.

연방제를 토대로 한 독일의 이러한 장점은 하루아침에 이루어진 것이 아니다. 앞에서 살펴본 바와 같이 신성로마제국 이래 1000년 이상 내려온 오랜 역사에 기반을 두고 있다. 같은 유럽이지만 프랑스나 영국과는 다른 점이기도 하다.

베를린은 프로이센 왕국과 독일제국의 수도였기 때문에 역사가 풍부하고 돌아볼 문화유적이 많다. 베를린을 통해 독일의 역사와 문화를 더 자세히 들여다 본다.

브란덴부르크 문

베를린의 상징은 브란덴부르크 문Brandenburger Tor이다. 독일 역사의 영광과 굴욕을 함께 간직하고 있는 문으로 베를린 중심 도로의 중간에 우뚝 서 있다. 동쪽으로는 운터 덴 린덴Unter den Linden(보리수나무 아래라는 뜻) 대로가, 서쪽으로는 6·17거리Strasse des 17. Juni(1953년 6월 17일 동독 공산정권에 항거한 주민들의 봉기를 기념한 도로)가 넓고 길게 뻗어 있다.

베를린은 프로이센 왕국 시기인 18~19세기에 오늘날의 모습을 갖추었다. 대부분의 건축물과 박물관이 이 시기에 세워졌으며 브란덴부르크 문도 마찬가지다. 19세기에 베를린에는 18개의 문이 있었다. 베를린에 들어가려면 이 중 하나의 문을 통과해야 했다. 화물 마차들은 관세를 내고 들어갔다.

프로이센은 제3대 왕 프리드리히 2세(대왕, 재위: 1740~1786) 때 강한 국가의 면모를 갖추었고 문화적으로도 발전했다. 제4대 왕 프리드리히 빌헬름 2세(재위: 1786~1797)는 베를린이 학문적으로 아테네의 전통을 따르는 도시이고, 프로이센이 문화국가임을 내세우고 싶었다. 그의 지시로 건축가 랑한스Carl Gotthard Langhans가 설계하여 1791년 8월 6일 완공한 문이 브란덴부르크 문이다. 아테네의 아크로폴리스로 들어가는 관문을 모델로 했다. 파르테논 신전 벽면 형태의 조각으로 장식했다.

높이 26m, 좌우 길이 65.5m에 5개의 문이 있다. 가운데 폭 5.65m의 큰 문은 왕가들이 드나들었다. 일반인들은 좌우 4개의 문을 이용했다. 1793년 꼭대기에 4두마차와 마차 위에 그리스 평화의 여신인 에이레네Eirene상을 앉혔다. 모

베를린의 상징 브란덴부르크 문. 4두마차 위의 승리의 여신 빅토리아는 독수리와 프로이센 훈장 문양이 있는 긴 창을 들고 있다.

두가 브란덴부르크 문의 위용과 웅장함에 압도당했다.

　프로이센 왕국의 긍지인 브란덴부르크 문은 나폴레옹에 의해 굴욕을 당했다. 1806년 10월 14일 예나 전투에서 프로이센을 무찌른 나폴레옹은 10월 27일 브란덴부르크 문을 통해 베를린에 입성했다. 제5대 왕 프리드리히 빌헬름 3세는 쾨니히스베르크로 피신했다. 나폴레옹은 전리품으로 문 위에 있는 아이레네 여신상과 4두마차를 분해하여 파리로 가져갔다. 나폴레옹은 약탈한 4두마차를 1807년 6월에 루브르 박물관에 세웠다.

　쾨니히스베르크로 피신했던 빌헬름 3세는 7년 후인 1813년 10월 오스트리아, 러시아, 스웨덴 등과 동맹을 맺고 라이프치히 전투에서 나폴레옹 군대를 물리쳤다. 1814년 3월에는 파리까지 진격하여 빼앗겼던 4두마차를 도로 가져왔다. 동맹군은 1815년 6월에 워털루에서 나폴레옹을 완전히 무찔렀다.

프로이센 왕국은 승리를 기념하여 4두마차의 여신을 싱켈Karl Friedrich Schin-kel이 제작한 승리의 여신 빅토리아Victoria상으로 교체했다. 빅토리아 여신은 프로이센의 독수리 문양과 철십자훈장이 달린 긴 창을 들고 있다. 철십자훈장은 프로이센 왕국이 전쟁에 참가한 모든 군인들에게 수여한 훈장이다.

제2차 세계대전 중에 브란덴부르크 문도 파괴됐다. 1958년에서야 복구하여 동·서 베를린을 오가는 통로로 이용했다. 그것도 잠시 1961년 8월 13일 베를린 장벽이 세워지며 브란덴부르크 문은 닫혔다. 동·서 베를린 시민 누구도 접근할 수 없었다. 서베를린 측은 제국의회 의사당 옆에 임시 목조木造 전망대를 설치하여 장벽 너머 동베를린과 브란덴부르크 문을 멀리서나마 볼 수 있도록 했다.

나는 처음 서베를린을 방문했던 1983년 2월에 이 전망대에 올랐었다. 이미

브란덴부르크 문을 뒤로하고 베를린 장벽 앞에 선 저자(오른쪽, 1983.2.). "경고! 당신은 지금 서베를린을 떠나고 있습니다."라는 경고판이 긴장을 자아냈다.

버스로 몇 시간을 동독 도로를 달려 서베를린에 왔지만 호기심에 가득 차 장벽 너머 동베를린 쪽을 보았다. 사람들은 보이지 않았고 넓은 공터와 브란덴부르크 문만 눈에 들어왔다. 브란덴부르크 문은 웅장했지만 활기를 느끼지 못했던 기억이 떠오른다.

브란덴부르크 문이 시민들에게 다가왔다. 1989년 11월 9일 동독의 국외여행자유화 조치로 장벽이 붕괴됐기 때문이다. 동·서 베를린 주민들은 베를린 장벽 위에 올라가 장벽 붕괴의 기쁨을 함께했다. 베를린 장벽이 붕괴되면서 브란덴부르크 문은 자유와 통일의 상징이 됐다. 12월 22일 콜Helmut Kohl 총리(재임: 1982~1998)와 동독의 모드로Hans Modrow 총리(재임: 1989. 11.~1990. 4.)는 브란덴부르크 문을 개방하는 행사를 했다. 이후 동·서독 주민들은 자유롭게 이 문을 지나다녔다. 통일 후인 1991년 7월 15일 승리의 여신 빅토리아는 프로이센의 독수리와 철십자훈장이 새겨진 긴 창을 다시 들었다.

이러한 역사를 간직하고 있는 브란덴부르크 문의 이미지는 화폐에도 들어가 있다. 통일 이후 1992년 10월에 새로 발행한 5마르크 지폐에 들어간 데 이어 유로화 10, 20, 50센트 동전(독일에서 발행한)에도 들어 있다. 또한 독일 여권

통일 이후 1992년 10월에 새로 발행한 5마르크 지폐 뒷면에 들어간 브란덴부르크 문

표지 뒷면에도 들어 있다. 브란덴부르크 문은 베를린을 넘어 독일의 상징이 됐다. 브란덴부르크 문 위의 빅토리아 여신은 자유와 통일의 상징으로 오늘도 베를린 중심 한복판을 내려다보고 있다. 오늘날 브란덴부르크 문 주위 파리 광장에는 통일 기념축제나 송년행사 등 다양한 행사가 열리고 있다.

베를린 장벽

1949년 10월 소련 점령 지역에서 동독이 수립됐으나 문제가 있었다. 동독 정부가 출범한 이후에도 주민들의 탈출이 계속됐다. 1945년 5월 이후 장벽을 세운 1961년 8월까지 서독으로 탈출한 주민은 약 341만 9000명이었다. 해마다 약 21만 명 규모의 도시가 사라지는 것과 같았다. 탈출이 계속된다면 동독은 경제적으로 더 어려워지고 존립 자체도 위태로워질 것이 분명했다. 서베를린은 동독에게 목에 가시와 같은 존재였으나 서방 연합군이 주둔하고 있는 서베를린과의 공존 이외에 다른 방안이 없었다.

동독 정부로서는 탈출자를 막는 것이 시급했다. 동독은 소련과 협의 후 1961년 8월 13일 0시를 기해 장벽을 쌓기 시작했다. 처음에는 철조망으로 차단했다가 점차 육중한 콘크리트 장벽을 세웠다. 이렇게 서베를린을 둘러싼 장벽의 길이는 167.8km나 됐다(동·서베를린 경계선에 세운 장벽 길이는 43.1km). 300여 개의 감시 초소와 순찰 도로도 있었고, 탈출자에 대한 발포도 허용했다.

그럼에도 불구하고 주민들의 탈출은 계속됐다. 1962년 8월 17일 첫 희생자가 발생했다. 18세의 페히터Peter Fechter가 직장 동료와 함께 찰리 검문소 부근의 장벽을 넘어 탈출하다 경비병이 쏜 총에 맞아 숨졌다. 서베를린 시민들은 장벽을 넘다 숨진 이들을 위해 장벽 아래에 십자가를 세워 추모했다. 장벽이 붕괴되기까지 장벽을 넘어 탈출을 시도하다 140명이 숨졌고, 3000여 명이 체포됐다.

베를린 장벽이 세워지자 동·서독 간의 긴장은 더욱 고조되었다. 분단은 더욱 공고해졌고, 통일은 더 멀게 느껴졌다. 장벽은 독일 분단의 상징이 됐다. 독일 문제는 베를린 장벽이 붕괴되어야 해결될 수 있다는 생각이 굳어졌다. 많은 이들이 소련과 동독에게 베를린 장벽을 해체하도록 촉구했다. 1987년 6월 12일 로널드 레이건 미국 대통령도 베를린 장벽 앞에서 고르바초프 서기장에게 장벽 해체를 촉구했다.

> 고르바초프 서기장이여! 당신이 평화를 원한다면, 당신이 소련과 동유럽의 번영을 원한다면, 당신이 자유화를 원한다면, 이곳 이 (브란덴부르크) 문으로 오세요. 고르바초프여! 이 문을 여시오! 고르바초프여! 이 장벽을 부숴 버리세요!

이런 외침에도 동독이나 소련은 장벽을 허물 생각은 조금도 없었고, 오히려

베를린 장벽을 넘어 탈출하다 숨진 이들을 위해 세운 추모의 십자가(1987. 11.)

한술 더 떴다. 1989년 1월 초 동독 서기장 에리히 호네커Erich Honecker는 "베를린 장벽은 설치했던 이유가 사라지지 않는 한 앞으로 50년 내지 100년은 더 존재할 것"이라며 장벽을 제거하지 않겠다는 입장을 분명히 했다.

1989년 11월 9일 견고해 보였던 베를린 장벽이 갑자기 붕괴됐다. 그것도 외부 세력이 아닌 동독 주민들에 의해서였다. 개혁을 거부하는 호네커 정권에 대해 동독 주민들은 두 가지 형태로 저항했다. 그 하나는 헝가리와 폴란드를 거쳐 서독으로의 탈출이었다. 또 다른 저항은 개혁 요구 시위였다. 계속되는 탈출과 개혁 요구 시위에 동독 정권이 굴복했다. 10월 중순 호네커 서기장이 퇴진한 데 이어 11월 9일 국외여행 자유화 규정이 발표되자 베를린 장벽이 그날 밤 무너진 것이다.

때로는 단순한 말이나 행동이 큰 변화를 초래하기도 한다. 베를린 장벽의 붕괴도 그러했다. 원래 국외여행 자유화 규정은 다음날인 11월 10일 오전 4시에

게슈타포 본부와 나치 친위대가 있던 빌헬름 슈트라세의 베를린 장벽 잔해(2016. 10.)

발효될 예정이었다. 기자회견장에서 정치국원이며 정부 대변인인 귄터 샤보프스키Günter Schabowski가 "언제 발효하느냐"는 기자 질문에 "내가 알기로는 즉시, 지체 없이"라고 잘못 답변하는 바람에 이날 밤 극적으로 붕괴된 것이다. 그가 규정을 개정한 정치국 회의에 참석하지 않은 결과였다. 장벽을 세운 것은 독재 권력이었지만, 장벽을 무너뜨린 것은 자유를 염원한 주민들이었다.

이처럼 빨리 베를린 장벽이 붕괴되리라고는 아무도 예상하지 못했다. 콜 총리는 장벽이 무너졌던 11월 9일에 폴란드를 공식 방문 중이었다. 콜 총리는 장벽 붕괴를 통일의 기회로 잡았다. 콜은 조지 H. W. 부시 미국 대통령의 확고한 지지를 바탕으로 미테랑 프랑스 대통령과 대처 영국 총리를 설득했다. 마지막으로 고르바초프 서기장의 지지를 얻어 내 1990년 10월 3일 통일을 이룩했다. 장벽 붕괴 11개월 만에 이룬 통일이었다. 준비가 부족했지만 독일은 강대국들을 움직일 힘이 있었기에 가능했다.

헬무트 슈미트 전 총리(재임: 1974~1982)는 "내 생애에 베를린 장벽이 붕괴되는 날이 오리라고는 전혀 기대하지 못했습니다. 다만, 언젠가는 우리 독일인들이 다시 한 지붕 아래에 모이는 통일의 날이 오리라는 것을 조금도 의심하지 않았습니다."라고 했다. 2018년 2월 평창 동계올림픽 계기에 방한했던 프랑크-발터 슈타인마이어Frank-Walter Steinmeier 독일 대통령도 "영원히 서 있을 것으로 여겼던 장벽이 갑자기 무너졌습니다."라고 회고했다. 두 사람은 아직도 분단 상태에 있는 우리에게 이런 이야기를 해 주고 있는 듯하다. "비록 가까운 시일 안에 통일을 이루기 어려운 환경에 있더라도 통일에 대한 희망을 버리지 말아야 합니다. 그리고 통일의 기회가 왔을 때 이 기회를 놓치지 않도록 꾸준히 준비해야 합니다."

찰리 검문소

베를린에는 어느 도시보다도 분단의 흔적이 많이 남아 있다. 찰리 검문소 Checkpoint Charlie도 그중의 하나다. 외국인과 미군의 동베를린 출입을 지원하기 위해 프리드리히 슈트라세Frieidrichstrasse와 짐머 슈트라세Zimmerstrasse 교차 지점에 세운 검문소다. 동독 관리들도 서베를린 방문 시 이 검문소를 이용했다.

찰리는 영어의 세 번째 알파벳으로 미군이 설치한 세 번째 검문소다. 첫 번째 알파Alpha 검문소는 서독에서 동독으로 들어가는 하노버 부근 헬름슈테트 Helmstedt에, 두 번째 브라보Bravo 검문소는 동독에서 서베를린으로 들어가기 직전인 드라이린덴-드레비츠Dreilinden-Drewitz에 있었다.

1961년 8월 13일 베를린 장벽이 설치되자 미군은 동베를린을 오가는 외교관과 군인들의 출입을 지원해야 했다. 9월 1일 프리드리히 슈트라세 207번지에 트럭을 세워 놓고 검문소 업무를 시작했다. 이후 소형 막사를 설치하여 검문소 형태를 갖추었다. 첫해에는 미군만 근무하다가 다음 해부터는 영국군과 프랑스군도 근무했다.

동베를린 방문자들은 검문소에 등록하고 방문 관련 간단한 정보도 얻었다. 그러던 중 1961년 10월 25일 M-48 미군 탱크와 T-54 소련군 탱크 10대가 약 80m 거리에서 시동을 걸고 대치하는 상황이 발생했다. 베를린 주재 미국 외교관의 동베를린 극장 방문이 발단이 됐다. 3일 후 소련군 탱크가 먼저 철수하여 긴박했던 대치 상태는 끝났다. 이처럼 찰리 검문소는 동·서 대치의 최전선에 있었다. 찰리 검문소는 동독 주민들이 탈출 통로로 이용하기도 했다.

1989년 11월 9일 찰리 검문소는 역사적 사명을 다했다. 장벽이 붕괴되어 자유로이 동베를린을 오갈 수 있게 됐기 때문이다. 1990년 6월 22일 동베를린에

분단 시 동베를린을 방문하는 외국인들이 이용했던 찰리 검문소는 오늘날 관광객들이 즐겨 찾는 곳
이다.

서 열린 제2차 2+4 회담(독일 통일에 따른 대외 문제를 협의하기 위한 동·서독과 미국,
영국, 프랑스, 소련 6개국의 협의체) 시 검문소 건물을 크레인으로 들어 올려 철거
하는 행사를 가졌다.

　역사적인 찰리 검문소를 보기 위해 관광객들이 밀려들자 검문소 건물을 다
시 설치했다. 미군과 소련군 복장을 한 이들이 관광객의 사진 촬영 요구에도
응하고 있다. 분단의 역사를 간직하고 있는 찰리 검문소는 임무를 마쳤으나 효
자 관광상품이 됐다. 검문소 바로 옆에는 '찰리 검문소 박물관'이 있다. 박물관
은 찰리 검문소의 역사, 베를린 장벽 축조와 붕괴, 동독 주민들의 탈출 시 이용
했던 장비와 사진 등을 전시하고 있다. 분단의 역사를 알 수 있는 박물관이다.

국가 추모관 노이에 바헤

나라마다 국가를 위해 희생된 이들을 기억하고 추모하는 장소가 있다. 추모 장소는 주로 국립묘지다. 독일의 추모관은 묘지가 아닌 노이에 바헤Die Neue Wache(신 경비대) 건물이다. 전쟁과 폭정에 의해 희생된 이들을 기억하고 추모하는 공간이다. 운터 덴 린덴 거리의 시작 지점인 훔볼트 대학교와 독일 역사 박물관 사이에 있다.

노이에 바헤는 제5대 왕 프리드리히 빌헬름 3세Friedrich Wilhelm III(재위: 1797 ~1840)의 근위경비대 건물이었다. 건축가 싱켈Karl Friedrich Schinkel의 설계로 1818년에 완공하여 1918년까지 경비대로 100여 년 동안 사용했다. 1931년에 노이에 바헤는 제1차 세계대전에서 희생된 이들을 위한 추모관이 됐다. 제2차 세계대전 후 동독 정부도 1960년부터 '파시즘과 군국주의에 의해 희생된 이들을 위한 추모관'으로 사용했다.

1993년 11월 14일 노이에 바헤는 통일 독일의 추모관이 됐다. 분단 시 서독의 수도 본Bonn에는 이렇다 할 추모 장소가 없었다. 불행했던 과거와 더불어 본이 수도로서 역사가 짧았기 때문이다. 독일을 방문했던 외국 원수는 본 근교의 공동묘지를 찾아 헌화했다. 헬무트 콜 총리는 번듯한 추모 장소가 없어 부끄러웠다고 『회고록』에 남기기도 했다. 국가 위상에 걸맞은 추모 장소를 물색하던 중 통일이 되자 노이에 바헤를 선정한 것이다.

노이에 바헤의 넓은 공간에 조각상 하나가 외롭게 있다. 죽은 아들을 어머니가 무릎과 두 팔로 감싸 안고 슬픔에 잠겨 있는 '피에타 상'이다. 화가이자 조각가 케테 콜비츠Käthe Kollwitz(1867~1945)가 1937~1938년에 제작한 작품이다. 동프로이센의 쾨니히스베르크에서 태어난 콜비츠는 의사인 남편을 따라 베를

노이에 바헤 안의 피에타 상. "전쟁과 폭정으로 희생된 이들에게"라는 문구가 있다.

린으로 이주했다. 그녀는 특히 사회불안이 주로 여성에게 미치는 영향에 관심을 기울였다. 케테 콜비츠 부부는 작은아들을 제1차 세계대전에서, 손자를 제2차 세계대전에서 각각 잃었다. 20세기 독일의 커다란 두 차례의 불행한 역사를 모두 겪은 작가다. 베를린과 쾰른에 그녀의 이름을 딴 미술관이 있을 정도로 저명한 화가다.

'피에타 상'을 설치하기로 했으나 문제가 있었다. 작품의 크기가 너무 작았다. 콜비츠 유족의 동의를 얻어 조각가 하랄트 하케Harald Haacke가 1993년에 지금의 크기로 제작했다. '피에타 상' 위 건물 지붕 한가운데가 뚫려 있다. 비나 눈이 오면 안으로 들이친다. 비나 눈을 맞지 않게 하려는 어머니의 모습이 더욱 애처롭게 느껴진다. 피에타 상 앞에는 "전쟁과 폭정으로 희생된 이들에게"라는 문구가 있다.

노이에 바헤 입구 좌우로 2개의 동관이 있다. 오른쪽 동관에는 노이에 바헤 건물의 유래를, 왼쪽 동관에는 "노이에 바헤가 전쟁과 폭정으로 희생된 이들을 기억하고 추모하는 장소"라고 밝히며, 추모하고 기억해야 할 대상자들이 있다. 독일의 국가 행사뿐만 아니라 독일을 방문하는 외국 원수들도 노이에 바헤를 찾아 '피에타 상'에 헌화하고 추모한다.

박물관 섬과 5개의 박물관

베를린에는 170여 개의 박물관과 500여 개의 미술관이 있다(독일에는 6200여 개의 박물관과 미술관이 있음). 오페라하우스, 베를린 필하모니, 콘체르트하우스를 비롯한 음악 공연장도 있다. 베를린은 문화와 예술의 도시로 손색이 없다. 세계적인 박물관이 5개 있는 '박물관 섬Museumsinsel'도 있다. 노이에 바헤에서 '운터 덴 린덴' 거리를 따라가다 슈프레강을 건너면 서울 여의도와 같은 섬이 나온다. 면적이 작고, 다리로 연결되어 있어 지도를 보아야 이곳이 섬임을 알 수 있다.

이 섬의 북쪽을 '박물관 섬'이라고 하고, 남쪽을 '어부의 섬Fischerinsel'이라고 한다. 북쪽 섬이 '박물관 섬'이라고 불리는 이유는 5개의 박물관이 있기 때문이다. 박물관 섬에 들어서면 중앙에 분수대가 있는 넓은 정원이 나온다. 즐거움의 정원이라는 루스트가르텐Lustgarten이다. 정원 앞에 좌우로 길게 세워진 건물이 알테스 무제움이다. 오른쪽 푸른 둥근 지붕의 건물은 베를린 돔이다.

박물관 섬에서 첫 박물관인 알테스 무제움이 프리드리히 빌헬름 3세(재위: 1797~1840) 때 개관됐다. 마지막으로 페르가몬 박물관이 독일 제국의 제3대 황제 빌헬름 2세(재위: 1888~1918) 때 착공하여 1930년에 개관됐다. 5개의 박물관을 건축 순서대로 살펴본다.

• 알테스 무제움Altes Museum(옛 박물관): 박물관 섬에 맨 처음 세워진 박물관
이다. 노이에 바헤를 설계했던 싱켈의 설계로 1823년에 공사를 시작하여
1830년에 개관했다. 고전주의 대표 건축물인 로마의 판테온 신전을 모델로
했다. 홈이 새겨진 18개의 이오니아 식 기둥이 웅장히 받치고 있다. 기둥 위
에는 황금색으로 "프리드리히 빌헬름 3세가 모든 종류의 고대 유물과 순수
예술의 연구를 위해 1828년에 이 박물관을 세우다."라는 글이 새겨져 있다.

　박물관은 2개 층으로 되어 있다(독일 건물의 층수는 우리와 다르다. 독일에서 0
층은 우리의 1층이고, 독일의 1층은 2층이다). 1층에는 B.C.10세기~A.D.1세기 시
기의 고대 그리스 예술품을, 2층에는 에트루리아(이탈리아 중부에 있던 옛 나라
로 B.C. 6세기 후반 로마는 에트루리아 지배에서 벗어나 공화국을 수립했음)와 로마제
국 시대의 유물을 전시하고 있다.

　주요 작품으로 〈베를린의 여신〉(B.C.570년경), 〈도도나 전사〉(B.C.510/500년
경), 〈카이사르〉(B.C.1세기~A.D.1세기경), 〈클레오파트라〉(B.C.50/38년경) 등이
있다.

• 노이에스 무제움Neues Museum(신 박물관): 1843년에 공사를 시작하여
1850~1859년 동안 순차적으로 개관했다. 이름 때문에 현대 유물을 전시하
는 박물관으로 생각할 수 있으나 '이집트 박물관'과 '선사 및 초기 역사박물
관'이 있는 고대 유물을 전시하는 박물관이다.

　파피루스, 미라 등 이집트 유물을 비롯하여 선사·초기 역사의 유물을
전시하고 있다. 특히 〈네페르티티 왕비 흉상〉과 하인리히 슐리만Heinrich
Schliemann이 발굴한 〈트로이 유물〉은 신 박물관의 자랑이다. 신 박물관에
관해서는 뒤에 좀 더 자세히 다룬다.

• 알테 나치오날갈레리Alte Nationalgalerie(옛 국립미술관): 노이에스 무제움
을 세운 프리드리히 빌헬름 4세의 이념과 기본 설계를 토대로 세운 미술관

알테스 무제움(위)과 알테 나치오날갈레리(아래). 중앙에 프로이센 왕 프리드리히 빌헬름 4세의 기마상이 있다.

이다. 빌헬름 1세 때인 1867년 슈튈러의 설계로 공사를 시작하여 1876년에 개관했다. 건물 위에 '독일 예술에 바친다 1871년DER DEUTSCHEN KUNST MDCCCLXXI'이라는 문구가 있다. 1871년은 공사 중에 통일을 이룩함에 따라 삽입한 것이다. 중앙에는 미술관을 계획했던 빌헬름 4세의 기마상이 있다.

마네, 모네, 르느와르 등 프랑스 인상파 화가의 작품, 아돌프 멘첼, 카스파르 다비트 프리드리히, 카를 프리드히 싱켈 등 낭만주의 작가의 작품과 조각 작품도 있다.

주요 예술품으로 〈공주 그룹〉(요한 고트프리트 샤도, 1795/1797), 〈바닷가의 수도승〉(카스파르 다비트 프리드리히, 1800/1810), 〈물가의 고딕식 돔〉(카를 프리드리히 싱켈, 1813), 〈여름에〉(르느와르, 1868), 〈압연 공장〉(아돌프 멘첼, 1872/1875), 〈겨울 정원에서〉(에두아르 마네, 1878/1879), 〈생각하는 사람〉(아우구스트 로댕, 1881/1883) 등이 있다.

- 보데-무제움Bode-Museum: 빅토리아Victoria(1888년 프리드리히 3세가 황제에 오르면서 황후가 됨)가 1883년에 출간한 회고록에서 밝힌 생각을 빌헬름 폰 보데Wilhelm von Bode가 실현한 박물관이다. 이네Eberhard von Ihne의 설계로 1897년에 공사를 시작하여 1904년에 르네상스 양식으로 완공했다. 원래 이름은 '카이저 프리드리히 박물관Kaiser Friedrich Museum'이었다. 보데는 『독일 조각의 역사』(1887)를 저술할 정도로 조각에 조예가 깊었다. 1906~1920년 동안 '카이저 프리드리히 박물관' 관장을 역임했다. 박물관 건립과 미술에 기여한 공로로 1914년에 귀족 칭호를 받았다. 1956년에 동독 정부가 박물관장을 역임한 보데 이름을 따 '보데 박물관'으로 바꾸었다.

입구 중앙에 프리드리히 대제의 청동기마상이 있다. '조각 컬렉션과 비잔틴 예술박물관'에는 비잔틴 시대의 종교예술품을 비롯하여 르네상스에서 바로크 시대의 조각품과 미술품을 전시하고 있다. 독일 중세 후기의 나무 조각 작품이 볼만하다. 주요 작품으로는 〈죽은 그리스도를 애도하는 사람들〉(틸만 리멘슈나이더, 1485/1490년경), 〈비탄에 잠긴 그리스도〉(한스 라인베르거, 1525년경) 등이 있다.

'동전과 메달 전시실'에는 B.C.7세기의 고대 그리스·로마 동전, 중세 유럽 동전, 이슬람 국가의 동전을 비롯하여 오늘날의 유로화까지 약 50만 점의 동전을 소장하고 있다.

• 페르가몬 무제움Pergamonmuseum: 페르가몬 왕국의 제우스 제단과 부조 프리즈 파편 유물을 전시하기 위해 1907년 공사를 시작하여 1930년에 완공한 박물관이다. 이들 유물은 1879년에 독일인 철도기사 칼 후만이 발견했다. 페르가몬 왕국은 오늘날 터키의 베르가마Bergama다. 헬레니즘 시대부터 발전하기 시작하여 B.C.281년에 리스마쿠스 왕이 죽은 후 필레타이로스가 통치했다. 아테네 신전, 제우스 제단, 20만 권을 소장한 도서관, 1만 명을 수용하는 야외극장, 아고라 광장 등이 있었다. B.C.133년경 전 영토가 로마로 넘어갔다.

박물관은 페르가몬의 〈제우스 제단〉을 유적지에서 출토된 그대로 옮겨와 실제 크기로 전시하고 있다. B.C.6세기경의 바빌론의 〈이슈타르 문Ishtar Gate〉과 〈밀레투스Miletus의 시장문〉, 고대 그리스와 로마 유물, 근동과 이슬람 문화예술품도 전시하고 있다.

1830년에 알테스 무제움이 세워지고 난 후 1930년에 페르가몬 박물관이 개관했다. 5개의 박물관을 세우는 데 100년이 걸린 것이다. 박물관 섬은 건물의 역사와 문화사적 가치를 인정받아 1999년에 유네스코 세계문화유산이 됐다.

노이에스 무제움(신 박물관)

"ARTEM NON ODIT NISI IGNARUS". 노이에스 무제움Neues Museum(신 박물관) 서쪽 벽면 위에 금색으로 새겨진 라틴어로 "무식한 자들만이 예술을 증오한다."라는 뜻이다. "무식한 자들을 깨우치기 위해" 박물관을 세웠던 프리드리히 빌헬름 4세(재위: 1840~1861)의 생각이 담긴 글이다.

노이에스 무제움은 건축가 슈튈러Friedrich August Stüler의 설계로 1843년에 공사를 시작하여 1850년부터 1859년까지 순차적으로 개관한 박물관이다. 베를린 주재 한국대사관이 있는 거리 이름 슈튈러 슈트라세Stüler Strasse는 노이에스 무제움을 설계한 건축가의 이름에서 따온 것이다. 이미 알테스 무제움(옛 박물관)이 있어 노이에스 무제움이라고 했다.

1939년 제2차 세계대전이 발발하자 유물을 박물관 지하 창고와 베를린의 지하 벙커로 옮겼다. 또 멀리 튀링겐 지방의 지하 광산과 메클렌부르크 등지로 옮겨 보관했다. 옮길 수 없는 대형 유물은 모래주머니로 둘러쌓아 보호했다. 그럼에도 1944년에 박물관은 폭격으로 크게 파손됐다.

1945년 전쟁이 끝나자 유물은 연합군 손에 들어갔다. 서방 연합군은 유물을 프랑크푸르트와 비스바덴으로 옮겨 보관하다가 서독에 돌려주었다. 소련군은 유물을 모스크바와 레닌그라드로 가져갔다. 1958년에서야 이집트 유물 일부를 돌려주었으나, 나머지는 의회의 결의로 소련 국민의 소유로 했다. 트로이 유물과 프리아모스Priamos 보물을 포함하여 선사와 초기 역사유물 대부분은 아직도 러시아에 있다.

노이에스 무제움이 2009년에 시민의 품으로 돌아왔다. 영국 건축가 데이비드 치퍼필드David Chipperfield의 설계로 2003년부터 공사를 시작하여 2009년 10월 16일 재개관했다. 폐관한 지 70년 만이다. 노이에스 무제움 안에는 3개의 박물관이 있다. 이집트 유물과 파피루스 컬렉션이 있는 '이집트 박물관과 파피

〈네페르티티 왕비 흉상〉과 슐리만이 발굴한 〈트로이 유물〉이 있는 노이에스 무제움

루스 컬렉션', 고대 그리스와 로마 유물이 있는 '선사와 초기의 역사박물관', 그리고 '고고 유물 컬렉션'이다.

　박물관은 4개 층으로 되어 있다. 1층에는 신의 세계, 나일강 계곡의 생활상, 고대 수단 문화 등 이집트 박물관이 있다. 2층에는 파라오, 사원, 이집트 유물이 있는 이집트 박물관과 선사와 초기 역사박물관이 있다. 3층에는 파피루스 컬렉션이 있는 이집트 박물관과 선사와 초기 역사박물관이 있다. 4층에는 초기 구석기 시대, 중석기 시대, 청동기 시대, 철기 시대와 베를린 고고학의 선사와 초기 역사박물관이 있다.

노이에스 무제움이 전시하는 두 종류의 유물을 소개한다. 〈네페르티티 왕비 흉상〉과 슐리만이 발굴한 〈트로이 유물〉이다.

네페르티티 왕비 흉상

노이에스 무제움이 자랑하는 유물 중의 하나는 〈네페르티티Nefertiti 왕비 흉상〉이다. 석회석으로 된 흉상으로 높이는 50cm다. 모자 형태의 다소 긴 왕관을 쓰고 있고, 팔이 없는 모습이다. B.C.1340년경에 제작된 것으로 추정된다.

네페르티티(B.C.1364~B.C.1332)는 고대 이집트 18왕조의 아크나톤Akhenaten 왕(태양신 아톤을 섬기는 자라는 뜻, 재위: B.C.1350~B.C.1334)의 비였다. 네페르티티는 '미인이 온다'라는 뜻으로 이집트 역사상 가장 아름다운 왕비였다고 한다. 왕비의 목과 얼굴이 유난히 길고 볼이 들어가 있다. 흉상을 자세히 보면 왼쪽 눈에 동공이 없다. 손상된 것이 아니라 미처 동공을 그려 넣지 못한 미완성 작품이다.

네페르티티 흉상이 어떻게 독일 박물관에 전시될 수 있었을까? 독일 오리엔트협회는 1912년 이집트 텔엘아마르나 지역에서 유적 발굴 작업을 하고 있었다. 작업 중이던 12월 6일 조각가 투트모시스Tuthmosis 공방에서 네페르티티 흉상을 발견했다. 오리엔트협회는 이집트 유물관청의 허가를 받아 이 흉상을 독일로 가져왔다.

2009년 노이에스 무제움을 재개관하면서 알테스 무제움에 전시했던 네페르티티 왕비 흉상을 옮겨 전시하고 있다(3층, 210호실). 왕비 흉상 발굴 100주년을 맞이하여 2012년 12월~2013년 4월 동안 특별 전시회도 열었다. 기념우표도 발행했다. 기념우표 안의 왕비는 측면으로 되어 있다. 정면으로 할 경우 한쪽 눈 동공이 없는 것을 가리기 위한 것으로 보인다. 이 흉상의 가치는 3억 9000만~5억 2000만 달러(약 4290억~5720억 원)라고 한다. 독일은 네페르티티 흉상이 이집트의 대표로 이집트를 전 세계에 알리고 있다고 홍보하고 있다.

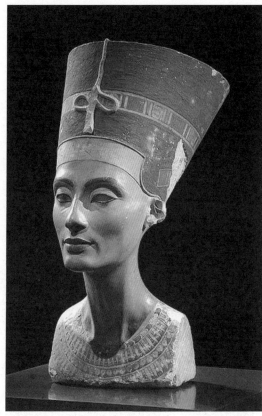

〈네페르티티 왕비 흉상〉과 특별전을 열면서 독일 정부가 2013년에 발행한 기념우표. 왕비의 왼쪽 눈에 동공이 없는 것을 가리기 위해 도안을 측면으로 한 것으로 보인다.

슐리만의 트로이 유물 컬렉션

노이에스 무제움이 자랑하는 또 다른 유물은 〈트로이 유물〉이다(2층, 103~104호실). 노이에스 무제움이 트로이 유물을 전시하게 된 데에는 독일인 사업가이자 고고학자 하인리히 슐리만Heinrich Schliemann(1822~1890)의 노력으로 가능했다.

트로이는 그리스 시인 호메로스가 '트로이 전쟁'을 소재로 쓴 『일리아스』와

『오디세이아』를 통해 알려진 도시국가였다. 트로이는 B.C.3000년경부터 발달했다. 발달할 수 있었던 주요 요인은 '바람'이었다. 이 지역을 항해하던 배들이 '바람'으로 자연히 이곳에 기항하면서 트로이에 부를 가져왔다고 한다.

트로이는 제1도시(B.C.2920~B.C.2450)에서 제9도시(B.C.85~A.D.500)까지 약 3400년 동안 존재했다. 3400년 동안 트로이는 아홉 차례의 변화가 있었다. 이처럼 아홉 차례나 변화를 했던 주요 요인은 '지진과 화재'였다고 한다. 호메로스가 기술했던 '트로이 전쟁'은 제6도시 시기인 B.C.1200년경에 일어났다. 맹인 시인이었던 호메로스는 출생과 사망 연도가 알려지지 않았으나 B.C.800년 시대의 인물로 알려져 있다.

트로이는 한 독일인의 집념으로 실제 존재했던 것으로 드러났다. 하인리히 슐리만이다. 그는 1822년 북부 독일에서 목사의 아들로 태어났다. 어려서부터 고대사에 관심이 많았던 아버지로부터 호메로스에 관해 많은 이야기를 듣고 자랐다. 자라면서 호메로스가 미케네 문명 시기(B.C.17~B.C.12세기)에 실제 있었던 일을 기록했다고 믿었다. 그리고 트로이 유적이 있을 것으로 확신하고 발굴을 통해 확인하고자 했다.

슐리만은 집안이 가난하여 어려서 식품점에서 일했지만 암스테르담에 있는 무역회사에 일하며 러시아에 무역회사를 세웠다. 러시아와 오스만제국 간의 크림전쟁(1853~1856) 때 군수품을 거래하며 꽤 많은 돈을 벌었다. 그러면서 고대 그리스에 관한 연구도 꾸준히 했다. 그동안 모은 재산을 트로이 유물을 연구하고 발굴하는 데 투자했다.

슐리만은 금, 은, 금은 합금, 동으로 된 8830점의 유물을 발굴했다. 그는 이 유물이 전설의 '프리아모스 왕(트로이 전쟁 당시의 트로이 왕)'이 갖고 있던 유물이라고 믿었다. 슐리만은 발굴한 유물을 아테네의 집으로 반출하는 데 3만 골드 프랑의 벌금을 오스만제국에 지불했다. 반출한 유물은 슐리만의 소유가 됐다.

나는 2013년 가을에 휴가를 내어 터키 트로이 유적지를 여행한 적이 있다. 이스탄불에서 시작하여 트로이, 에페소서, 페르가몬, 파묵칼레를 거쳐 남부 도시 아나톨리아로 이어지는 여정이었다. 독일인들과 함께했다. 전에 노이에스 무제움에서 슐리만이 발굴한 〈트로이 유물〉을 본 적이 있어 트로이 일정에 관심이 많았다. 이스탄불에서 만난 터키 안내인은 독일에서 유학하여 독일어를 유창하게 구사했고, 특히 고대사에 관한 지식이 많았다. 그는 슐리만이 발굴하던 날을 다음과 같이 설명했다.

> 슐리만은 1871년 8월 터키 술탄으로부터 허가를 받아 매일 60~80명의 인부를 동원하여 발굴 작업을 했습니다. 1872년 한창 작업 중에 유물이 있음을 확인했습니다. 슐리만은 아내의 생일이라고 둘러대며 인부들을 돌려보낸 후 유물을 발굴했다고 합니다.

슐리만은 말년에 〈트로이 유물〉을 포함한 1만여 점이 넘는 유물을 국가에 기증했다. 독일 국민이 영구 소유하여 보관한다는 조건을 달았다. 슐리만이 기증한 유물은 '선사·초기 역사박물관'에 전시했다. 대부분의 유물은 베를린에 남아 있으나, 전쟁 중에 일부는 파괴됐고, 일부는 아직도 러시아에 있다.

독일 역사박물관

2,000년의 독일 역사를 한곳에서 돌아볼 수 있는 박물관이 있다. 독일 역사박물관Deutsches Historisches Museum이다. 박물관이 들어선 건물은 원래 프로이센 왕국의 무기고Zeughaus였다. 1730년에 완공하여 1876년까지 무기고로 사용했다. 동독 정부는 무기박물관을 수리하여 1952년에 독일 역사박물관을 개관했다.

1982년에 총리가 된 헬무트 콜은 독일 역사박물관 건립을 주요 사업으로 추진했다. 본에는 독일 현대사박물관을, 서베를린에는 독일 역사박물관을 건립하기로 했다. 1987년 10월 28일 제국의사당 부근의 슈프레보겐Spreebogen에 박물관 건립을 착공했다. 1990년 10월 통일이 되면서 건립지가 무기고 건물로 바뀌었다. 1999년에 건축가 페이Ieoh Ming Pei의 설계로 보수공사를 시작하여 2004년에 역사박물관을 개관했다.

독일 역사박물관에는 기원전 1세기부터 오늘날까지 2000년이 넘는 역사를 전시하고 있다. 전시 작품은 회화, 조각 작품, 무기 등 8000여 점이다.

2층에는 기원전 1세기부터 제1차 세계대전까지의 근대 역사에 중점을 두었다. 중세 역사(500~1500), 종교개혁과 30년 전쟁(1500~1650), 제후의 권력과 유럽 동맹(1650~1789), 프랑스혁명과 독일제국(1789~1871), 독일제국과 제1차 세계대전(1871~1918)의 다섯 시기로 구분하여 전시하고 있다. 1층에는 현대사에 중점을 두었다. 바이마르 공화국(1918~1933), 나치 정권과 제2차 세계대전(1933~1945), 연합국 점령 아래의 독일(1945~1949), 분단과 통일(1949~1994)의 역사를 전시하고 있다.

베를린 돔

박물관 섬에는 박물관만 있는 것이 아니다. 초록색의 거대한 둥근 지붕의 웅장함으로 눈길을 끄는 베를린 돔Berliner Dom도 있다. 돔 앞에는 드넓은 즐거움의 정원Lustgarten이 있고, 뒤에는 슈프레강이 흐른다. 교회 지하에 호엔촐레른Hohenzollern 왕가의 무덤이 있는 교회다. 독일 내 교회를 들어가는 데는 무료인데 베를린 돔은 예외적으로 입장료를 받고 있다. 대부분의 교회 건물이 지은 지 오래되어 유지하고 보수하는 데 많은 비용이 들기 때문이다.

베를린 돔(위)과 돔 안에 있는 프로이센
초대 왕 프리드리히 1세의 관(아래)

베를린 돔은 1465년 완공했을 때 주교좌 성당이었으나, 1539년에 브란덴부르크 선제후가 종교개혁을 받아들이며 개신교회가 됐다. 프리드리히 2세(대왕)의 지시로 1750년에 북 모양의 초록색 둥근 지붕(돔)이 들어서며 르네상스 양식의 교회가 됐다. 4개의 모서리 탑이 114m 높이의 돔을 둘러싸고 있다. 70년 후에 건축가 싱켈이 고전주의 양식으로 내부를 새로 단장했다.

1871년 독일제국이 탄생하면서 높아진 제국의 위상에 걸맞은 대형 교회가 필요했다. 1893년 황제 빌헬름 2세의 지시로 기존의 교회를 헐어 내고 다시 지어 1905년에 완공하며 오늘날의 모습을 띠고 있다.

돔 내부는 신약성서의 내용으로 장식했다. 예수의 탄생과 수난, 부활을 그린 스테인드글라스가 돋보인다. 독일에서 가장 많은 7269개의 파이프와 연결한 자우어 오르간Sauer-Orgel도 있다. 성당 한쪽에 프로이센 초대 왕 프리드리히 1세 부부의 관이 있다. 다른 이들의 관은 지하에 있다.

돔은 제2차 세계대전 중에 완전히 파괴됐다. 서독 교회의 지원으로 30년 후인 1983년에서야 외부 공사를 마무리했다. 통일 이후인 2002년 둥근 지붕 안의 마지막 모자이크화를 마무리하면서 복원공사를 완성했다. 270개의 계단을 올라가면 베를린 시내를 내려다볼 수 있다.

해마다 7월과 8월 매주 금요일 저녁에 자우어 오르간 연주회가 있다. 돔에서 예배 이외에 국가의 주요 행사, 연간 100여 회가 넘는 콘서트를 비롯하여 각종 행사가 열리고 있다.

이스트사이드 갤러리

베를린에 독특한 야외 미술관이 있다. 오스트반호프Ostbahnhof 주변 슈프레 강가에 조성한 이스트사이드 갤러리East Side Gallery다. 1989년 11월 9일 국외

브레즈네프 서기장과 호네커 서기장의 키스를 표현한 〈형제의 키스〉. "주님, 이 죽음의 사랑에서 살아남을 수 있도록 도와주소서."라는 글이 있다.

여행이 자유화되자 서베를린으로 가려는 동독 주민들이 몰려들었다. 통로를 만들기 위해 베를린 장벽 곳곳을 부수며 헐어 냈다. 부서진 장벽 조각을 기념으로 가져가거나 관광상품으로 팔기도 했다. 이대로 가다가는 장벽이 남아 있기 어려웠다.

이러한 상황에서 분단의 상징이자 역사의 일부분인 베를린 장벽의 일부를 보존할 필요가 있었다. 분단의 아픈 역사를 알리되 장벽이 흉물이 되지 않아야 했다. 동베를린 쪽의 황량한 회색 벽에 그림을 그려 예술작품으로 보존하기로 한 프로젝트를 추진했다. 서베를린 쪽 장벽에는 분단 시 그린 그림이 있어 그릴 필요가 없었다.

1990년 2월에 시작한 벽화 작업에 21개국에서 온 예술가 118명이 참여했다. 통일 직전인 그해 9월에 105점의 벽화를 완성했다. 주로 장벽을 넘는 탈출, 자유, 평화, 화해를 전달하는 내용을 담았다. 동쪽 면의 화랑이라는 뜻으로 이스트사이드 갤러리라고 했다. 길이는 1316m다.

벽화 중에서 러시아 작가 드미트리 브루벨Dmitri Vrubel의 작품 〈형제의 키스〉가 눈길을 끈다. 브레즈네프 소련 공산당 서기장과 호네커 동독 공산당 서기장이 껴안고 격렬하게 키스하는 내용이다. 벽화 아래에는 "주님, 이 죽음의 사랑에서 살아남을 수 있도록 도와주소서."라는 글이 있다. 동독 수립 30주년인 1979년 10월에 동베를린을 방문한 브레즈네프가 호네커와 나눈 키스를 소재로 했다. 이렇게 두 남자가 격한 키스로 동지애를 과시했지만 10여 년 후에 동독과 소련은 사라졌다.

세월이 흘러 고의적인 파괴, 관광객들의 낙서, 환경오염, 비바람에 의한 퇴색 등으로 벽화가 많이 손상되어 2009년에 보수했다. 이스트사이드 갤러리는 예술을 통해 분단의 아픈 역사를 알리고 있다.

빌헬름 황제 추모교회

이제 산책 방향을 동베를린에서 서베를린으로 옮긴다. 서베를린 번화가인 쿠어퓌르스텐담 거리의 동물원역 부근에 탑이 반쯤 부서진 교회가 있다. 빌헬름 황제 추모교회Kaiser-Wilhelm-Gedächtniskirche다. 황제 빌헬름 2세가 할아버지이며 통일을 이룩한 황제 빌헬름 1세를 추모하기 위해 세운 개신교회다.

1891년에 공사를 시작하여 1895년에 라인란트 지방의 신낭만주의 건축양식으로 완공했다. 본Bonn의 뮌스터 성당과 마찬가지로 5개의 첨탑을 세웠다. 중앙의 탑은 높이가 113m였으며, 내부는 많은 모자이크 그림과 벽화로 호화롭게 장식했다.

1943년 11월 22일 밤 영국군의 폭격으로 교회는 화재가 났다. 113m의 중앙탑은 높은 열을 이기지 못하고 반이 부서져 71m만 남았다. 전쟁이 끝나고 파괴된 교회를 복구하려고 했으나 전승국의 반대로 이루지 못했다. 분단 시 서베

를린은 법적으로 미국, 영국, 프랑스의 통제 아래에 있었기 때문이다. 1956년
에서야 교회 관리를 넘겨받아 파괴된 부분을 걷어내고, 1957년에 전면 복구 계
획을 수립했다. 복구 관련 시민들의 찬반 의견이 팽팽하게 대립했다.

　결국 전쟁에 대한 경고의 의미로 부서져 남은 71m 높이의 탑을 그대로 두고
보수하기로 한 타협이 이루어졌다. 1959년 5월에 공사를 시작하여 1961년 12
월에 완공했다. 내부에는 조그만 박물관을 만들었다. 1963년에는 파괴된 교회
옆에 현대식으로 새로 교회를 지어 예배를 보고 있다. 또한 음악회 등 행사로

전쟁의 참상을 경고하기 위해 부서진 탑을 그대로 두고 복구한 빌헬름 황제 추모교회

도 이용하고 있다.

베를린이 동·서로 분단되었을 때에는 빌헬름 황제 추모교회를 찾는 이들이 많았었다. 통일 이후에는 박물관을 비롯하여 문화유적이 비교적 많은 동베를린 쪽으로 몰려들고 있어 찾는 이들이 줄어들었다.

전승기념탑

빌헬름 황제 추모교회에서 100번 버스를 타고 동베를린 방향으로 가다 보면 '6·17거리'가 나온다. 그로써 슈테른Großer Stern('큰 별'이라는 뜻)이라는 대형 로터리 한가운데에 금빛을 띤 탑이 우뚝 솟아 있다. 브란덴부르크 문과 함께 베를린을 대표하는 전승기념탑Siegessäule이다.

19세기 중반 프로이센은 통일을 추진하며 첫 번째 전쟁인 덴마크와의 전쟁(1864)에서 승리했다. 이 승리를 기념하는 상징탑을 세우기로 하여 슈트락Johann Heinrich Strack의 설계로 1865년에 공사를 시작했다. 이후 프로이센은 오스트리아와의 전쟁(1866)에 이어 프랑스와의 전쟁(1870~1871)에서도 승리하며 1871년 1월 통일을 이룩했다. 전승기념탑을 세우는 의미가 더 커졌다. 1873년 9월 2일 황제 빌헬름 1세와 오토 폰 비스마르크 재상 등이 참석하여 전승기념탑 준공식을 했다.

전승기념탑의 높이는 69m다. 꼭대기에는 높이 8.32m의 승리의 여신 빅토리아가 위용을 자랑하고 있다. 베를린인들은 골드엘제Goldelse라고 부른다. 날개가 달린 빅토리아 여신은 독수리가 앉아 있는 투구를 쓰고 있다. 오른팔을 뻗어 월계관을 치켜들고, 왼손으로는 십자 문양이 있는 긴 창을 들고 있다. 빅토리아 여신상은 브란덴부르크 문의 4두마차에도 있다.

빅토리아 여신상 아래 탑은 금빛을 띤 4개의 띠가 둘러져 있다. 프랑스와의

독일 통일을 이룩한 독일제국의 위용을 드러낸 전승기념탑. 독수리 투구를 쓴 빅토리아 여신은 한 손에는 월계관을, 다른 한 손에는 십자 문양이 있는 긴 창을 들고 있다.

전쟁에서 노획한 대포의 포신으로 만들었다. 프랑스전에서의 승리와 독일제국의 탄생을 과시한 것이다. 주위에는 통일에 기여한 비스마르크 재상, 론Roon 국방장관과 몰트케Moltke 장군 등의 동상을 세웠다. 전승기념탑 내부의 285개 계단을 따라 올라가면 50m 높이에 전망대가 나온다. 이 전망대에서 티어가르텐Tiergarten, 포츠담 광장과 브란덴부르크 문 등 베를린 주위를 볼 수 있다.

전승기념탑이 처음부터 이곳에 있었던 것은 아니다. 제국의회 의사당 부근에 세웠으나 히틀러가 1938~1939년에 오늘날의 자리로 옮겼다. 또한 60.5m였던 탑을 69m로 높였다. 빅토리아 여신상은 2010~2011년 보수공사를 끝내고 2011년 5월 다시 금빛 자태를 뽐내고 있다. 전승기념탑은 브란덴부르크 문과 일직선상에 있어 통일된 독일과 베를린의 위상을 나타내고 있다.

홀로코스트 추모비

다하우와 부헨발트 2곳의 강제수용소 기념관에서 나치가 저지른 잔악한 만행을 알아보았다. 나치는 바이마르 공화국을 쓰러트렸고, 600만 명의 유대인을 포함한 수많은 사람들을 죽음으로 내몰았으며, 세계대전도 일으켰다. 다행히도 독일은 나치의 이러한 만행에 대해 끊임없이 사죄하고 반성하고 있다. 독일은 사죄와 반성의 일환으로 '유럽 내 살해된 유대인을 위한 추모비Denkmal für die ermordete Juden Europas'를 세웠다.

1988년 8월 언론인 로쉬Lea Rosh가 유대인 추모비 건립을 처음 제기한 데 이어, 1989년 1월에는 역사학자 예켈Eberhard Jäckel과 함께 다시 주장했다. 1999년 6월 25일 연방하원이 홀로코스트 추모비 건립과 재단 설립에 관한 결의안을 채택하면서 추모비 건립 계획은 급물살을 탔다. 공모 절차를 거쳐 미국인 건축가 피터 아이젠먼Peter Eisenman의 설계로 2003년 4월 공사를 시작하여

2005년 5월 12일 완공했다. 2700만 유로(약 351억 원)의 공사비가 소요됐다. 브란덴부르크 문과 제국의회 의사당에서 가까운 곳에 있다. 과거 히틀러와 나치 선전장관 괴벨스의 집무실과 지하 벙커가 있던 곳이다.

축구장 2개를 합친 것보다도 더 넓은 1만 9073m²의 부지에 콘크리트로 된 2711개의 추모비를 세웠다. 가로 0.95m, 세로 2.38m로 모두 같다. 높이(두께)는 낮게는 20cm에서 높게는 4.70m로 모두 다르다. 회색빛의 추모비는 희생된 유대인의 관棺 같은 느낌을 준다. 개수 2711개에 특별한 의미가 있지는 않다.

대형 홀로코스트 추모비를 세웠지만 희생자들의 이름이나 사망 장소 등 관련 기록이 없어 추모비로는 미흡하다는 논란이 제기됐다. 이에 지하에 박물관을 만들어 파악 가능한 희생자들에 관한 자료를 모아 놓았다. 7개의 전시실에 희생된 유대인 숫자, 강제수용소 위치, 유대인이 남긴 편지와 사진 등의 자료를 전시하고 있다. 세 번째 전시실인 '이름들의 방'에서 나치의 만행과 살해된 유대인을 한 명 한 명 전광판에 올려 간단한 이력과 살해된 장소를 설명하고 있다. 희생자들을 다 부르는 데 6년 7개월 27일이 걸린다고 한다. 희생자 약 600만 명 중에서 폴란드인이 약 290만~310만 명으로 압도적으로 많다. 독일인도 16만~16만 5000명이 희생됐다.

독일이 추모비를 세웠다고 해서 죄가 사면되거나 덜어지는 것은 아니다. 그럼에도 과거의 잘못에 대해 사죄하며 반성하고 있다. 독일은 1996년에 1월 27일을 '나치 희생자 추모일Tag des Gedenkens an die Oper des Nationalsozialismus'로 지정하여 해마다 기념식을 해 오고 있다. 1월 27일은 아우슈비츠 수용소가 소련군에 의해 해방된 날이다. 하원의장이 주재하는 이 행사에 연방대통령, 총리, 상원의장, 연방헌법재판소장, 하원의원 등 주요 인사가 모두 참석한다. 독일이 이 추모행사를 얼마나 중요하게 여기는지를 잘 말해 주고 있다.

2711개의 유대인 희생자 추모비. 가로
세로의 길이는 같으나 높이는 모두 다
르다.

추모행사는 희생자나 관련 인사들을 연방하원으로 초청하여 증언을 듣는 방식으로 이루어진다. 2014년에는 러시아 작가 그라닌Daniil Granin(남, 95세)이 독일군이 레닌그라드를 872일간 봉쇄했던 기간 중(봉쇄 기간 중에 군인 150만 명 이외에 약 140만 명의 민간인이 폭격, 굶주림과 병, 추위로 목숨을 잃었다. 레닌그라드는 오늘날 상트페테르부르크임)에 겪었던 일을 증언했다. 2018년에는 아우슈비츠 수용소 생존자인 라스케르-발피쉬Anita Lasker-Wallfisch(여, 92세)가 수용소에서 겪었던 참혹함을 증언했다. 2020년에는 이스라엘 대통령 리블린Reuven Rivlin이 이스라엘과 독일 간의 관계에 관해 연설했다.

국가 지도자들도 사죄와 반성을 꾸준히 하고 있다. 메르켈 총리는 2019년 12월 6일 아우슈비츠 강제수용소를 찾아 '죽음의 벽'에 헌화하고 사죄했다.

나는 이곳에서 독일인들이 저지른 이루 상상할 수 없는 야만적인 범죄행위에 대해 한없는 수치를 느낍니다. … 이곳에서 굴욕을 느꼈고, 고통을 당했으며, 살해된 수많은 사람들의 슬픔에 대해 어떠한 말로 위로할 수 있나요? 이곳 아우슈비츠 수용소에서만 약 110만 명이 계획적으로 조직적으로 살해되었습니다. … 아우슈비츠는 독일인이 운영했던 독일의 처형 장소였습니다. 이러한 사실을 강조하는 것은 저에게 중요합니다. 이러한 행위를 한 자들을 분명하게 말하는 것도 중요합니다. … 아우슈비츠는 우리에게 기억하고 있어야 한다는 의무를 일깨워 주는 곳입니다….

헌화에 이어 메르켈은 아우슈비츠-비르케나우 재단에 6000만 유로(약 780억 원)를 기부했다.

메르켈의 아우슈비츠 방문은 독일 총리로는 헬무트 슈미트, 헬무트 콜(두 번 방문)에 이어 네 번째다. 메르켈은 2013년 8월에 다하우 강제수용소 기념관을 찾아 반성했다(제7장 뮌헨 – '히틀러와 다하우 강제수용소 기념관' 참조). 일본은 우리에게 한 번 사죄했으면 됐지 왜 자꾸만 사죄를 요구하느냐라고 반문한다. 사죄와 반성을 어떻게 해야 하는지를 독일이 잘 보여 주고 있다. 더 나아가 기억·책임과 미래재단을 운영하며 어두운 역사를 반성하는 사업을 하고 있다.

기억·책임과 미래재단

독일은 나치의 인권유린 행위에 대해 반성이나 추모행사에만 그치지 않고 있다. 나치 정권의 강제노동으로 인한 피해자들에게 배상하고, 화해를 위한 국제 프로젝트를 추진하는 재단을 설립했다. 과거를 기억하며, 책임을 지고, 미래를 향해 나가자는 취지로 2000년 8월 베를린에 설립한 '기억·책임과 미래재단Stiftung Erinnerung, Verantwortung und Zukunft, EVZ'이다. 독일 정부와 재계가 반반씩 부담하여 100억 1000만 마르크(52억 유로)의 기금을 모았다. 6500개의 독일 기업이 참여했다. 나치의 강제노동과 관련이 없는 다수의 기업들도 후원했다. 52억 유로의 기금 중에서 3억 5800만 유로를 재단 자본으로 유보하여 사업을 추진하고 있다.

2001년 6월 15일부터 피해자들로부터 신청을 받아 심사를 거쳐 166만 5000명에게 2007년 6월 12일까지 43억 7000만 유로를 배상했다. 나라별로 보면 폴란드(48만 4000명), 우크라이나(47만 1000명), 러시아(25만 6000명), 벨라루스(12만 9000명), 유대인 배상회의(JCC, 15만 9000명), 체코(7만 6000명) 등이다.

기억·책임과 미래재단은 매년 얻는 약 800만 유로의 이익금으로 다양한 사업을 하고 있다. 나치 역사의 반성, 민주주의와 인권의 강화, 반유대주의와 인종차별 척결, 나치의 강제노동과 부당행위로 인해 피해를 입은 중·동부 유럽인과 이스라엘인들을 위한 지원사업을 하고 있다. 2019년 말까지 1억 4450만 유로의 예산으로 5310건의 사업을 추진했다.

독일은 강제수용소 보존, 희생자 추모행사, 국가 지도자들의 반성, 재단 운영을 통해 나치의 인권유린 행위에 대해 반성하고 사죄하고 있다. 독일의 이러한 행동은 주변국은 물론 국제사회로부터 인정을 받고 있으며, 독일의 이미지도 높아지고 있다.

나치 희생자를 추모하는 돌출 돌

운터 덴 린덴 거리 시작 지점에 베를린에서 역사가 가장 오래된 대학이 있다. 언어학자요 정치가인 빌헬름 폰 훔볼트Wilhelm von Humboldt(1767~1835)가 1810년에 설립한 베를린 훔볼트 대학교다. 1810년은 프로이센이 나폴레옹의 지배 아래에 있었던 시기였다. 잠자는 독일인의 민족의식을 고취하고 인재를 양성하기 위해 세운 대학이다.

훔볼트는 교육제도를 개혁하여 대학이 단순히 배우고 가르치는 곳이 아니라 연구하는 대학을 지향했다. 독일어로 대학생을 슈트덴트Student라고 한다. 배우는 자가 아닌 연구하는 자라는 뜻이다.

설립 당시에는 베를린 대학교였으나 1826년에 당시의 왕 프리드리히 빌헬름 3세의 이름을 따 '베를린 프리드리히 빌헬름 대학교'로 변경했다. 그리고 1949년에 설립자인 빌헬름 폰 훔볼트와 지리학자, 자연과학자, 탐험가였던 동생 알렉산더 폰 훔볼트Alexander von Humbolt(1769~1859) 형제의 이름을 따 '베를린 훔볼트 대학교'로 바꿔 부르고 있다. 2009년에 완공한 이 대학 중앙도서관은 그림 형제Brüder Grimm의 이름을 따 '야코프-빌헬름 그림 센터'로 부른다. 그림 형제는 베를린 왕립과학아카데미 회원으로 있으면서 이 대학에서 강의했었다.

훔볼트 대학교의 정문 앞을 지나다 보면 바닥에 반짝이는 돌을 보게 된다.

베를린에서 역사가 가장 오래된 베를린 훔볼트 대학교

훔볼트 대학교 정문 앞에 있는 돌출 돌. "1904년생 엘리제 웅어가 여기에서 공부했고, 1943년 3월 12일 아우슈비츠로 추방되어 1943년에 살해됐다."(왼쪽) "1910년생 발터 헤르츠가 여기에서 공부했고, 1942년 체포되어 부헨발트, 다하우, 하르트하임 수용소에 수용됐다가 1942년 10월 13일 살해됐다." (오른쪽)

도시로 떠난 독일 역사 문화 산책

나치에 의해 박해를 받았거나 추방되었거나 살해된 유대인들을 추모하기 위해 만든 '돌출 돌Stolperstein'이다. 나치 독재 정권에 희생된 이들을 추모하기 위해 민간단체가 추진하는 '돌출 돌' 프로젝트로 세워진 돌이다. 9.6×9.6×10cm(높이) 크기의 정사각형 콘크리트 돌의 표면을 황동판으로 감싸 희생자의 집 앞 또는 그가 다녔던 대학 앞 도로에 설치한다. 돌 표면에는 희생자의 이름, 출생일자, 체포되거나 추방된 일자, 사망 장소와 사망 연도가 적혀 있다.

'돌출 돌' 프로젝트는 1992년에 독일 예술가 군터 데밍Gunter Deming이 시작했다. 이 프로젝트는 독일뿐만 아니라 오스트리아, 프랑스, 러시아 등 유럽 25개국도 동참하고 있다. 2019년 12월 말 기준 전 유럽에 7만 5000여 개의 돌출 돌이 있다. 독일에는 약 80%인 6만여 개가 있다.

훔볼트 대학교 정문 앞 도로에 있는 '돌출 돌'은 모두가 이 대학에서 재학 또는 재직 중에 끌려가 살해된 이들을 추모하기 위한 돌이다. 이처럼 민간 차원에서도 나치 희생자들을 부각하여 다시는 나치의 만행이 일어나지 않도록 경각심을 주고 있다. 독일은 이처럼 과거의 부끄러운 역사에 대해서도 후대가 추모하며 사죄한다. 독일이 강한 이유 중의 하나다.

제16장

포츠담

프로이센 왕국 제2의 도시, 상수시 궁전, 프리드
리히 2세(대왕), 체칠리엔호프 성, 포츠담 회담과
포츠담 협정, 브란덴부르크주의 수도

포츠담은

　포츠담은 '포츠담 회담'과 '포츠담 선언'으로 우리에게 귀에 익은 도시다. 수도 베를린과의 거리는 약 25km로 가까운 편이다. 역사적으로 포츠담은 브란덴부르크 선제후국과 프로이센 왕국을 거치며 베를린과 같은 문화권을 형성해왔다. 포츠담은 지정학적으로 하펠강Die Havel을 끼고 있는데다 하펠강 너머의 지역을 지배할 수 있기 때문에 중요했다.

　포츠담은 993년 7월 3일에 포추피미Poztupimi로 문서상 처음 나타났다. 독일왕 오토 3세Otto III(996년에 신성로마제국 황제가 됨)가 고모에게 포츠담 지역을 선물로 주면서 포추피미로 표기한 것이다. 베를린보다도 240여 년 앞섰다. 1157

년에 작센 공작 알브레히트 1세Albrecht der Bär(별명이 곰 백작이었음)가 포츠담을 정복하여 브란덴부르크 변경백국Mark Brandenburg을 세우며 초대 변경백(재위: 1157~1170)이 됐다.

1536년 화재로 포츠담은 대부분이 파괴됐으나 복구하면서 커졌다. 대선제후 프리드리히 빌헬름(재위: 1640~1688)은 포츠담을 수렵장으로 자주 이용하며 제2의 거주지로 정했다. 30년 전쟁으로 포츠담은 베를린과 마찬가지로 인구가 줄고 황폐해졌다. 대선제후는 1685년에 종교의 자유를 인정하는 '포츠담 칙령'을 공표하여 위그노(프랑스 개신교도)들을 끌어들였다.

군인왕으로도 불렸던 프리드리히 빌헬름 1세(재위: 1713~1740)는 군 병력을 증강하며 포츠담을 군 주둔지로 지정했다. 이로 인해 포츠담은 면적이 4배 가까이 커졌다. 그는 또한 공예 기술이 뛰어난 네덜란드인들도 받아들이며 도시 발전을 꾀했다. 그의 아들 프리드리히 2세는 프로이센 왕국의 여름 궁전인 상수시 궁전Schloss Sanssouci을 세우며 포츠담을 완전히 개조했다. 1806년 10월 나폴레옹 군대는 포츠담을 점령하여 2년 동안 기병대(기병 6000명, 말 1만 2000필) 주둔지로 이용했다.

1912년 포츠담에 설립된 바벨스베르크 영화 스튜디오Filmstudio Babelsberg는 1920년대 유럽 내 모든 영화사들보다도 더 많은 영화를 제작했을 정도로 포츠담은 영화 중심도시였다. 오늘날 독일은 물론 유럽 최대 영화와 텔레비전 스튜디오로 발전했다. 황제 빌헬름 2세는 1917년에 체칠리엔호프 성을 세웠다. 1918년 제1차 세계대전 패전으로 독일제국은 사라졌고, 포츠담은 황제 거주지라는 지위도 잃었다.

포츠담은 전후 세계사와 독일사에 중요한 회담이 열렸던 도시다. 이 회담에 1945년 7월 17일부터 8월 2일까지 해리 트루먼Harry Truman 미국 대통령, 클레

1945년 7월 포츠담 회담이 열렸던 체칠리엔호프 성의 회담장

멘트 애틀리Clement Attlee 영국 수상, 이오시프 스탈린Iosif Stalin 소련 수상이 참석했다. 영국 대표로 처음에는 윈스턴 처칠Winston Churchill이 참석했으나 총선에서 패배하여 7월 28일부터 애틀리가 참석했다. 3개국 정상은 8월 2일 '포츠담 협정'이라는 합의문을 발표했다.

'포츠담 협정'에 앞서 한국과 관련된 '포츠담 선언'도 나왔다. 7월 26일 트루먼 대통령과 처칠 총리는 일본과의 전쟁과 전후 일본 처리 문제를 협의한 후 '포츠담 선언'을 발표했다. 회의에 참석하지 않은 장제스蔣介石 중화민국 총통은 전문으로 서명했다.

'포츠담 선언'은 일본의 무조건항복 등 13개항을 담고 있다. 한국을 직접 언급하지는 않았으나 제8항에 "카이로 선언의 요구조건들은 이행될 것이다. 일본의 주권은 혼슈, 홋카이도, 규슈, 시코쿠와 우리가 결정하는 작은 섬들에 국한될 것이다."라고 하여 한국이 독립될 것임을 간접적으로 언급했다. 일본이 '포츠담 선언' 수락을 거부하자 미국은 8월 6일 히로시마에, 8월 9일에는 나가 사키에 원자탄을 떨어뜨렸다. 6일 뒤인 8월 15일 일본은 무조건 항복했다.

근심이 없는 궁전 상수시

하펠강이 흐르고, 20여 개의 호수가 있는 포츠담은 예로부터 경관이 아름다운 곳이다. 베를린에 가까워 브란덴부르크 선제후와 프로이센 왕들이 즐겨 찾았다. 선제후와 왕들이 자주 들르고, 군 주둔지가 되면서 포츠담에는 건축물이 다수 들어섰다. 상수시 궁전Schloss Sanssouci도 그중의 하나다. '상수시'는 프랑스어로 '근심이 없는'이라는 뜻이다. 상수시 궁전은 로코코 양식으로 세운 프로이센 왕국의 여름 궁전으로 가장 널리 알려진 호엔촐레른 궁전이다.

상수시 궁전이 들어선 곳은 원래 드넓은 포도밭이었다. 프리드리히 2세(재위: 1740~1786)는 소년기에 학문을 가까이하고 플루트 연주와 사색을 즐겼다. 어머니의 영향으로 일상어로 독일어보다는 프랑스어를 즐겨 사용했다. 왕이 된 후 그는 포츠담을 자주 찾곤 했다. 드넓은 포도밭 위에 공원을 조성하고 한쪽에 평소 생각했던 아담한 궁전을 세우기로 했다. 호화로운 궁전보다는 거주 목적의 실용적인 조그만 궁전을 선호했다.

프리드리히 2세는 스스로 궁전에 관해 기초 설계를 했다. 이를 토대로 건축가 크노벨스도르프Georg Wenzeslaus von Knobelsdorff가 설계를 완성하여 1745년에 공사를 시작했다. 프리드리히 2세는 공사 진행 과정을 자주 점검하면서 "내가 저 궁전에서 지내게 된다면, 근심이 없을 것이다."라고 말하곤 했다. 거주 목적의 단층이었기 때문에 2년 후인 1747년에 완공했다. 이름을 '근심이 없는' 뜻의 '상수시Sanssouci'로 짓고, 궁전 건물 중앙에 새겨 넣었다. 베르사유 궁

프리드리히 대왕의 혼이 깃든 상수시 궁전과 공원. 궁전 중앙에는 '근심이 없는'이라는 뜻의 상수시 'SANS SOUCI'가 새겨져 있다.

전처럼 분수가 있는 공원도 조성했다.

프리드리히 2세는 해마다 4월 말~10월 초까지는 상수시 궁전에서 집무했다. 왕비와는 떨어져 혼자 지냈다. 궁전이라면 당연히 있어야 할 왕비의 거실이나 침실이 없는 이유다. 그 대신에 귀빈실을 3~4개 만들었다. 최고의 계몽주의 사상가인 볼테르Voltaire(1694~1778, 본명은 프랑수아마리 아루에François-Marie Arouet) 등 프랑스 계몽주의 문인들을 초청하며 자주 어울렸다. 프리드리히 2세는 볼테르보다 열여덟 살이나 어렸지만 1736년부터 볼테르가 죽을 때까지 300여 통의 편지를 쓰며 그와 교류했다. 어쩌면 근심을 잊기 위해 그와 자주 어울렸을 수 있다.

프리드리히 2세는 상수시 공원 안에 몇 동의 건물을 더 지었다. 1754~1756년에 중국 찻집을 지어 그가 수집한 중국 도자기를 진열했다. 18세기 유럽 왕가와 귀족사회에 불었던 중국 도자기에 대한 열풍을 알 수 있다. 1755~1757년에는 대 미술관도 세웠다. 그는 상수시 궁전에서 숨졌다.

상수시 궁전이 세워지고 난 100년 후 프리드리히 빌헬름 4세는 1841~1842년에 궁전 양 측면에 건물을 추가로 세웠다. 상수시 궁전은 건축물의 예술적 가치가 인정되어 체칠리엔호프 성과 함께 1990년에 유네스코 세계문화유산이 됐다.

프로이센의 유일한 대왕 프리드리히 2세

1806년 10월 14일 예나와 아우어슈테트 전투에서 프로이센군을 격파한 나폴레옹은 10월 25일 포츠담에 진주했다. 베를린 입성을 앞둔 나폴레옹은 부하 장군들과 함께 포츠담의 한 묘지 앞에 섰다. "모자를 벗어 예의를 갖추어라! 이분이 살아 있었더라면 우리는 이곳에 서 있지 않았을 것이다." 나폴레옹이 말한 이분은 바로 프로이센의 유일한 대왕大王으로 불리는 프리드리히 2세다.

프리드리히 2세는 1712년 1월 24일 베를린에서 군인왕 프리드리히 빌헬름 1세의 장남으로 태어났다. 유년 시절에 예술, 문학, 철학에 관심이 많았다. 18세 때 친구와 함께 다른 나라로 도피하려고 계획했다가 아버지에게 발각됐다. 군인왕으로 불릴 정도로 엄격했던 부왕에게 이런 아들이 탐탁할 리가 없었다. 아버지는 친구를 처형하고 아들을 1년 넘게 감금했다. 이 사건 이후 그는 달라졌다. 정치와 군사 문제 등 왕으로 갖추어야 할 덕목을 배우기 시작했다. 어려서부터 이성에 관심이 없었으나 아버지의 권유로 21세에 결혼했다.

28세 때인 1740년 5월 프리드리히 2세는 왕위에 올랐다. 유년기 때와는 달리 왕위에 오르자마자 군주로서의 능력을 발휘했다. 그가 즉위했던 해에 신성로마제국의 황제이자 헝가리와 보헤미아의 왕인 카를 6세가 아들이 없이 죽자 딸 마리아 테레지아Maria Theresia(1717~1780)가 왕위와 오스트리아 대공 지위를 계승했다. 프리드리히 2세는 여성의 왕위 계승을 금지하는 살리카 법을 위반했다는 이유를 내세워 합스부르크의 요충지인 슐레지엔Schlesien(폴란드와 체코에 걸쳐 있는 지역)을 점령했다. 또한 이 기회를 이용하여 바이에른 선제후 카를 알브레히트가 신성로마제국 황제 지위에 오르자 합스부르크가는 뮌헨을 점령했다. 황제는 뮌헨에 내려오지 못하고 프랑크푸르트에 머물며 업무를 보았다.

1756년 오스트리아가 빼앗긴 슐레지엔을 되찾기 위해 러시아, 프랑스, 작센 선제후국과 동맹을 맺었다. 그러자 프리드리히 2세는 작센을 선제공격하여 7년 전쟁(1756~1763)이 발발했다. 이후 프리드리히 2세는 여러 차례 전쟁에서 이겼다. 특히 1757년 12월에 오스트리아군과 싸운 로이텐Leuthen 전투는 나폴레옹이 "이 하나의 전투만으로도 프리드리히 대왕은 가장 위대한 장군의 반열에 오를 수 있다."라고 극찬했던 전투다.

그러나 프리드리히 2세는 1759년 8월 쿠너스도르프Kunersdorf 전투에서 대

"나는 국가 제일의 공복이다."라며 프로이센을 강국으로 만든 프리드리히 대왕(1780년경, 게오르크 바이취 작)

패하면서 궁지에 몰렸다. 뜻밖에 1762년 1월 숙적 러시아의 엘리자베타Eliza-veta 여제가 죽고, 친프로이센의 표트르 3세Peter III가 즉위하며 러시아는 동맹에서 이탈했다. 프로이센에게는 큰 행운이었다.

프리드리히 2세는 슐레지엔을 지켜 냈다. 그는 1763년 2월에 마리아 테레지아와 후베르투스부르크 평화조약Der Friede von Hubertusburg을 체결하여 전쟁을 끝냈다. 인구가 많고, 경제적으로 중요했던 슐레지엔 점령은 프로이센이 강국이 되기 위해 반드시 필요했었다.

프리드리히 2세는 권위적인 왕과는 달리 행동했다. 즉위 직후 고문을 폐지하고 언론 검열을 철폐했다. 판결을 현대화하고 통일을 기하려고 했다. 또한 즉위 시 8만 명이던 상비군을 19만 명으로 확대하며 프로이센을 강력한 국가

로 만들었다. 그의 부국강병책은 100년 후 프로이센이 독일을 통일하는 토대
가 됐다. 그는 왕은 군림하고 다스리는 자가 아니라 국가에 봉사하는 자라는
점을 늘 강조했다. "나는 국가 제일의 공복이다Ich bin der erste Diener meines
Staates."라는 말을 남겼다. 후세는 그를 계몽 전제군주로 부른다.

프리드리히 2세는 전쟁에 나갈 때마다 재정 문제 등 국가의 주요 사안을 세
세한 부분까지 지시했다. 만일의 경우에 대비하여 장례에 관한 유언도 남겼
다. "내가 죽으면, 허례허식 없이 호화롭지 않게 장례를 치르고 한밤중에 상수
시 공원 한 곳에 조용히 묻어 달라."라는 내용이었다. 사랑했던 개犬 무덤 옆에
묻어 달라고 덧붙였다. 왕비와 별거하여 자녀가 없었던 그는 개를 무척 좋아했
었다.

1786년 8월 17일 프리드리히 2세는 상수시 궁전 집무실 의자에서 74세를 일
기로 숨졌다. 46년 동안 왕으로 재임했던 그는 프로이센의 최장수 왕이었다. 9
명의 프로이센 왕 중에서 유일하게 대왕Der Grosse으로 불린다. 통일을 이룩한
빌헬름 1세도 대왕으로 불리지 않는다. 자녀가 없었기에 조카가 왕위를 이었
다. 후임 프리드리히 빌헬름 2세(재위: 1786~1797)는 유언을 따르지 않고, 그의
유해를 프리드리히 대왕 부친의 관이 있는 포츠담의 수비대 교회에 모셨다.

제2차 세계대전 중에 독일은 프리드리히 대왕의 관이 적에게 넘어가지 않도
록 군 지하벙커로 옮겼다. 그리고 다시 소금광산에 숨겼다. 이어 마부르크를
거쳐 튀빙겐 근교 헤힝겐Hechingen에 있는 호엔촐레른 성에 안치했다.

프리드리히 대왕의 유언은 통일 이후인 1991년 8월 17일에서야 이루어졌
다. 세상을 떠난 지 205년 만이다. 그의 유해는 한밤중에 조용하고 검소하게 상
수시 궁전에 묻혔다. 옆에는 그가 아꼈던 애완견의 무덤이 있다. 헬무트 콜 총
리와 호엔촐레른 가문 일부 인사들만 참석했으며, 텔레비전이 생중계했다.

독일이 강한 이유 중의 하나는 정치인들의 이러한 검소함이다. 앞서 살펴본 아데나워, 브란트, 슈미트 등 총리들의 검소하고 소탈한 모습은 하루아침에 이루어진 것이 아니다. 수백 년 내려온 전통이다.

프리드리히 대왕이 숨진 지 85년 후인 1871년에 빌헬름 1세가 독일을 통일했다. 이어 두 번의 세계대전을 거치며 동·서로 나누어졌던 독일을 1990년에 헬무트 콜이 통일을 이루었다. 그가 이루고자 했던 꿈이 실현되어 이제 '근심이 없는 궁전'에서 사랑했던 개 옆에 편히 잠들어 있을 것이다.

프리드리히 대왕과 감자

프로이센의 최장수 왕이었으며 유일한 대왕인 프리드리히 2세의 무덤은 어떤 모습일까? 그의 무덤은 무척 간소하다. '프리드리히 대왕Friedrich der Grosse' 이라고 쓰인 석판이 유일하다. 그의 무덤 위에는 항상 감자가 놓여 있다. 왜 그럴까?

우리도 감자를 많이 먹지만 독일인들도 감자를 즐겨 먹는다. 폴란드와 독일은 생산량이 세계 5위와 6위일 정도로 감자를 많이 생산한다. 당연히 이들 나라에는 감자를 재료로 만든 음식이 많다. 이 모두가 프리드리히 대왕 덕분이다.

프리드리히 2세가 집권한 4년 후인 1744년에 프로이센은 가뭄과 흉작으로 대 기근이 들었다. 그는 기근 해소에는 단기간에 대량 수확할 수 있는 감자가 적합하다고 판단하고 감자 심기와 소비를 장려했다. 프로이센은 감자를 생산하고 있었으나 돼지 먹이로 사용하는 등 감자를 천하게 여겨 소비가 늘어나지 않았다. 특히 상류층은 아예 감자를 거들떠보지 않았다. 이를 식용으로 바꾼 이가 프리드리히 대왕이다.

프리드리히는 감자가 영양이 풍부한 식품임을 강조했다. 또한 고귀하고 우

상수시 궁전 한구석에 있는 프리드리히 대왕의 묘지. 묘지 위에는 항상 감자가 있다.

아한 사람들이 먹는 음식이라며 스스로 감자를 자주 먹곤 했다. 왕이 앞장서서 먹는데 누가 따르지 않을 수 있겠는가? 감자를 먹는 이들이 늘어나자 생산량도 증가했다. 감자는 기근을 극복한 효자 농작물이었다. 이로 인해 프리드리히 대왕은 '감자 대왕'으로도 불렸다. 오늘날 상수시 공원 안에 있는 그의 묘지석 위에는 항상 감자가 놓여 있다. 추모객들이 놓고 간 것이다.

이후에도 감자를 심는 이들이 늘어났다. 특히 동부 독일 지역과 폴란드의 슐레지엔(과거 독일 영토)에 감자 생산량이 많다. 귄터 그라스Günter Grass의 소설 『양철북』에는 감자 소주가 나올 정도로 폴란드에는 감자 소비가 많았고, 지금도 그렇다. 감자는 제2차 세계대전 후 식량 부족으로 어려움을 겪을 때에도 식량 대용으로 쓰였다. 베를린 제국의회 의사당 앞 넓은 밭과 브란덴부르크 문 뒤편에도 감자를 비롯한 여러 채소와 과일을 심어 전후 식량 부족을 일부나마 해결할 수 있었다. 일상생활에서 독일인들이 즐겨 먹는 감자를 재료로 한 독일 음식을 알아본다.

- 감자 크림 수프Kartoffelsuppe: 감자 수프
- 감자 샐러드Kartoffelsalat
- 브라트가토펠른Bratkartoffeln: 감자를 약간 삶은 다음 얇게 썰어 기름에 볶은 요리. 가장 널리 알려진 감자 음식이다.
- 아스파라거스와 햄을 곁들인 삶은 감자Spargel und Kartoffel mit Schinken: 아스파라거스에 삶은 감자와 햄을 곁들인 음식

포츠담 회담과 체칠리엔호프 성

상수시 궁전을 돌아보고 체칠리엔호프Cecilienhof 성으로 발길을 돌렸다. 상수시 궁전에서 체칠리엔호프 성으로 가는 교통편이 간단하지 않았다. 상수시 궁전 밖으로 나가 버스를 타고 가다 내려 10여 분쯤 걷다가 다시 버스를 타고 가야했다. 6월 초이지만 더위가 일찍 찾아와 무척 더웠다. 상수시 궁전을 관람하느라 피곤이 몰려왔으나 서둘렀다.

1945년 7~8월 전 세계의 이목은 베를린 교외 포츠담의 한 성城에 쏠렸다. 바로 체칠리엔호프 성이다. 이 성에서 1945년 7월 17일부터 전후 유럽 질서와 독일 처리 문제, 대일본전日本戰 문제를 협의하기 위한 회담이 열렸다. 참석자는 해리 트루먼 미국 대통령, 처칠 영국 수상, 스탈린 소련 수상이다. 영국 대표로 처음에는 처칠이 참석했으나 7월 28일부터 애틀리가 참석했다.

그러면 이러한 중요한 회담이 수도 베를린을 놔두고 왜 한적한 포츠담에서 열렸는가? 공습과 시가전으로 베를린이 완전히 파괴되어 회담 장소는 물론 회담에 참가하는 대표단이 숙소로 이용할 만한 적절한 건물이 없었기 때문이다.

또한 회담 장소가 파리나 런던이 아닌 포츠담으로 결정된 배경에는 소련의 의사가 반영됐다. 스탈린으로서는 파리나 런던으로 가기가 부담스러웠다. 지리적으로 소련에서 가깝고 수십만 명의 자국 군대가 있는 독일의 포츠담을 선호했다. 스탈린은 회담 기간 중에 그가 사용할 책상과 소파 등을 소련에서 가져왔다.

약 2주 후인 8월 2일 세 정상은 '포츠담 협정'을 채택했다. '포츠담 협정'에는 주로 6개월 전 얄타에서 합의했던 내용을 담았다. 무엇보다도 독일이 다시는 전쟁을 일으키지 못하도록 철저히 약화시키고자 했다. 독일의 탈나치화, 전쟁 범죄자 처벌, 군수산업 폐쇄, 연합국의 독일 분할·점령 통치, 독일의 배상, 독일의 영토 축소, 동프로이센 등지에 거주하는 독일인들의 강제 이주 등을 규정했다.

독일의 영토 축소와 관련하여 오데르-나이세Oder-Neisse강 선의 동부 독일 지역을 폴란드의 관리 아래에 두었다. 동프로이센은 소련과 폴란드에 넘겨주도록 했다. 이로 인해 독일 영토의 1/4 정도가 줄어들었다. 또한 동프로이센, 폴란드, 체코에 거주하던 독일인들을 추방하여 서독 지역으로 800만 명, 동독 지역으로 450만 명이 이주했다. 이들 이외에 이주 도중에 굶주림, 추위, 병으로 200~250만 명이 목숨을 잃었다. 포츠담 협정으로 독일은 철저히 약화됐다.

포츠담 회담이 열렸던 체칠리엔호프 성은 포츠담의 신정원Der Neue Garten 북쪽에 있다. 마지막 황제 빌헬름 2세Wilhelm II가 황태자 빌헬름과 황태자비 체칠리에Cecilie를 위해 세운 성이다. 호엔촐레른 가家의 마지막 건축물이다.

건축가 슐체-나움부르크Paul Schultze-Naumburg의 설계로 1913년에 공사를 시작했으나 제1차 세계대전으로 지체되어 1917년 말에서야 완공했다. 영국 시골 저택 스타일의 반목재 건물로 방이 176개나 된다. 성의 이름을 황태자비의

포츠담 회담이 열렸던 체칠리엔호프 성. 소련의 상징인 별이 아직도 있다.

이름을 따서 체칠리엔호프로 지었다.

체칠리에 황태자비는 완공되기 전인 1917년 8월에 이 성에 들어와 지냈다. 독일이 제1차 세계대전에서 패하며 황태자 빌헬름은 황제로 즉위하지 못했다. 1926년 황태자 부부는 이 성을 국가로부터 증여받아 살다가 소련군이 진격해 오자 1945년 2월 서독 지역으로 이주했다.

1945년 동부 독일 지역을 점령했던 소련 군사정부는 호엔촐레른 일가의 재산과 함께 체칠리엔호프 성도 강제로 몰수했다. 이후 동독 정부 아래 민주여성 동맹 단체가 이 성을 교육 장소로 사용하다가 1960년에는 호텔로 사용했다.

성 입구 정원에는 소련(러시아)을 상징하는 별 모양의 붉은 꽃이 오늘날에도 남아 있다. 점령 중에 소련군이 조성한 정원이다. 소련이 독일 통일의 조건으로 소련군이 세운 장식이나 묘지 등을 없애거나 훼손하지 않아야 한다는 점을

단 결과다. 체칠리엔호프 성은 상수시 궁전과 함께 1990년에 유네스코 세계문화유산이 됐다.

제17장

독일의 미래를 열어 가는
제국의회 의사당

독일 역사와 문화 산책을 마무리할 건물로 연방하원Der Bundestag이 들어 있는 제국의회 의사당Das Reichstagsgebäude을 선정했다. 두 가지 이유에서였다.

첫째, 제국의회 의사당이 독일 근·현대사의 영광과 치욕을 모두 겪은 건물이기 때문이다. 제1차 세계대전 발발과 패전, 독일제국의 몰락, 바이마르 공화국, 제국의회 의사당 방화, 나치의 독재, 제2차 세계대전 발발과 패전, 전승 4개국의 점령 통치, 동·서독으로의 분단, 독일 통일의 과정을 겪었다. 이러한 역사를 모두 간직한 건물이 또 있을까 할 정도로 제국의회 의사당은 많은 역사를 겪었다.

둘째, 제국의회 의사당에 독일 국민의 정치적 의사를 대변하는 대표기관이며, 독일의 미래를 열어 가는 연방하원이 있는 곳이기 때문이다.

1871년 1월 베르사유 궁전에서 빌헬름 1세가 황제로 즉위하며 독일제국이

독일 국민의 대표기관인 연방하원이 들어 있는 제국의회 의사당. '독일 국민에게'라는 문구가 선명하다.

출범했다. 나라가 커지고 의원수가 크게 늘어나면서 더 큰 규모의 의사당이 필요했다. 건축가 파울 팔로트Paul Wallot의 설계로 1884년에 슈프레강 변 왼편에 착공했다. 네오르네상스 양식으로 10년 후인 1894년에 완공했다. 건축비는 프랑스로부터 받은 전쟁 배상금을 사용했다.

의사당을 완공했으나 의회와 황제 빌헬름 2세 간에 알력이 생겼다. 의사당 정문에 내걸 문구 문제 때문이었다. 의회는 '독일 국민에게DEM DEUTSCHEN VOLKE'를 제시했다. 황제는 '독일의 단결을 위해DER DEUTSCHEN EINIGKEIT'를 요구했다. 독일 국민이 단결하여 황제에게 충성해 주기를 기대한 문구였다. 결국 전쟁이 한창이던 1916년에 의회가 제시한 '독일 국민에게'가 채택되어 국민을 위하는 의사당이 될 것임을 다짐했다. 의회가 누구를 위해 일해야 하는가를 일깨워 주는 문구다. 현판은 나폴레옹을 상대로 한 여러 전쟁에서 빼앗은 프랑스의 포탄을 녹여 만들었다.

1918년 독일이 제1차 세계대전에서 패하고 황제는 네덜란드로 망명하여 독일제국은 무너졌다. 11월 9일 사민당 의원 필리프 샤이데만Philipp Scheidemann은 의사당 발코니에서 공화정 수립을 외쳤다. 1919년 1월 총선으로 선출된 의원들로 구성된 국민의회가 2월 바이마르에서 개회했다. 국민의회가 제정한 헌법이 8월에 공포됐다. 국민의회는 1919년 9월에 제국의회 의사당으로 옮겨 왔다(제14장 바이마르 – '바이마르 헌법과 바이마르 공화국' 참조).

1919년 바이마르 공화국이 출범했으나 정치와 경제 불안이 계속됐다. 이런 상황을 이용하여 히틀러의 나치당은 세력을 늘렸다. 1933년 1월 30일 힌덴부르크Paul von Hindenburg 대통령(재임: 1925~1934)은 히틀러를 제국총리Reichs-kanzler에 임명했다. 힌덴부르크 대통령 취임 이후에만 아홉 번째 총리였다. 바이마르 공화국의 정치적 혼란이 얼마나 심했는가를 보여 주는 사례다. 2월 27일 제국의회 의사당에 화재가 발생하자 히틀러는 화재를 공산주의자들의 소행으로 몰며 나치당의 지배체제를 강화했다.

1933년 3월 5일 실시된 총선에서 나치당은 647석 중 288석을 얻어 제1당이 됐으나 과반수에는 미달했다. 히틀러는 3월 24일 수권법을 통과시키고, 7월에는 나치당 이외에 모든 정당과 노동조합을 해산했다. 새로운 정당 설립은 허용되지 않았다. 11월 총선에서는 661석 중 639석을 얻어 일당독재 지배체제를 굳혔다. 22석은 무소속이다. 이후 1945년 전쟁에 패망하기까지 12년 동안은 나치가 지배하는 암흑 시기였다.

1945년 4월 30일 소련군은 제국의회 의사당 지붕 위에 소련기를 꽂으며 독일을 점령했음을 알렸다. 전쟁 중에 의사당 둥근 지붕(돔)이 무너졌다. 소련군은 제국의회 의사당 내부 벽 여러 곳에 낙서를 했다.

분단 기간 중에 서독 정부는 제국의회 의사당을 의회로 이용하지 못했다. 독일 현대사 자료전시장 또는 분과위원회 회의 장소 등 제한적으로 사용하는 데 그쳤다. 베를린이 4개국의 통제 아래에 있어 적극적인 정치활동을 할 수 없기 때문이었다. 그러다가 통일 직후인 1990년 10월 4일 제국의회 의사당에서 첫 연방하원 회의가 열렸다. 서독 연방하원 의원과 동독 인민의회 의원 전원이 참석했다.

1991년 6월 20일 연방하원은 337대 320의 근소한 차이로 본Bonn 대신에 베를린을 의회와 연방정부의 소재지로 결정했다. 업무의 효율을 위해 의회와 연방정부의 소재지를 따로 분리하지 않고 한곳으로 정했다. 이 결정으로 제국의회 의사당을 의회로 활용할 수 있게 됐다. 1995년 건축가 노먼 포스터Norman Foster의 설계로 대대적인 보수공사에 들어가 1999년에 완료했다. 공사에는 약 6억 마르크(3억 유로 상당)가 소요됐다. 중앙에 '독일 국민에게DEM DEUTSCHEN VOLKE'라는 문구가 선명하다.

1999년 9월 7일 연방하원은 제국의회 의사당에서 업무를 시작했다. 9월 7일은 연방하원이 50년 전 본에서 개원한 날이다. 제국의회 의사당은 무료로 개방되고 있다. 가장 인기 있는 곳은 의사당 꼭대기의 쿠펠Kuppel이라고 하는 둥근 지붕이다. 쿠펠 아래 중앙에는 유리로 된 원추형 기둥이 있어 어디에 있어도 자기 모습을 볼 수 있다. 가장자리에 이중나선 구조를 만들어 올라가는 곳과 내려가는 곳을 다르게 했다. 800톤의 철과 유리로 된 쿠펠은 직경 40m에 높이는 23.5m다. 이곳에서 티어가르텐과 브란덴부르크 문 등 주변 경관을 볼 수 있다.

나는 두 차례나 제국의회 의사당을 둘러보았다. 많은 유리를 사용하여 밖에서 의사당 안을 들여다볼 수 있어 인상적이었다. 세계에서 가장 투명한 의사당

의사당 내 원추형 거울 기둥과 나선형으로 된 기둥을 따라 올라가면 쿠펠에 이른다.

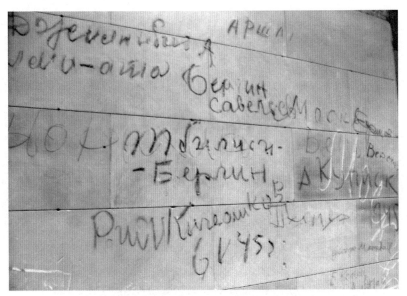

1945년 제국의회 의사당에 진입한 소련군이 한 낙서. 독일은 이 낙서를 지우지 않고 역사의 일부로 보존하고 있다(의사당 내부, 2012. 10. 24).

으로 꼽힌다고 한다. 그리고 의사당 안 건물 벽에 알 수 없는 글들로 쓴 낙서가 있었다. 1945년 베를린을 점령했던 소련군이 한 낙서였다. 낙서를 지우지 않고 역사의 일부로 보존하고 있다. 또 하나는 미술관을 차릴 수 있을 정도로 의사당에는 그림이 많았다. 독일을 대표하는 현대 예술가인 리히터Gerhard Richter의 작품 검정, 빨강, 황금색의 독일 국기를 비롯하여 폴케Sigmar Polke, 클라우스Carlfriedrich Claus, 웨커Günther Uecker, 홀처Jenny Holzer 등 현대 작가의 작품이 의사당 군데군데 걸려 있다. 정치 문제를 다루어 자칫 딱딱하게 느낄 수 있는 의사당을 그림이 환하게 해 주고 있었다.

국민의 대표기관인 연방하원은 독일 정치의 중심지다. 연방하원의 특징은 단일정당이 과반수를 얻기가 어렵고, 여러 정당이 진출하고 있다는 점이다. 실제로 독일의 역대 총선에서 1953년의 총선을 제외하고 단독으로 과반수를 얻은 정당이 없다. 가장 큰 이유는 '연동형 비례대표제' 선거제도 때문이다. '연동형 비례대표제'는 의석을 정당 득표율에 따라 배분하는 제도다. '연동형 비례대표제'는 비례대표 의석이 많아야 성공할 수 있는 제도로 독일 하원의 비례대표 의석수(299석)는 지역구 의석수(299석)와 같다. 대통령제보다는 의원내각제에 적합한 제도이기도 하다.

1983년에 녹색당이, 통일이 된 1990년에 좌파당이, 2017년에 독일대안당이 새로 의회에 진출했다. 2020년 현재 연방하원에는 기민당/기사당(CDU/CSU), 사민당(SPD), 극우 정당인 독일대안당(AfD), 자민당(FDP), 좌파당(Die Linke), 녹색당(Bündnis 90/Die Grüne)의 6개 교섭단체가 진출해 있다.

독일의 정치체제는 의원내각제와 연방제다. 단일정당이 과반수를 얻기 어렵기 때문에 연방정부는 연정聯政을 이루고 있다. 그럼에도 불구하고 정부는 안정적이다. 1949년 독일연방공화국 출범 이래 연방총리는 아데나워부터 현 메르켈까지 8명이며, 평균 재임 기간은 9년이 넘을 정도로 긴 편이다. 총리 개인에게 문제가 있으면 선거가 아닌 총리만을 교체하여 같은 정당이 계속 집권할 수 있는 장점이 있다. 중도에서 물러난 총리가 아데나워, 에르하르트, 브란트 등 3명이다.

독일의 정당들은 독자적인 정책을 추진하면서도 협상과 타협을 통해 합의를 이루며 정치를 해 나간다. 연방하원은 지난 70년 넘게 국민의 정치적 의사를 대변하면서 오늘날 독일이 있게 했다. 독일의 미래도 연방하원에 달려 있다.

에필로그

나라마다 고유한 역사歷史와 문화文化가 있다. 한 나라의 역사는 국민 대다수가 오랜 세월을 함께 걸어온 길이고, 문화는 오랜 세월 그 길을 걸어오면서 축적된 사고와 행동이 음악, 미술, 종교, 건축 등 다양한 형태로 표출된 산물이다. 한 나라의 정치, 경제, 사회 제도에는 그 나라의 역사와 문화가 고스란히 담겨 있는 것이다. 한 나라를 올바로 이해하기 위해서는 역사와 문화를 알아야 하는 이유다.

유럽의 한가운데에 있는 독일은 분데스리가 축구의 나라, 아우토반 고속도로의 나라, 음악의 나라, 맥주의 나라, 우수한 제품을 생산하는 나라, 분단을 극복하고 통일을 이룩한 나라, 끊임없이 나치의 부끄러운 역사를 반성하는 나라 등으로 잘 알려져 있다. 독일의 역사와 문화를 이해한다면 독일의 정치, 경제, 사회에 관해서도 더 많이 알게 될 것이다.

이 책에는 독일의 역사와 문화가 담겨 있다. 2000년에 걸친 오랜 역사와 다양한 문화를 한 권의 책에 전부 담아내기가 쉽지 않지만 가능한 한 담아내고자 했다. 또한 이해하기 쉽고 재미있게 쓰려고 했다. 그에 대한 판단은 오로지 독자의 몫이다. 독자들의 건설적인 평을 기대한다.

이 에필로그를 쓰면서 독일 현지답사를 했던 일들이 주마등처럼 떠오른다. 독일에 도착한 첫날 저녁 프랑크푸르트 중앙역 창구 직원의 친절한 안내로 렌

터카가 아닌 기차로 답사하게 된 일, 프랑크푸르트시 역사박물관에서 문서 캐비닛을 뒤지며 역사 자료를 찾던 일, 우리 부부의 젊음이 담겨 있는 하이델베르크의 일정, 비가 내리는 중에 둘러본 뮌헨의 개선문과 숄 남매 광장, 뉘른베르크 성 제발두스 교회에서 들은 카논 음악, 괴테 하우스, 실러 하우스, 바우하우스를 돌아보느라 분주했던 바이마르 일정. 다하우와 부헨발트 강제수용소 기념관에서 본 나치의 잔학상과 이를 반성하는 독일의 모습.

라이프치히 토마스 교회와 니콜라이 교회에서의 모테트Mottet 공연 관람, 고전과 현대 미술을 비롯하여 작센 왕국의 귀중한 보물을 관람한 드레스덴, 아련함이 떠오르는 한자동맹 여왕의 도시 뤼베크, 콘라트 아데나워 하우스와 빌리 브란트 박물관에서 본 독일 정치인의 철학과 검소함, 마르틴 루터의 행적을 돌아본 보름스, 구텐베르크의 인쇄술을 돌아본 마인츠에서의 일정, 반가운 사람들을 만났던 일, 라인강 변에서 와인을 곁들인 저녁 식사, ICE 기차 차창 밖으로 내다본 아기자기한 라인강 변의 정경도 떠오른다. 이 도시들은 독일에 근무하면서 몇 년을 살았거나 여러 차례 가 본 곳들이라 가는 곳마다 잠시나마 옛 생각에 잠기기도 했다.

그런가 하면 더위로 일정을 중단하기도 했다. 일정이 계속되는 중에 무더위로 드레스덴에서부터 다소 지쳐 있었다. 더위는 포츠담에서도 계속됐고, 베를린에서 역사박물관을 관람하는 도중에 갑자기 땀이 나면서 쓰러질 것만 같았다. 관람을 중단하고 잠시 쉰 후 숙소로 돌아갔던 일도 있었다. 답사를 하는 동안에 아프지 않기를 바랐었다. 다행히도 더위 이외에는 별다른 일이 없어 답사를 무사히 마칠 수 있어 감사하게 생각한다.

답사 여행 내내 호텔에서 맛있는 독일 빵과 커피로 했던 아침 식사는 큰 즐거움이었다. 독일의 빵 종류가 3000여 종이나 된다고 하니 얼마나 빵이 다양한지 알 수 있다. 나도 좋아하지만 아내는 독일 사람 못지않게 빵을 좋아한다. 도시마다 문화유적지나 박물관을 돌아보면서 중간중간 카페에 들러 커피 한 잔에 지친 몸을 쉬면서 다음 들를 곳을 준비하던 일도 즐거운 추억으로 떠오른다.

아쉬움도 있다. 돌아볼 도시들이 더 있는데도 다 포함하지 못한 점이다. 레겐스부르크, 하노버, 트리어, 슈베린…. 독일 도시를 돌면서 역사와 문화를 다시 이어 가는 날이 오기를 기대해 본다. 이 책을 쓰는 데 관심을 갖고 성원해 준 분들이 있다. 그분들의 관심으로 이 책이 나올 수 있었다. 감사드린다.

신성로마제국에서 독일연방공화국까지의
주요 황제, 국왕, 선제후, 대통령, 연방총리

1. 신성로마제국의 주요 황제(962~1806)

- 오토 1세(재위: 962~973): 신성로마제국의 초대 황제

  * 오토 1세는 독일 왕 하인리히 1세의 아들로 936년에 독일 왕에 즉위

- 하인리히 4세(1084~1105): 카노사의 굴욕

- 프리드리히 1세(1152~1190)

- 루돌프 1세(1273~1291): 합스부르크 가문 첫 황제

- 카를 4세(1355~1378): 〈금인칙서〉 공표

- 카를 5세 (1519~1556): 스페인 왕 겸직, 마르틴 루터 심문

- 페르디난트 2세(1619~1637): 30년 전쟁

- 프란츠 2세(1792~1806): 마지막 황제

2. 프로이센 왕국과 독일제국

▶ 브란덴부르크의 주요 선제후(재위 기간)

- 프리드리히 1세(1415~1440): 호엔촐레른 가문 첫 선제후

– 요하임 2세, 헥토르(1535~1571): 브란덴부르크에 종교개혁을 받아들임

– 프리드리히 빌헬름(1640~1688): 대선제후

– 프리드리히 3세(1688~1701): 프로이센 왕국 수립

▶ 프로이센 국왕(9대: 1701~1918)

– 프리드리히 1세(초대 왕, 1701~1713): 프리드리히 3세와 동일인

– 프리드리히 빌헬름 1세(군인왕, 1713~1740)

– 프리드리히 2세(대왕, 1740~1786)

– 프리드리히 빌헬름 2세(1786~1797)

– 프리드리히 빌헬름 3세(1797~1840)

– 프리드리히 빌헬름 4세(1840~1861)

– 빌헬름 1세(1861~1871)

▶ 독일제국 황제(3대: 1871~1918): 프로이센 국왕의 지위 유지

– 빌헬름 1세(1871. 1.~1888)

– 프리드리히 3세(1888. 3. 9~6. 15)

– 빌헬름 2세(1888~1918. 11.)

3. 바이에른 왕국

▶ 바이에른의 주요 공작과 선제후(재위 기간)

– 루트비히 4세(1301~1347): 바이에른 공작에서 황제(재위: 1328~1347)가 됨

– 막시밀리안 1세(1623~1651): 바이에른의 첫 선제후

– 카를 알브레히트(1726~1745): 1742년에 황제(카를 7세)로 즉위

– 막시밀리안 4세(1799~1806. 1.)

▶ 바이에른 국왕(6대: 1806~1918)

 − 막시밀리안 1세 요제프(1806. 1.~1825): 선제후 막시밀리안 4세가 왕이 됨

 − 루트비히 1세(1825~1848)

 − 막시밀리안 2세(1848~1864)

 − 루트비히 2세(1864~1886)

 − 오토(1886~1913)

 − 루트비히 3세(1913~1918. 11.)

4. 작센 왕국

▶ 작센의 주요 선제후(재위 기간)

 − 에른스트(1464~1486): 에른스트계 창시자

 − 프리드리히 3세 현공(1486~1525): 루터의 종교개혁 후원자

 − 모리츠(1547~1553): 알브레히트계 첫 선제후

 − 아우구스트 2세(작센 선제후: 1694~1733, 폴란드 국왕: 1697~1706, 1709~1733)

 − 프리드리히 아우구스트 1세(1763~1806)

▶ 작센 국왕(7대: 1806~1918)

 − 프리드리히 아우구스트 1세(초대: 1806~1827): 작센 마지막 선제후와 동일인

 − 안톤 1세(1827~1836)

 − 프리드리히 아우구스트 2세(1836~1854)

 − 요한(1854~1873)

 − 알브레히트(1873~1902)

 − 게오르크(1902~1904)

 − 프리드리히 아우구스트 3세(1904~1918)

4. 독일국(바이마르 공화국) 대통령(2대, 1919~1934)

- 프리드리히 에베르트(재임: 1919~1925)
- 파울 폰 힌덴부르크(1925~1934)
  * 1933~1945: 나치 독재 기간

5. 독일연방공화국의 연방총리(재임 기간)

- 콘라트 아데나워(1949~1963)
- 루트비히 에르하르트(1963~1966)
- 게오르크 키징거(1966~1969)
- 빌리 브란트(1969~1974)
- 헬무트 슈미트(1974~1982)
- 헬무트 콜(1982~1998)
- 게르하르트 슈뢰더(1998~2005)
- 앙겔라 메르켈(2005~)

참고문헌

■ 기본 도서

김상협·김소정, 『유럽사』, 서울: 청아출판사, 2018.

닐 맥그리거, 김희주 옮김, 『독일사 산책』, 서울: 옥당, 2016.

손선홍, 『분단과 통일의 독일 현대사』, 서울: 소나무, 2005.

유희수, 『낯선 중세』, 서울: 문학과 지성사, 2019.

Deutsches Historisches Museum Berlin, *Berlin*, Prestel, 2017.

Grosser, Alfred, *Geschichte Deutschlands seit 1945*, München, dtv, 1987.

Hartmann, Peter Claus, *Das Heilige Römische Reich deutscher Nation in der Neuzeit 1486-1806*, Stuttgart, Reclam, 2007.

Tenbrock, R.-H., *Geschichte Deutschlands*, München, Max Hueber, 1977.

■ 부별 자료

<제1부 라인강 유역과 중부 독일의 도시>

마틴 푸크너, 최파일 옮김, 『글이 만든 세계』, 서울: 까지, 2019.

사이토 다카시, 홍성민 옮김, 『세계사를 움직이는 다섯 가지 힘』, 서울: 뜨인 돌, 2011.

손선홍, 『독일 독일인』, 서울: 기린원, 1989.

시오노 나나미, 김석희 옮김, 『로마인 이야기 6, 팍스 로마나』, 서울: 한길사, 2002.

안인모, 『클래식이 알고 싶다』, 서울: 위즈덤하우스, 2019.

양태자, 『중세의 뒷골목 풍경』, 서울: 이랑, 2012.

오한진, 『아픔의 시인 하인리히 하이네』, 서울: 지학사, 2014.

요한 볼프강 폰 괴테, 이인웅 옮김, 『젊은 베르테르의 슬픔』, 서울: 두레, 2010.

유홍준, 『나의 문화유산 답사기: 제8권 남한 강편』, 서울: 창비, 2015.

이현애, 『독일 미술관을 걷다』, 서울: 마로니에 북스, 2013.

이언 보스트리지, 장호연 옮김, 『슈베르트의 겨울 나그네』, 서울: 바다출판사, 2016.

장시정, 『한국 외교관이 만난 독일모델』, 서울: 한울, 2017.

최종운 역주, 『황태자의 첫사랑Geschichte von Alt Heidelberg』, 서울: 장문사, 1987.

홍익희, 『유대인 이야기』, 서울: 행성비, 2013.

Deutscher Bundestag, *Der Deutsche Bundestag im Reichstagsgebäude*, Berlin, Koelblin-Fortuna-Druck, 2007.

Huchting, Detmar, *Beethoven: Ein biografischer Bilderbogen*, Hamburg, edel, 2007.

Hörig, Monika/Sondermann, Michael, *Bonn: Die Pracht am Rhein*, Essen, Nobel-Verlag, 2009.

Landeshauptstadt Mainz, *Gutenberg in Mainz: Wirkungs-und Gedenkstätten*, Mainz, 2018.

Osterheld Horst, *Konrad Adenauer: Ein Charakterbild*, Stuttgart, BONN AKTU-ELL, 1987.

Stiftung Bundeskanzler-Adenauer-Haus, *Konrad Adenauer: Der Kanzler aus Rhöndorf*, Darmstadt, wbg, 2018.

Verchau, Ekkhard, *Otto von Bismarck*, München/Zürich, Droemersche Verlag-sanstalt, 1981.

마인츠시 홈페이지: http://www.mainz.de

보름스시 홈페이지: http://www.worms.de

본시 홈페이지: http://www.bonn.de

슈테델 무제움 홈페이지: http://www.staedelmuseum.de

프랑크푸르트시 홈페이지: http://www.frankfurt.de

하이델베르크시 홈페이지: http://www.heidelberg.de

<제2부 남부 바이에른의 도시>

사이토 다카시, 홍성민 옮김, 『세계사를 움직이는 다섯 가지 힘』, 서울: 뜨인 돌, 2011.

이현애, 『독일 미술관을 걷다』, 서울: 마로니에북스, 2013.

NS-Widerstandskämpfer Hans Scholl vor 100 Jahren geboren," Frankfurter Allgemeine Zeitung, 22. September. 2018.

뉘른베르크시 홈페이지: http://www.nuernberg.de

님펜부르크 궁전 홈페이지: http://www.schloss-nymphenburg.de

뮌헨 궁전 홈페이지: http://www.residenz-muenchen.de

뮌헨시 홈페이지: http://www.muenchen.de

피나코테크 미술관 홈페이지: http://www.pinakothek.de

<제3부 자유와 한자동맹의 도시>

귄터 그라스, 장희창 옮김, 『양철북 1, 2』, 서울: 민음사, 2015.

손관승, 『그림 형제의 길』, 서울: 바다출판사, 2015.

안인모, 『클래식이 알고 싶다』, 서울: 위즈덤하우스, 2019.

이창복, 『문학과 음악의 황홀한 만남』, 서울: 김영사, 2011.

헬무트 슈미트, 오승우 옮김, 『독일 통일의 여정에서』, 서울: 시와 진실, 2007.

손선홍, "현직을 떠나서," 『세계 일보』, 2010년 1월 13일.

Brandt, Willy, *Willy Brandt: Erinnerungen,* Frankfurt a.M., Proplyäen, 1989.

Brenken Anna, *Stille Winkel in Hamburg*, Ellert & Richter Verlag 2009.

Johannes-Brahms-Gesellschaft Hamburg, *Musikstadt Hamburg*, Ellert & Richter Verlag, 2010.

Schmidt, Helmut, *Ausser Dienst*, München, Siedler, 2008.

Sommer, Theo, *Hamburg*, Hoffmann und Campe Verlag, 2004.

뤼베크시 홈페이지: http://www.luebeck.de

브레멘시 홈페이지: http://www.bremen.de

함부르크시 홈페이지: http://www.hamburg.de

<제4부 동부 독일의 도시>

문무경·김성곤, 『유럽 디자인 여행』, 서울: 안그라픽스, 2008.

손선홍, 『독일 통일 한국 통일』, 서울: 푸른길, 2016.

안인모, 『클래식이 알고 싶다』, 서울: 위즈덤하우스, 2019.

요한 볼프강 폰 괴테, 이인웅 옮김, 『파우스트 I』, 서울: 문학동네, 2013.

이창복, 『문학과 음악의 황홀한 만남』, 서울: 김영사, 2011.

이창복, 『고통의 해석』, 서울: 김영사, 2015.

이현애, 『독일 미술관을 걷다』, 서울: 마로니에북스, 2013.

Goethe, Johann Wolfgang, *Italienische Reise*, München, C.H.Beck, 2010.

Johannes-Brahms-Gesellschaft Hamburg, *Musikstadt Hamburg*, Ellert & Richter Verlag, 2010.

Stiftung Gedenkstätte und Mittelbau-Dora, *Wegweiser durch die Gedenkstätte Buchen-wald*, Weimar, 2019.

국립 드레스덴 박물관 홈페이지: http://www.skd.museum

드레스덴시 홈페이지: http://www.dresden.de

라이프치히시 홈페이지: http://www.leipzig.de

바이마르시 홈페이지: http://www.weimar.de

<제5부 프로이센과 통일 독일의 도시>

김병호, 손선홍 외, 『공공외교의 이해』, 서울: 명인문화사, 2020.

문무경·김성곤, 『유럽 디자인 여행』, 서울: 안그라픽스, 2008.

송동훈, "독일 상수시 궁전에서 만큼은 근심은 내려놓으세요," 『조선일보』, 2018년 8월 17일.

Deutscher Bundestag, *Der Deutsche Bundestag im Reichstagsgebäude*, Berlin, Koelblin-Fortuna-Druck, 2007.

Hildebrandt, Alexandra, *Die Mauer: Es geschah am Checkpoint Charlie*, Berlin, Westkreuz-Druckerei, 2012.

Kohl, Helmut, *Erinnerungen 1990-1994*, München, Droemer, 2007.

Staatliche Museen zu Berlin, *Neues Museum Berlin, Berlin*, Prestel, 2009.

Verchau Ekkhard, *Otto von Bismarck*, München/Zürich, Droemersche Verlagsanstalt, 1981.

국립 베를린 박물관 홈페이지: http://www.smb.museum

베를린 돔 홈페이지: http://www.berlinerdom.de

베를린시 홈페이지: http://www.berlin.de

포츠담시 홈페이지: http://www.potsdam.de

■ 사진 출처

- 19, 33, 34, 41쪽: © Institut für Stadtgeschichte Frankfurt am Main
- 24쪽: © Stefan Mauer_Stadt Frankfurt am Main
- 44쪽 위: © Dguendel_Wikimedia Commons
- 92쪽 좌: © Stadtarchiv Heidelberg
- 97, 248, 353쪽: 독일 언론공보부 사진처(Bundesbildstelle, Presse-und Informations-amt der Bundesregierung)
- 98쪽: © Dmitry Tonkonog and Ksenia Fedosova_Wikimedia Commons
- 123쪽: © Beckstet_Wikimedia Commons
- 129쪽: © Landesverband Lippe
- 162, 200, 217, 350쪽: http://www.wikipedia.de
- 257, 258쪽: © Jürgen Howaldt_Wikimedia Commons
- 286쪽: © MEISSEN®
- 295쪽: © Stadtgeschichtliches Museum Leipzig(S517/1 Gb) Carl Benjamin Schwarz 작
- 375쪽: © Philip Pikart_Wikimedia Commons

찾아보기

〈인명〉

* 괄호안의 황제는 신성로마제국의 황제다.

〈용어·지명〉